BIBLIOTHÈQUE

DE PHILOSOPHIE CONTEMPORAINE

LES TRANSFORMATIONS

DU DROIT

PAR

G. TARDE

Chef de la Statistique au Ministère de la Justice

DEUXIÈME ÉDITION

PARIS

ANCIENNE LIBRAIRIE GERMER BAILLIÈRE ET Cie

FÉLIX ALCAN, ÉDITEUR

108, BOULEVARD SAINT-GERMAIN, 108

1894

LES TRANSFORMATIONS

DU DROIT

F

AUTRES OUVRAGES DE M. G. TARDE

———

La Criminalité comparée. 3ᵉ édition, 1 vol. in-18 de la *Bibliothèque de philosophie contemporaine* (Paris, F. Alcan, éditeur). 2 fr. 50

Les Lois de l'imitation. Étude sociologique. 1 vol. in-8° (Paris, F. Alcan, éditeur), 1890. (Traduit en russe, 1892.) 6 fr.

La Philosophie pénale. 3ᵉ édition, 1 vol. in-8° (Lyon, Storck — Paris, Masson, éditeurs), 1892. 7 fr. 50

Études pénales et sociales. 1 vol. in-8° (Lyon, Storck — Paris, Masson, éditeurs), 1892. 6 fr.

La Logique sociale. 1 vol. in-8° de la *Bibliothèque de philosophie contemporaine* (Paris, F. Alcan, éditeur). Sous presse.

———

LES TRANSFORMATIONS
DU DROIT

ÉTUDE SOCIOLOGIQUE

PAR

G. TARDE

CHEF DE LA STATISTIQUE AU MINISTÈRE DE LA JUSTICE

Deuxième édition revue

PARIS

ANCIENNE LIBRAIRIE GERMER BAILLIÈRE ET Cⁱᵉ

FÉLIX ALCAN, ÉDITEUR

108, BOULEVARD SAINT-GERMAIN, 108

—

1894

Tous droits réservés

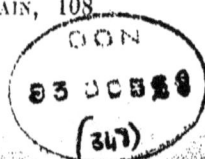

PRÉFACE DE LA DEUXIÈME ÉDITION

Les petits livres ont l'avantage des prières courtes : s'ils ne vont pas tous au ciel, ils vont droit au cœur du lecteur contemporain, qui est toujours pressé. Mais ils ont l'inconvénient d'induire le critique en erreur, faute de développements suffisants. Celui-ci a eu la chance de rencontrer beaucoup de bienveillance sur son chemin ; mais des objections lui ont été adressées, qui parfois naissaient de malentendus. L'espace me manquerait si je devais répondre à toutes, ou même seulement à celles que le traducteur espagnol, M. Adolfo Posada, professeur à l'Université de Oviedo, a glissées dans le commentaire savant qu'il m'a fait l'honneur de joindre à sa traduction. Pour le moment, je dois donc me résigner à conserver presque sans changement, le texte de la première édition. Toutefois, il me paraît à propos de reproduire certaines explications qui, ayant déjà été publiées dans la *Revue philosophique* à l'adresse d'un de nos contradicteurs les plus distingués, sont propres à dissiper aussi bien d'autres interprétations erronées auxquelles ce que je me permets d'appeler mon point de vue sociologique a donné lieu, un peu par ma faute peut-être.

« Est-il vrai que j'aie fait « une œuvre de polémique négative, dirigée à la fois contre le principe des études nouvelles et contre ses applications » ? Nullement ; ce ne sont pas ces études que j'ai combattues, mais les conclusions prématurées, les généralisations précipitées qu'on a bâties sur elles, et le principe même de ces généralisations abusives, à savoir l'hypothèse sans preuve et sans vraisemblance que,

malgré la dissemblance des races et des circonstances, toutes
les sociétés ont eu le même point de départ et suivent ou
tendent à suivre *normalement* la même série de phases. Si
je nie que le normal soit l'uniforme, j'affirme partout la
nécessité d'un développement, d'une genèse par transformisme. Ce que je repousse, c'est un transformisme *unili-
néaire*, qui n'est qu'un déterminisme renforcé. Je me contente du déterminisme simple qui se borne à exiger de tous
les phénomènes l'obéissance aux lois de la mécanique et de
la logique, mais qui ne les contraint pas, en outre, à subir
les exigences de ces tyrannies subalternes dont chacune
s'intitule : « *la formule de l'Évolution...* ». Admettant l'hé-
térogène initial, non sans quelques raisons, je crois à la
pluralité des lignes de développement, et il faut convenir
que l'observation des faits est loin de m'être contraire.

» Au début des études philologiques, on admettait généralement, on jugeait scientifique et philosophique d'admettre, que toutes les langues devaient procéder d'une
même langue mère, et il reste encore quelque chose de ce
préjugé chez les linguistes qui prétendent encore assujettir
tous les idiomes à traverser les quatre états successifs du
monosyllabisme, de l'agglutination, de la flexion... et de
l'*analytisme*. Est-ce qu'on a battu en brèche les études linguistiques, est-ce qu'on ne leur a pas rendu au contraire le
plus grand service, quand on a reconnu qu'il existe un certain nombre de familles de langues, sans parenté entre
elles, évoluant chacune à part et suivant sa loi propre,
comme chaque idiome suivant son propre génie ? Bopp se
moque agréablement de ce grammairien unitaire qui, parce
que les déclinaisons grecque, latine, allemande, seules connues à son époque, ne dépassaient jamais le nombre de six
cas, démontrait savamment la nécessité de ce nombre et
l'impossibilité d'un nombre supérieur. Il publiait cela juste
au moment où la découverte du sanscrit révélait l'existence
d'un septième, d'un huitième cas et d'autres encore. — Est-
ce que l'on a fait tort aux études de religion comparée,
quand on a prouvé à Max Müller que sa théorie des mythes
formés par calembours inconscients, ou à Spencer que son
évhémérisme renouvelé, étaient applicables à tel ou tel

mythe, mais non universellement ? Est-ce qu'on nuirait
même à ces hautes recherches et à l'enfantement de la
science future qu'elles portent dans leur sein, si l'on venait
à démontrer qu'il y a différentes familles de religions et
divers types d'évolution religieuse — j'ajouterai politique,
économique, esthétique, morale, juridique enfin, — au lieu
du type unique qu'on est trop disposé encore à dogmatiser ?

» Eh bien, c'est tout ce que j'ose avancer. Je reste con-
vaincu que, après avoir compilé beaucoup de matériaux, qui
révéleront en Droit comparé aussi un septième, un huitième,
un centième cas non prévus, on sera conduit à élargir la
notion actuellement répandue de l'Évolution. L'Évolution
n'est pas une voie, mais un réseau de voies anastomosées.

Puisque le fait paraît démontré pour les langues, dont
les dictionnaires diffèrent irréductiblement d'une famille à
l'autre, et dont les grammaires ne présentent, au point de
vue soit de leur composition, soit de leur formation, que
des analogies vagues, presque informulables, pourquoi regarder comme anti-scientifique l'idée qu'il pourrait bien en
être de même dans les autres branches de l'arbre sociologique ? La plus développée, la plus formée de ces branches, c'est précisément la linguistique ; et il se trouve que
c'est elle qui semble donner la confirmation la plus sensible
à mes idées en sociologie.

» Notez que ma manière de voir n'oblige nullement à
méconnaître l'importance des similitudes imprécises dont je
viens de parler, entre types d'évolution indépendants. Elle
les rehausse au contraire en les considérant, non comme
des coïncidences fortuites ou mystérieuses, mais comme des
effets nécessaires de la logique humaine, y compris la finalité humaine, partout comparable à elle-même, et s'appliquant à découvrir les liaisons de perceptions partout simi-
laires ou les satisfactions de besoins organiques partout
pareils. Préciser les lois de cette logique, marquer les en-
chaînements qu'elle nécessite, les unions qu'elle empêche,
les rétrogradations qu'elle interdit, dégager ces lois, les
élever au-dessus de toutes les petites formules empiriques
d'évolutions réelles, comme une formule d'évolution ou de
déduction supérieure, applicable à toutes les connexions

possibles de changements sociaux possibles : telle est la
tâche que, à mon sens, doit s'imposer la sociologie, si elle
veut prendre rang parmi les sciences. Car il n'en est pas une
dont les lois soient autre chose, au fond, qu'une règlemen-
tation de possibilités, c'est-à-dire de certitudes condition-
nelles. La distinction entre une loi empirique et une loi
scientifique, c'est que celle-ci a toujours un contenu virtuel
immense. Quoi qu'il en soit, il me semble que, à voir les
choses sous ce jour, on ne mérite guère le reproche de
réduire *à peu près tout*, en science sociale, à l'imitation. —
L'imitation, je m'en suis beaucoup occupé, parce que je n'ai
jamais pu comprendre comment on fermait les yeux devant
elle pour se torturer l'esprit à expliquer sans elle ce dont
elle rendait compte le plus simplement du monde. Mais je
sais bien que, si elle est le fait social élémentaire, elle n'est
que cela, et je n'ai jamais dit que l'alphabet fût à peu près
toute la littérature. Ai-je peut-être un peu exagéré ses
mérites ? Soit ; mais j'avais à réagir contre un tel aveugle-
ment !

    » Un de mes adversaires en est un bon exemple. Pour lui,
l'imitation n'est à peu près rien : et « il ne peut, dit-il, être
question de lois de développement juridique (ou de développement social quelconque, bien entendu) *qu'en dehors de
l'imitation.* » Les faits d'imitation n'offrent que l'intérêt
« présenté par les maladies pour la connaissance des états
» de santé. » « *C'est seulement quand l'imitation est hors de
» cause,* quand le développement se suit incontestableme:.*
» en dehors de tout emprunt, dans son originalité intégrale,
» qu'on peut, au sens propre, se demander quelles sont les
» lois qui le régissent. » — Dans son « originalité intégrale » ?
J'ignore ce que peut signifier cette expression dans une doctrine qui, postulant une ressemblance innée, obligatoire, de
tous les développements, ne laisse à chacun d'eux rien de
vraiment, de profondément caractéristique. On peut rester
original, quand on ne ressemble à quelqu'un que parce
qu'on le copie ; mais quand, spontanément, cent hommes
isolés agissent comme un seul homme, ce n'est pas auto-
nomes qu'il faut les appeler, c'est automates. N'importe ;
ce que je retiens de la précédente citation, c'est que les lois

des phénomènes d'imitation n'ont rien de scientifique. Cette
assertion, si l'on y réfléchit, suppose le renversement complet de l'idée de science. En effet, on ne saurait le contester,
l'imitation est une des formes — la forme *proprement* sociale, je crois, ce qui ne veut pas dire la forme sociale
unique — de la répétition universelle : à coup sûr, c'est à
elle que sont dues, en fait de pensées et d'actes humains,
de paroles, de rites, de produits — comme à la génération
en fait de fonctions et de caractères organiques, comme à
l'ondulation en fait de mouvements et de figures, — les
répétitions les plus précises, les plus susceptibles de se
prêter aux enregistrements et aux calculs savants de la statistique, ce thermomètre ou ce dynamomètre social. Tout ce
qu'il y a de quantitatif, ou peu s'en faut, dans le domaine
proprement social, c'est ce qu'il y a d'imitatif. Si donc la
sociologie doit soigneusement exclure de ses données les
phénomènes d'imitation, autant vaut dire que les sciences
physiques doivent laisser de côté tous les phénomènes on-
dulatoires, lumière, son, électricité, les sciences biologiques,
tous les phénomènes autres que ceux de génération spontanée, et que physiciens ou naturalistes, en s'occupant de ce
qui peut être mesuré et compté, en faisant usage de leurs
instruments de précision, perdent leur temps. Assurément
je n'attribue pas à mon savant critique ces énormités ; mais
son principe y conduit tout droit. Je persiste à croire, donc,
qu'il n'est pas sans intérêt scientifique de voir s'appliquer
parfaitement les lois logiques ou extra-logiques de l'imitation à la propagation graduelle d'un corps de coutumes ou
d'une législation qui, à partir d'une cité conquérante, d'une
caste dominante, se répand ou tend à se répandre de peuple
en peuple, de classe en classe ; à la stagnation d'un Droit
dont la vie est entretenue par la seule imitation des aïeux ;
à la progression d'un Droit fécondé par l'imitation de
l'étranger, etc. C'est faute de prendre garde à l'imitation et
à son importance, que, tout en imaginant mille sortes de
similitudes d'évolution juridique universalisées sans motif
et exagérées souvent, on a passé à côté de la plus réelle, de
la plus sérieuse, de la plus universelle de ces lois de développement, je veux dire celle de l'élargissement progressif

des relations de droit ; et celle-là, je n'ai cessé de la mettre
en relief (p. 22, 41 et s., 61, 88-90, 107-111, 149, 158, 210).
A vrai dire, que resterait-il de l'histoire du Droit, si l'on en
supprimait tout ce qui repose, expressément ou implicitement, sur l'imitation ?

» Quelque chose, oui : mais observons qu'on ne pourra
jamais dire quoi. Et le malheur est que, si vraiment il ne
pouvait être question des lois du développement juridique
sinon « quand l'imitation est hors de cause », il faudrait
renoncer à risquer la moindre de ces lois. Car, dans les cas
où les législations de deux peuples, même situés aux anti-
podes l'un de l'autre, se ressemblent nettement, est-on
jamais sûr qu'il n'y a pas eu imitation ? On ne peut douter
que, dans le passé agité de notre espèce, comme de nos
jours, il s'est opéré une foule d'ensemencements lointains
d'idées et d'exemples, un transport fréquent de germes
sociaux à grande distance, dont les auteurs anonymes n'ont
fait nul bruit et dont toute trace s'est perdue. Autrefois,
avant le darwinisme, quand on rencontrait dans deux pays
éloignés, sans communication connue, des flores et des
faunes un peu semblables, et même très semblables, on les
réputait autochtones, créées sur place, et l'on n'avait pas
l'idée de s'émerveiller du prodige impliqué dans cette au-
tochtonie. Il a fallu les efforts de Lyell, de Darwin, de cent
autres, pour faire prévaloir l'idée qu'il y a eu là génération
et non création, et qu'en réalité les organismes les plus
sédentaires, plantes ou animaux, trouvent moyen d'expédier
jusqu'aux extrémités du globe des ovules fécondés de leur
espèce, des missionnaires de leur religion vitale. Il suffit,
de même, d'un voyageur, d'un prisonnier de guerre, d'un
navigateur égaré, pour inoculer à des insulaires, à des barbares, telle idée, tel besoin, tel produit d'un peuple civilisé
situé à mille lieues de là. D'autres fois, plus souvent, la
propagation s'est faite de proche en proche, mais, par suite
de révolutions antiques, les étapes intermédiaires ont disparu. Aussi suis-je en droit de penser qu'on intervertit les
rôles, quand, à propos de passages où j'ai supposé — à tort
ou à raison, peu importe — que certaines similitudes remarquables entre peuples éloignés peuvent être dues à des

emprunts, on me demande la preuve qu'il y a eu copie. Je demanderai, moi, qu'on veuille bien me prouver qu'il n'y a pas eu copie, c'est-à-dire qu'il y a eu, parfois, une rencontre des plus merveilleuses. Le merveilleux ne se présume pas. Peut-être me suis-je trompé en conjecturant la possibilité d'un transport de nos contes de fées jusqu'au Zoulouland, ou celle d'une action imitative quelconque au fin fond des frappantes analogies signalées par M. Seignette, entre les coutumes préhistoriques des Arabes et celles des Romains d'avant les XII Tables. Mais, si j'ai été téméraire en ceci, G. de Humboldt l'a été bien davantage encore ; car, assurément, les analogies d'ordre mythologique, artistique, agricole, sur lesquelles il a fondé l'hypothèse d'une importation des idées de l'Ancien Continent dans le Nouveau Monde longtemps avant Christophe Colomb, sont moins nettes que les rapprochements de M. Seignette ; et, en outre, il est tout autrement hardi de conjecturer une communication préhistorique de la Chine ou du Japon avec le Mexique des Aztèques et le Pérou des Incas à travers l'Océan que celle de l'Inde ancienne avec l'Arabie. Tous, nous conjecturons toujours, mes adversaires aussi bien que moi : eux, en imaginant que, si on pouvait remonter au berceau de toutes les évolutions historiques, on les verrait se conformer à leurs formules, suggérées cependant par un certain nombre de peuples seulement ; moi, en supposant que, si on connaissait le menu détail des faits, on y verrait non pas la totalité, mais la majorité (en nombre et en poids) des similitudes sociales mises sur le compte de la génération spontanée pour ainsi dire, se rattacher à la génération ordinaire et vraiment « normale », par voie d'emprunt. Hypothèse pour hypothèse, la mienne a peut-être l'avantage de la clarté.

» Par exemple, j'accorde bien volontiers qu'une même invention peut avoir eu, et a eu souvent, plusieurs inventeurs. Mais où ai-je dit le contraire ? Ou plutôt, j'ai reconnu cela moi-même (p. 95, 190, etc.) en termes formels. Seulement l'uniformité d'évolution exige, en outre, que les mêmes inventions aient dû, à la longue, apparaître partout, et partout dans le même ordre. C'est cet ordre invariable que je nie, et non cette réapparition inévitable. Or, con-

cédez-moi que, à raison de leur nature en partie accidentelle, les inventions ont pu et dû se succéder dans un ordre
en partie variable, il n'en faut pas plus pour enlever tout
appui réel à l'idée d'un seul enchaînement normal de phases.
Car l'antériorité ou la postériorité d'une découverte relativement à une autre, est un fait d'une immense conséquence
relativement aux fruits logiques qu'elle portera, au cours
qu'elle imprimera à l'histoire d'un Droit, d'une Langue,
d'une Religion, d'une Science, d'un Art. La race de Furfoz,
suivant Quatrefages, était très inférieure à la race de Cro-
Magnon, laquelle dessinait artistiquement, possédait l'arc et
la flèche ; mais la première, qui ne savait ni tirer de l'arc ni
dessiner, connaissait la poterie que la seconde ignorait. En
agriculture, en céramique, en architecture, en voirie, les
anciens Péruviens s'étaient élevés très haut ; mais ils
n'avaient aucune sorte d'écriture. Supposez que la poudre à
canon eût été déjà inventée du temps des Romains, ou la
boussole, ou l'imprimerie, ou simplement que la notation
du zéro, invention si simple en apparence, eût été imaginée
par les Grecs, si admirablement doués du reste en mathé-
matiques, la face de l'antiquité et du monde moderne eût
été absolument changée, et il n'y aurait sans doute pas eu
de moyen âge... Inutile d'aller plus loin. Ces exemples suffisent pour montrer la part de l'accidentel — en fait d'évolution, même scientifique — et l'erreur de n'y voir qu'une
quantité négligeable ou une anomalie passagère. De l'accidentel découle le nécessaire. Polygénisme et déterminisme
n'ont rien de contradictoire. »

                                              G. T.

Mai 1894.

LES

TRANSFORMATIONS DU DROIT

INTRODUCTION

OBSERVATIONS PRÉLIMINAIRES.

Le Droit est de tous les domaines de la vie sociale celui
où la spéculation philosophique s'est le moins exercée de
nos jours. Elle s'est donné carrière en philologie et mythologie comparées, en politique, en morale, en esthétique,
en économie politique ; mais les Codes lui ont fait peur,
elle a laissé le Droit aux juristes, la mine aux mineurs.
A-t-elle reculé, je ne sais pourquoi, devant les études spéciales que l'exploitation de ce nouveau filon eût exigées ?
Ou y aurait-il entre l'esprit juridique et l'esprit philosophique quelque incompatibilité de nature ? Quoi qu'il en
soit, cet abandon du champ législatif aux simples piocheurs
appelés commentateurs ou hommes d'affaires a eu les résultats les plus fâcheux, pour la science du Droit d'abord
demeurée close en soi, stérile, casanière et routinière, et
ensuite pour les autres sciences ses sœurs, pour l'économie
politique surtout, qui, en oubliant sa parenté et ses droits
au partage de l'héritage commun, ont transgressé sans le
savoir leurs limites naturelles. La réaction socialiste qui
s'est produite si passionnément dans la seconde moitié de
ce siècle contre l'économie politique de l'ancienne école,
n'est-elle pas due en partie aux empiètements inconscients

de celle-ci qui, dans ses ambitieuses théories sur la Richesse, n'avait jamais été arrêtée par quelque grande théorie
du Droit, rivale et fraternelle ?

Mais, depuis quelques années, l'introduction du ferment
darwinien, évolutionniste, anthropologique, en Droit criminel, y a déterminé une crise qui se propage avec une
extrême rapidité et qui commence à gagner le Droit civil
lui-même [1]. Déjà les archéologues de la législation avaient
préparé ce mouvement par leurs recherches érudites. Jusqu'à eux, le Droit romain, seul étudié historiquement de
sa source à son embouchure, était pour le théoricien jurisconsulte quelque chose comme l'*Histoire sainte* pour
l'historien d'autrefois, c'est-à-dire un phénomène unique et
sacré, absolument incomparable, et par là, faute de comparaison, devenu absolument inexplicable. Quand les égypto-
logues, quand les assyriologues contemporains nous ont
révélé le droit égyptien, le droit assyrien ; quand des fouilles
analogues dans les antiquités des familles indo-européennes
et sémitiques, des Germains, des Slaves, des Persans, des
Celtes, ainsi que des Musulmans, des Hébreux, etc., nous
ont fait peu à peu un vaste musée juridique, dont M. Dareste [2], parmi nous, pourrait être appelé le conservateur ; la
vieille jurisprudence alors s'est sentie inopinément élargie
et rajeunie. Ce serait pourtant une illusion de penser que,
parce qu'on a constaté des similitudes nombreuses et frappantes entre diverses langues et fondé la philologie comparée, on a fait la théorie du langage. Ce serait une erreur
égale de se persuader qu'il suffit au jurisconsulte philosophe d'avoir découvert des ressemblances entre plusieurs
évolutions législatives plus ou moins indépendantes les
unes des autres, et créé ainsi la législation comparée. Ces

1. Il est à remarquer d'ailleurs qu'en tout temps la refonte législative,
le greffage de nouvelles idées sur l'arbre juridique, débute par la branche pénale, la première éclose et toujours la plus en vue.

2. *Études d'histoire du Droit*, par M. Dareste, de l'Institut (Leroso et
Forcel, 1889).

similitudes ne sont que les données du problème à résoudre ; il s'agit de les limiter d'abord, de les resserrer dans
leurs bornes naturelles, souvent outrepassées par un abus
d'ingéniosité, et de les expliquer ensuite en remontant à
leurs causes, qui sont de deux sortes, organiques ou sociales.
Les premières consistent dans les besoins innés et *héréditaires* de la nature humaine, qui reste la même à travers la
diversité des races et des générations ; les secondes, dans les
besoins dérivés et acquis par contagion *imitative* d'homme à
homme. Il faut combiner ces deux actions partielles pour
comprendre les transformations historiques du Droit, aussi
bien que celles de la langue, de la religion, des institutions,
des industries, des mœurs ; mais, pour les combiner, il faut,
avant tout, ne pas les confondre, les distinguer, au contraire, avec toute la netteté possible, et faire à chacune
d'elles sa part.

Ce n'est pas que de beaux travaux philosophiques sur le
Droit n'aient apparu, çà et là, par exception. Il suffit de citer
l'ouvrage capital de Sumner-Maine, sur l'*Ancien Droit*, et les
remarquables études qui l'ont suivi. Mais on peut trouver que l'école évolutionniste, si rapidement conquérante,
si prompte aux essors entreprenants hors de son berceau
darwinien, s'est montrée très réservée à l'égard du Droit.
Sumner-Maine ne se rattache à elle que par une parenté collatérale, en quelque sorte, et fort éloignée ; et il est de
l'école historique, très française d'origine, qui n'a pas attendu
Darwin ni Spencer pour venir au monde. En Droit pénal,
il est vrai, la doctrine de l'évolution s'est immiscée depuis quelques années, mais encore est-ce beaucoup plutôt
d' « anthropologie criminelle » qu'il a été question que
d'évolutionnisme pénal. Quant au Droit civil, il est resté hors
du mouvement jusqu'à une époque plus récente encore. Voici
cependant qu'on entend annoncer déjà les noms d' « anthropologie juridique » et aussi d' « évolution juridique » ; mais
pareils à ces noms que les anciens géographes donnaient
d'avance aux régions encore à demi inexplorées de l'Afrique

ou de l'Amérique. En réalité, sans méconnaître le mérite des premiers explorateurs de ces terres inconnues, il est permis de penser qu'ils ont laissé toute une moisson à glaner après eux. Aussi est-il manifeste que beaucoup de chercheurs tendent à se lancer sur leurs traces.

Les historiens et les archéologues de la législation leur avaient déjà depuis longtemps préparé les voies.

Mais l'histoire et l'archéologie, c'est, malheureusement, ce dont paraissent le moins se soucier les disciples d'Herbert Spencer, qui, appliquant ici quelque formule générale de l'évolution, clé magique de l'univers, prennent pour une explication cette application pure et simple. Il est vrai que les évolutionnistes récents du Droit sont, en général, aussi des anthropologistes [1], et l'on aurait pu attendre de cette rencontre des recherches anthropologiques avec les grandes synthèses darwinienne et spencérienne, le plus heureux résultat. On aurait pu croire que la connaissance minutieuse, détaillée, des organes et des besoins de l'individu, fournie par les unes, compléterait ou tempérerait le penchant excessif aux généralisations suggérées par les autres ; que les unes permettraient pour la première fois de proposer au Droit futur son idéal vrai, la poursuite d'un Droit vraiment naturel, conforme aux exigences naturelles de l'organisme humain, pendant que les autres révèleraient la nécessité des vicissitudes traversées au cours de son histoire par le Droit passé. Mais la vérité m'oblige à confesser que, jusqu'ici du moins, ce confluent de deux grandes écoles n'a pas été très fécond en idées durables, et je ne vois encore s'élever, parmi plusieurs petites tours de Babel juridiques, hâtivement construites, aucune

---

1. Par exemple, M. Letourneau, auteur de l'*Évolution juridique* (1891), et M. Giuseppe d'Aguanno dont le livre intitulé *La genesi e l'evoluzione del diritto civile secondo le resultanze dalle science antropologiche e storeco-sociali* (Turin, 1890) aura lieu de nous occuper quelquefois. Citons encore, dans un autre ordre d'idées, l'ouvrage de Ihering sur la *Lutte pour le Droit*. Il était bien temps que la fameuse « lutte pour la vie » rouvât son mot à dire en législation.

tour Eiffel qui humilie de son ombre les travaux antérieurs
des Summer-Maine et des Fustel de Coulanges. La *Cité antique* de ce dernier reste, avec ses études mêmes sur l'origine du système féodal, malheureusement gâtées par l'esprit
de système et d'inutiles polémiques, l'une des œuvres qui
font le mieux pénétrer indirectement dans la vie propre du
Droit et dans les secrets de ses mutations[1]. Quant à l'*Ancien
Droit* et aux autres ouvrages du grand jurisconsulte anglais,
tout dépourvus qu'ils sont eux-mêmes d'ambitieuses prétentions, ils semblent avoir extrait de notre sujet tout le suc
philosophique qu'il contient. Ce n'est qu'une illusion pourtant, et il reste, assurément, bien d'autres découvertes à faire
dans ce champ si peu ou si mal inexploré.

Il n'est pas facile de savoir ce qu'on entend par l'introduction de l'anthropologie en Droit civil. En droit criminel,
nous le savons, cela consiste à se préoccuper du *criminel*
plus que du crime, à individualiser les questions. C'est fort
bien ; mais si, pour faire pendant à l'anthropologie criminelle, on tâche d'édifier l' « anthropologie juridique »[2],
pourra-t-on faire de même, et avec un égal succès? Est-ce
que, par hasard, on songerait à individualiser les dispositions légales, à les ajuster aux divers individus séparément,
comme font pour nos vêtements les tailleurs ; de telle sorte,
qu'il y aurait, pour chaque jeune homme ou chaque jeune
fille, un âge spécial de majorité, de capacité civile, et que la
valeur des contrats devrait être jugée d'après l'examen anthropologique des contractants? Ce serait assurément se
moquer que de prêter ce sens puéril à la préoccupation na-
turaliste en fait de législation. N'oublions pas que ce qu'il y

1. Le culte excessif et exclusif du document écrit a conduit ce grand
historien, sur la fin de sa carrière, à des partis-pris qui l'ont rendu
injuste à l'égard des découvertes d'autrui. Il est curieux, par exemple,
de le voir alors reprocher à M. de Laveleye, à M. Glasson, etc., l'emploi
de la méthode comparative qui, précisément, lui a valu son chef-d'œuvre,
la *Cité antique*.
2. C'est le vœu exprimé et l'expression employée par un anthropolo-
giste distingué, M. Manouvrier.

a de plus naturel à l'homme, est le goût du rationnel, le besoin de se soumettre à des règles générales, architecturales
d'aspect. En Droit pénal même, ce besoin se fait sentir, mais
bien plus vivement encore en Droit civil. Les lois sont des
monuments, non des vêtements. Ou plutôt elles sont à la
fois l'un et l'autre ; car il n'est pas impossible de concilier
l'uniformité et l'ajustement. Les statuettes de Tanagra nous
révèlent la grâce, le pli individuel, que les jolies femmes de
Thèbes savaient donner à la draperie, de coupe uniforme
pour toutes, qui leur servait de parure. Tel doit être l'art du
législateur civilisé : découper des règles égales mais souples,
qui se plient aisément à la taille des individus. Il y parvient
d'autant mieux qu'il conforme davantage ses prescriptions
aux besoins naturels, *ou devenus tels*, des justiciables ; et
je veux bien qu'on applique le nom de Droit naturel, en le
détournant un peu de son sens antique et stoïcien, à un certain idéal vague de législation qui serait, par hypothèse, —
hypothèse réalisable ou non — la perfection de cette conformité. Mais je ne puis admettre que, les besoins auxquels
il s'agit de se conformer étant en partie, et en grande partie,
le produit de la culture et des accidents historiques, il suffise d'avoir mesuré beaucoup de crânes humains de tous les
temps et de toutes les races et même fait beaucoup de psychologie physiologique pour pouvoir dire le dernier mot
à cet égard. Sans doute, il importe, par exemple, de ne
pas oublier, comme le font trop souvent les juristes, que
la matière des Successions se rattache intimement à celle
de l'hérédité vivante, mais ce n'est pas une raison pour
entrer à ce propos dans de longs détails sur l'hérédité des
particularités anatomiques chez d'innombrables espèces animales [1], comme si l'on se persuadait que cette étude minutieuse peut seule fournir des lumières sur la question du
meilleur régime successoral à adopter. — Nous reviendrons
plus loin sur cette grande conception du droit naturel.

1. Voir, par exemple, l'ouvrage ci-dessus cité de M. d'Aguanno.

Beaucoup plus claire en apparence que l'idée d'une « anthropologie juridique » est celle de l'« évolution juridique ». Elle a, cependant, grand besoin aussi d'être précisée. S'il ne s'agit que de substituer à l'étude du Droit romain celle du Droit aztèque, du Droit péruvien, du Droit fuégien, du Droit australien, du Droit de l'âge du bronze ou de la pierre éclatée ou polie, de tous les Droits barbares ou sauvages quelconques, pour éclairer les origines de la législation, la chose ne réclame qu'une certaine dose d'érudition facile, au service d'une force moyenne d'imagination. Et celle-ci sera toujours sûre de l'assentiment d'un public spécial, si elle a cette « forme banale de l'originalité » qui consiste à être à la fois paresseuse et hardie, déductive et ingénieuse, propre à flatter en même temps, par ses hypothèses scientifiques, la routine d'esprit et le goût des nouveautés. Ici, comme un peu partout en sociologie, on a beaucoup abusé des sauvages ; depuis M. Spencer, qui a magistralement inauguré l'exploitation de cette mine au minerai si impur, il y a un petit nombre d'anecdotes, toujours les mêmes, empruntées à quelques tribus américaines, africaines ou océaniennes, qui ont fait le tour de la presse sociologique et qui le referont longtemps encore sous diverses étiquettes. Sans l'ombre d'une preuve, si ce n'est de celles que peut fournir une observation superficielle, on est parvenu à accréditer l'idée *a priori* que l'état social primitif, le point de départ supposé du Progrès, est identique chez tous les sauvages. Il est impossible cependant de fermer les yeux sur les dissemblances profondes que présentent les sauvages actuels, même les plus infimes ; les racines verbales, les tournures grammaticales de leurs langues, leurs rites et leurs croyances, leurs embryons de gouvernement despotique ou paternel, leurs mœurs paisibles ou belliqueuses, douces ou féroces, honnêtes ou perverses, leurs mélodies musicales, leurs essais de dessins, diffèrent du tout au tout. Mais on ne s'embarrasse pas pour si peu : les sauvages qui sont dissemblables, le sont, dit-on, parce qu'ils se sont élevés plus ou moins haut sur l'échelle de la sauvagerie ; leur diversité même est instructive au point de vue de l'identité originelle dont elle mesure le degré d'éloignement. Elle ne la contredit point. Quant aux sauvages qui se ressemblent, on admet d'emblée que leur similitude est toute spontanée ; on ne tient en général nul compte de l'extrême probabilité des contacts, qui ont dû exister, soit entre eux, soit entre leurs ancêtres, dans la longue nuit de leur histoire, ou plutôt de leur préhistoire; on ne songe pas à se demander si, par là, bien plus naturellement que par une prétendue formule d'évolution unique et nécessaire, ne s'expliquerait pas une notable partie de ces ressemblances.

C'est fâcheux, mais c'est forcé. Si, par évolution, on croit devoir entendre un enchaînement réglé de phrases, de métamorphoses aussi fatales et aussi régulièrement répétées que celles des insectes, à travers des variations purement accidentelles et réputées insignifiantes, ne faut-il pas, avant tout, que la phase initiale soit regardée comme partout la même ? Le malheur est, pour le transformisme, qu'ayant pris naissance chez des naturalistes, non chez des sociologues ou des physiciens, il s'est habitué à considérer comme le seul type possible de développement l'espèce singulière, et singulièrement routinière, de développement, présentée par les êtres organisés. Il se persuade trop aisément qu'évolution signifie non pas seulement production de phases successives accomplies suivant les lois de la mécanique et de la logique, mais encore reproduction en exemplaires multiples de phases prédéterminées, analogues aux âges successifs d'un individu végétal ou animal[1]. Il ne lui vient pas à l'idée que cette loi des âges, ainsi conçue, sur le modèle de ces êtres exceptionnels, pourrait bien n'être pas applicable entièrement aux systèmes solaires ou aux transformations

---

1. On est trop porté à confondre le lien, vraiment rigoureux, *de cause à effet*, des conditions au conditionné, avec le lien, beaucoup plus lâche et flottant, *de phase à phase*, dans une évolution quelconque.

des sociétés; que la croissance d'une langue, d'une religion,
d'un corps de droit, d'un art, tout en étant aussi conforme
au déterminisme universel que la croissance d'une graminée
ou d'un quadrupède, pourrait bien être tout autrement originale et unique en soi. Il se laisse aller trop vite à penser,
à affirmer que, parce que tout être vivant est *ou semble
être* [1] poussé à la mort par un principe interne, il doit exister aussi, pour tout système astronomique, même arrivé à
sa phase d'équilibre stable, et aussi bien pour toute langue,
pour toute religion, pour toute législation, même parvenue
à son état de perfection relative, et de circulation station-
naire, une nécessité *intérieure* de mourir. Or, que, tôt ou
tard, il doive probablement survenir *du dehors* quelque choc
dissolvant où périra la langue, la religion, la législation de
meurée la plus indestructible jusque-là, rien de plus admissible; ainsi ont péri d'antiques civilisations asiatiques qui
dureraient encore sans quelque accident de guerre; ainsi
périront peut-être force cultes attaqués par la science; ainsi
la vieille Chine, peut-être, au contact des Européens; mais
autre chose est cette mort violente, interruption d'une im-
mortalité possible et normale, autre la mort naturelle à
laquelle nul vivant n'échappe dans des limites de temps à
peu près fixes [2]. Avant de généraliser en loi suprême ce dernier phénomène et tant d'autres caractères apparents ou
réels de la vie, il vaudrait la peine d'y réfléchir un peu.
L'idée-type du développement, au lieu d'être empruntée à la
vie, n'aurait-elle pas pu aussi bien être demandée à l'astronomie ou à la linguistique ou à la mythologie comparée?

1. D'après le Dr Weissmann (*Essais sur l'hérédité*, 1892), les êtres vivants *monocellulaires* sont *immortels*; ils se segmentent, mais où est là
le *cadavre?* La mort ne serait qu'une « invention pratique » mais assez
récente de la vie. M. Delbœuf a aussi de très curieuses considérations
à-dessus, et très profondes (dans *La matière brute et la matière vivante*).
2. « On voudrait savoir, dit Espinas, si les peuplades (animales) se
désorganisent et meurent d'elles-mêmes au terme d'une période limitée,
comme les individus plus simples qui les composent. *Nous n'avons pu
recueillir aucune observation qui l'établisse.* » (*Sociétés animales*, p. 513.)

1.

Est-ce que les lois de la mécanique et les lois de la logique, les unes dans les autres se mirant, ne dominent pas celles de la végétation et de l'animalité? Et est-ce que la notion du développement, telle qu'elle nous est suggérée par la mécanique céleste, comme étant essentiellement la poursuite d'un équilibre stable et mobile, ou bien telle qu'elle nous est suggérée par la logique individuelle ou sociale, comme étant la poursuite d'un système harmonieux, indéfiniment durable, de pensées et de volontés sans contradiction, bien d'accord entre elles, n'est pas supérieure en précision, en clarté, en valeur explicative, à l'idée de cette marche insensée et fatale vers la mort, que la vie nous suggère?

Nous essaierons d'esquisser ou d'indiquer les principaux traits de l'évolution du Droit, conçue comme une haute et complexe opération de logique sociale; mais d'abord, nous avons à montrer l'insuffisance de l'évolutionnisme social tel qu'il est généralement interprété. En proie à son idée fixe, celui-ci est et doit être nécessairement porté : 1° à s'exagérer le nombre et la portée des similitudes qui frappent l'esprit, à première vue, quand on compare des corps de droit réputés étrangers l'un à l'autre, aussi bien que des langues, des religions, des armées, des nations, envisagées sous le rapport politique, industriel, artistique, moral; 2° à tenir toutes ces ressemblances, vraies ou fausses, pour spontanées, sans avoir fait, ou tenté de faire sa part légitime au principe de l'imitation. Il est curieux de voir des esprits qui se disent positivistes succomber à la séduction du merveilleux réalisé, suivant eux, par ces coïncidences multipliées, et préférer à l'explication claire d'une partie de ces ressemblances par la contagion de l'exemple, leur explication obscure par l'atavisme et l'hérédité. On nous permettra d'entrer dans quelques développements à ce sujet.

Les meilleurs esprits peuvent être abusés par leur préoccupation systématique. Je n'en veux pour preuve que M. Dareste. « Un fait que les travaux modernes ont mis dans tout son jour, dit-il au début de son livre sur l'*Histoire du Droit*, est l'affinité, pour ne pas dire l'identité des diverses législations primitives. La philologie a montré par d'admirables découvertes l'origine commune de la plupart des langues européennes, qu'elle a su rattacher aux anciennes langues, mortes aujourd'hui, de l'Inde et de la Perse. *Plus étroite encore* est la parenté des diverses législations. Non seulement elles ont toutes subi des transformations analogues, mais elles se reproduisent souvent les unes les autres, trait pour trait, et presque mot pour mot, à travers les plus énormes distances de lieux et les plus longs intervalles de temps, alors qu'aucun emprunt direct n'a jamais été possible ; en sorte que, pour expliquer cette ressemblance, qui ne saurait être fortuite, il faut nécessairement admettre ou que les deux peuples avaient une origine et par suite une tradition commune, ou que les mêmes causes ont partout les mêmes effets. » Visiblement, M. Dareste penche fort pour cette dernière interprétation ; d'ailleurs, on le voit, il pose très bien la question, et se borne, en outre, à rapprocher les législations des races supérieures, à l'exclusion méritoire des sauvages de toute race. Mais, dans ces limites mêmes, nous le verrons, il annonce beaucoup plus que ne prouve son livre. Quoi qu'il en soit, puisque lui-même s'exprime ainsi, on ne doit pas s'étonner de voir M. Letourneau, qui étend à toutes les peuplades ou nations connues le champ de ses comparaisons, prêter la même uniformité désolante au cours de leurs transformations juridiques. Pourtant la vérité chez lui l'emporte souvent sur le parti-pris ; il admet des divergences initiales de développement social, à partir de la plus basse sauvagerie, car il lui en coûterait trop de confondre les tribus républicaines avec les tribus monarchiques ; et cette base de distinction a beau être manifestement trop étroite, elle est toujours bonne à noter. Dans son style coloré, il lui arrive aussi de caractériser avec vigueur la physionomie juridique propre à chaque peuple, tout à fait *sui generis*, et s'il méconnaît outrageuse-

ment en ceci, par horreur avouée des romanistes et de
l'impérialisme, l'originalité supérieure du Droit romain, il
exalte outre mesure celle du droit athénien, par amour des
démocraties.

Les évolutionnistes, malgré tout, s'accordent donc à affirmer l'existence d'une loi unique et nécessaire d'évolution
juridique ; mais leur désaccord commence quand ils entre-
prennent de la formuler et de préciser les phases que le
droit serait assujetti à traverser dans sa trajectoire historique. Il y a cependant quelques points sur lesquels ils s'en-
tendent ou peu s'en faut. En droit pénal, ils admettent et
démontrent l'universalité primitive, dans le nouveau monde
comme dans l'ancien, du talion et de la vengeance familiale, suivis de la composition pécuniaire et plus tard de la
poursuite d'office. En procédure criminelle, l'universalité
primitive des ordalies, des jugements de Dieu, et souvent
sous des formes étonnamment semblables. En droit civil,
l'universalité primitive de la communauté de village, puis de
famille, comme régime des biens, avant la graduelle apparition de la propriété privée ; et, comme régime des personnes, l'universalité primitive (très contestée toutefois) du
matriarcat, ensuite du patriarcat, et alors celle de l'asservissement des femmes — chose peu conciliable avec la
souveraineté antérieurement attribuée à la mère de famille
— puis du passage de cette servitude à une lente émancipation féminine. Quant aux obligations, on croit voir partout les contrats réels précéder les contrats consensuels
et l'élaboration juridique conduire les jurisconsultes, soit
romains, soit arabes, soit hébreux, indépendamment les
uns des autres, à une théorie des obligations à peu près
conçue sur le même plan. — Passons en revue ces divers
points.

CHAPITRE PREMIER

DROIT CRIMINEL.

Commençons par reconnaître, bien volontiers, une similitude des plus universelles et des plus importantes : l'idée
du Droit, si différente qu'en soit le contenu, est *formellement* la même en tout pays et en toute race, non qu'elle
soit innée, mais parce qu'elle dérive nécessairement d'ins-
tincts naturels héréditairement légués à l'homme par ses
ancêtres humains ou préhumains et réfractés par le milieu
social. De telle sorte que, si, par impossible, l'idée du Droit
venait à disparaître aujourd'hui de l'humanité, elle renaî-
trait fatalement demain. Mais il importe de ne pas se tromper en désignant la source naturelle de ce penchant irrésis-
tible, quand on prétend, comme de juste, faire remonter
jusqu'à elle les origines du Droit. « L'instinct réflexe de la
défense, dit M. Letourneau, est la racine biologique des
idées de droit, de justice, puisqu'il est évidemment la base
même de la première des lois, de la loi du talion. » Que les
notions dont il s'agit aient une racine biologique, rien de
plus vrai ; mais que cette racine soit uniquement ou principalement l'instinct réflexe de défense, voilà qui est beaucoup moins démontré. A notre avis, c'est aussi et avant tout
l'instinct de sympathie, condition première et indispensable
de tout groupement social, par la communication contagieuse des émotions, des désirs et des idées.

L'omission grave, l'importante erreur, que je relève, a

pour cause l'oubli trop général d'une distinction que je crois
fondamentale. Les primitifs peuvent donner lieu aux jugements les plus contradictoires, suivant qu'on les juge
d'après leurs rapports avec les étrangers, avec des individus
appartenant à d'autres tribus, à d'autres familles, même
voisines de la leur, ou d'après leurs rapports avec les membres de leur petit groupe, monade sociale close en soi, for-
teresse étroite, abrupte au dehors, confortable et douce au
dedans. Dans leurs relations externes, qui sont de beaucoup
les plus nombreuses et les plus faciles à apercevoir, — et
voilà pourquoi la plupart des voyageurs ou des érudits n'ont
aperçu que celles-là —, ils sont grossiers, cruels, inhu-
mains. Le meurtre ou le pillage d'un étranger ne leur laisse
aucun remords, et, si un étranger a tué ou pillé l'un des
leurs, ils ne voient là qu'un fait de guerre qui appelle des
représailles contre l'auteur du méfait ou contre les siens
indifféremment. Si, pour réparation du dommage fait ainsi à
leur petite société, on leur offre un troupeau ou une somme
d'argent, ils l'acceptent sans vergogne, comme nos États civilisés reçoivent une indemnité d'un autre État pour le préjudice souffert par des nationaux. En tout cela, il n'y a pas
trace d'un sentiment moral à proprement parler; le meurtrier, le voleur n'est pas jugé *coupable*, et la vengeance
exercée contre lui ou son groupe, n'a pas le caractère d'un
châtiment. Si donc il était prouvé que c'est là le début, et
l'unique début, de la justice pénale, s'il était prouvé que
celle-ci est purement et simplement la transformation de la
vendetta primitive, sa réglementation officielle avec insertion plus tard de notions théologiques relatives à la coulpe et
au péché, on pourrait concéder à M. Enrico Ferri que l'idée
de culpabilité est une invention moderne[1], une création

---

1. M. d'Aguanno, je dois en convenir, assigne à l'idée morale une date
plus reculée. Il nous apprend que « le sentiment du juste et de l'injuste
a apparu *sur la fin de l'âge quaternaire* » (v. son livre, p. 114). Et il
faut voir toutes les conséquences qu'il déduit de cette donnée, tenue pour
incontestable.

factice, contre nature ou contre raison, de l'imagination
métaphysique, et que le progrès du Droit pénal peut et doit
se passer d'elle. C'est à cette conséquence, en effet, qu'il
aboutit logiquement, à partir de ses prémisses erronées.

Il importe donc au plus haut point de rectifier celles-ci.
Elles sont incomplètes. *Ce qu'on ne voit pas*, chez les primitifs comme chez nous, est souvent plus essentiel à considérer que *ce qu'on voit*. Or, ce qu'on ne voit pas chez eux d'ordinaire, parce que c'est chose secrète et murée, ce sont leurs
relations internes, c'est ce qui se passe dans leur cœur, ce
qui s'y agite de remords vrais mêlés peut-être à des craintes
superstitieuses, quand ils ont commis un fratricide ou tout
autre crime au préjudice d'un de leurs frères, de leurs concitoyens coreligionnaires; et c'est, parmi ceux-ci, spectateurs
du forfait impie, le scandale, l'indignation, la honte, la dou-
loureuse pitié aussi, causés par cette abomination, d'ailleurs
très rare. Tous les livres sacrés, toutes les légendes antiques,
attestent le remords vengeur, la malédiction indignée qui
châtient les Caïens, les Etéocles et les Polynices, et encore
plus les parricides, leur crime fût-il commandé par les
dieux, comme celui d'Oreste. Il n'est point question de vengeance alors, de rachat pécuniaire; le coupable est proscrit,
excommunié par le tribunal domestique. Et le plus souvent,
quand le crime ne paraît pas trop inexpiable, le but, la
visée de la peine, après bien des épreuves, c'est la réconciliation finale solennisée par un festin.

Dirons-nous que les tribunaux de famille, dont il s'agit,
avec le caractère sentimental, moral, de leur justice et de
leur pénalité, sont universellement répandus chez les primitifs ? Ils le sont extrêmement, car nous les trouvons
à l'origine de tous les peuples indo-européens, aussi bien
que sémitiques ; nous les voyons fonctionner encore de nos
jours chez les Kabyles, chez les Ossètes du Caucase, et
même en Chine, où les tribunaux impériaux, qui les ont
pris pour modèles, dans une certaine mesure, ne sont
point, par exception, parvenus à les remplacer tout à fait,

comme il arrive en règle générale aux tribunaux monarchiques dans les pays civilisés. Toutefois, je n'oserais affirmer qu'ils ont existé partout, et partout jugé moralement les crimes intérieurs de la famille, de la tribu ou du clan ; tandis qu'on peut affirmer, sans crainte de se tromper, que partout à l'origine, la coutume de la vengeance privée, de la responsabilité collective, puis du Wergeld, a sévi en ce qui concerne les crimes extérieurs. Aussi bien chez les Peaux-Rouges et les Australiens que parmi les sauvages et les barbares de l'ancien continent, la vendetta est pratiquée, et la composition en argent ou en têtes de bétail lui est substituée. Mais, on peut l'affirmer aussi, il n'est pas un seul des peuples civilisés qui n'ait présenté, dès ses plus anciennes phases, comme un sentiment profond de responsabilité morale dans les relations réciproques des confrères, socialement apparentés ; et, si, chez quelques sauvages contemporains, on ne trouve pas trace de ce sentiment (?), même dans le cercle étroit de ces rapports quasi-domestiques [1], on a le droit de supposer qu'ils l'ont perdu, ou bien que cette lacune lamentable est l'une des causes, et non la moindre, de leur arrêt au plus bas degré de l'échelle humaine.

Ainsi, à l'origine, la réaction défensive contre l'acte criminel se bifurque en deux formes bien distinctes et d'une étendue bien inégale : l'une morale, indignée et compatissante à la fois ; l'autre vindicative, haineuse et impitoyable ;

---

1. Comment le sentiment de cette profonde distinction entre le traitement du compatriote et la conduite envers l'étranger ferait-il défaut aux hommes primitifs, quand nous constatons son existence dans les sociétés animales ?

« Les abeilles, dit Letourneau, tout en étant fort gourmandes, respectent toujours (toujours ? qui peut l'assurer ?) les provisions de réserve amassées dans les alvéoles de leur ruche, *mais de la leur seulement* ; car nombre d'entre elles essayent de s'introduire pour piller dans les ruches étrangères, en dépit des sentinelles..., ou bien elles s'embusquent aux abords d'une ruche rivale pour détrousser au passage les abeilles butineuses... »

Telle doit être, telle est la tribu primitive. Point ou presque point de crimes et de délits intérieurs, mais au dehors tout semble permis.

l'une et l'autre, d'ailleurs, ayant pour trait commun une tendance au talion vrai ou simulé. — C'est, en effet, une erreur trop accréditée d'identifier les idées de talion et de vengeance ; celles de talion et de pénitence ne sont pas moins liées ; et le pécheur repentant trouve juste d'être puni ou de se punir lui-même par où il a péché, comme les armées en guerre trouvent naturel de se venger en rendant embûches pour embûches, razzia pour razzia [1]. — Or, de la répression morale localisée dans les tribunaux domestiques ou de la répression vindicative déployée dans les vendettas de tribu à tribu, laquelle doit être considérée comme la source initiale d'où le Droit pénal découle ? Je prétends que c'est la première, tout en reconnaissant que la seconde a plus souvent et plus longtemps servi de type à la justice des tribunaux de l'État, quand, ils se sont peu à peu substitués tout ensemble

1. Il est bon de faire cette remarque pour prévenir l'erreur des écrivains qui, partout ou ils voient dans un Code ancien une pénalité inspirée par l'esprit de talion, se hâtent trop vite d'y voir un esprit de vengeance et une preuve irréfragable de mœurs férocement grossières. — La *vendetta* est le seul mode de répression pratique, là où une force publique extérieure et supérieure aux tribus fait défaut. C'est d'ailleurs un des plus efficaces remèdes contre le délit qui aient jamais été imaginés, et je ne sais pas si les criminalistes *utilitaires*, au lieu de tant dénigrer cette coutume barbare, ne devraient pas, logiquement, proposer de la rétablir. Un jour ou l'autre, si la série des bombes anarchistes ne s'arrête pas d'elle-même, on s'apercevra que le seul mode de répression efficace est de revenir à l'antique procédé de représailles. Pour lutter contre cette sauvagerie, il faudra nous refaire à ces mœurs sauvages. Aussi longtemps qu'en Algérie, même après notre conquête, ces mœurs ont régné, on y a joui, à peu de frais, dit M. Seignette, fort compétent à cet égard, « d'une sécurité très satisfaisante pour les personnes et les biens ». Mais depuis que, politiquement, l'administration française a cru devoir s'attacher à supprimer la condition *sine quâ non* de cette vindicte familiale, en s'efforçant « de désagréger la tribu », on a constaté que « partout où ses efforts ont été couronnés de succès, la sécurité a disparu, *sans que l'organisation normale de la police paraisse aujourd'hui suffisante pour la rétablir* ». Le problème pénal aurait-il été mieux résolu par ces primitifs que par nous ? (Voir *Code musulman* de Khâlil, trad. fr. par Seignette, introduction.) Le même auteur dit ailleurs : « Il est hors de doute pour qui se donne la peine de comparer les statistiques criminelles de la France et de l'Algérie, que les *crimes violents*... sont *beaucoup moins fréquents* chez les Arabes que chez les Européens, eu égard à la proportion de la population. »

aux assises de la famille et aux guerres privées. C'est à doses
très variables, du reste, que ces deux modèles si dissemblables se sont combinés pour donner naissance aux Cours
criminelles, dans les différents pays ; et nous voyons déjà,
par là, que l'évolution pénale est loin d'avoir été uniforme.
Cette variabilité s'explique : un État se forme toujours par
une annexion plus ou moins violente et considérable, de
tribus, ou de petites peuplades, plus ou moins étroitement
rapprochées ou désunies par le sang, la religion, la langue,
les souvenirs historiques. Quand le lien des tribus, sous ces
divers rapports, est aussi étroit que possible et que la nation,
née de leur agglomération, est peu vaste, la justice de l'État
s'empreint fortement du cachet familial ; c'est le cas d'Israël,
d'Athènes, et de la plupart des républiques grecques, de Rome
au temps des rois. Aussi Moïse et les autres anciens législateurs de ces peuples proscrivent-ils la vengeance privée [1], et
leur œuvre respire-t-elle, en sa sévérité, un haut sentiment
moral. Même quand l'agglomération des tribus primitives
constitue un vaste empire, tel que l'Égypte et la Chine, mais
un empire encore très homogène, où les sujets les plus éloignés n'ont pas tout à fait cessé de se sentir frères, la justice
royale, sans mériter toujours ni souvent sa prétention d'être
paternelle, marque fortement, à certains traits, sa dérivation
domestique. La justice égyptienne, quoique parfois atroce,
« dénote, dit M. Letourneau, une humanité inconnue à la
plupart des États barbares et un vif souci de la solidarité
sociale ». Si, en Chine, les coupables sont traités en prisonniers de guerre bien plus qu'en enfants égarés, il n'en est
pas moins vrai qu'ils sont aussi considérés sous ce dernier
aspect ; par exemple, « tout condamné doit remercier le man-
darin-juge de la peine prononcée contre lui ». Évidemment
si la peine n'était conçue que comme une vengeance officiel-
lement réglementée, cette bizarre exigence n'existerait pas.

---

1. « La première parole prononcée par les anciens législateurs, dit
M. Dareste, a été la suppression de la vengeance privée... A un certain
moment, l'État s'est constitué et s'est porté médiateur et pacificateur. »

D'autres particularités de la justice chinoise, le pardon accordé à celui qui spontanément s'avoue coupable et exprime du repentir, la bastonnade adoptée comme peine fondamentale, à l'instar des corrections usitées par les pères [1], etc., sont d'origine familiale et non vindicative. Être déshonoré aux yeux des siens, excommunié par sa famille, est si bien, en Chine, le plus grand des châtiments que, pour y échapper, on voit de pauvres diables consentir à servir de remplaçants aux condamnés à mort. Moyennant cette correction, volontairement subie, leur mémoire est réhabilitée.

Mais, quand des tribus hostiles ou hétérogènes ont été violemment resserrées par un lien factice en un État petit ou grand, comme les concitoyens de nom sont en réalité dépourvus de tout sentiment de confraternité, la justice pénale procède militairement, frappant à grands coups, abattant les têtes dans une sorte de fureur sanguinaire. Tels sont les grands royaumes incohérents d'Asie, les petits royaumes non moins bigarrés d'Afrique. Au Japon, déjà, la pénalité est de nature plus vindicative qu'en Chine et le principe de la responsabilité collective impersonnelle, y règne davantage, peut-être parce que le Japonais est plus belliqueux que le Chinois et a fait jouer un plus grand rôle à la conquête dans la formation de sa nationalité.

Si l'on ne tient compte que des frontières politiques d'une société, il n'y a rien de plus tranché que la différence entre le compatriote et l'étranger : pas de milieu entre les deux. Mais les frontières morales sont tout autrement vagues ; et, à ce point de vue, il y a mille degrés intermédiaires, successivement franchis au cours de la civilisation, de la fraternisation progressive, entre le compatriote le plus rapproché et l'étranger le plus éloigné. Le même acte criminel, donc, suivant qu'il frappe l'un ou l'autre de ces deux extrêmes ou

1. Dans les pénalités chinoises je ne vois guère se trahir le désir de rendre la peine semblable à la faute, si ce n'est quand le meurtre est puni de mort. D'ailleurs, pour n'importe quelle autre faute, outrages, diffamation, vols, incendies, on inflige des coups de bambous, comme font les pères qui, pour toute peccadille, fouettent leur progéniture.

quelqu'un des degrés qui les séparent peut engager dans
une mesure variant d'infini à zéro la responsabilité morale
de son auteur. Toute tribu est entourée d'un cercle mince
ou étendu de tribus congénères qui, même en se combattant,
forment une fédération sociale plus ou moins étroite ; leur
lien se relâche à mesure qu'il s'élargit, jusqu'à ce qu'on arrive à des nations lointaines ou inconnues, réputées gibier
pur et simple. On comprend que le sens moral et le sens
pénal doivent être, dès l'origine, profondément différents
dans deux tribus dont l'une n'est en rapport habituel qu'avec
des tribus sœurs, et dont l'autre n'a de relations fréquentes
qu'avec des peuplades hétérogènes. On voit déjà par là, au
point de vue de l'évolution criminelle et pénale, la complication naturelle qu'apporte la distinction établie par nous,
et ce qu'il y a de factice dans la simplification obtenue par
son omission. On le verra bien mieux dans la suite.

Ce n'est pourtant là qu'un des moindres inconvénients de
cet oubli. Sa plus grave conséquence est d'avoir introduit
cette erreur, que le sentiment et la notion de la culpabilité
sont chose récente, autant vaut dire superficielle et artificielle, un simple produit d'alchimie métaphysique qui aurait
transmuté en cet or pur, j'ignore comment, le plomb vil de
la vengeance et de la haine. La vérité est que ce sentiment
et cette notion ont toujours existé, mais localisés primitivement dans des enclos très murés qui les dérobaient aux
regards ; ces clôtures, la civilisation les a abattues, reculées,
abattues encore, et ainsi de suite, étendant chaque fois le
domaine moral, mais ne créant jamais la moralité, dont l'essence intime est la sympathie, condition *sine quâ non* du
lien social. Quant à la vengeance et à la haine, passions non
moins primitives, elles ont évolué aussi, et sont si loin de
s'être métamorphosées, c'est-à-dire d'avoir disparu, qu'elles
réapparaissent agrandies à nos yeux en ces grandes guerres
de revanche, qui sont les vendettas des nations [1].

1. N'assistons-nous pas aussi, en ce moment, à une recrudescence des
crimes de haine, de haine individuelle et surtout de haine collective ?

Il est curieux de noter les phases de cette évolution. D'abord usités entre familles, la vendetta et le talion, après la fusion des familles en petits bourgs, ont été supprimés peu à peu dans les rapports interfamiliaux, mais ont apparu dans les relations belliqueuses des bourgs entre eux; puis, après la fusion des bourgs en cités, on a vu disparaître les vendettas des bourgs et apparaître les vendettas des cités; et enfin, après l'agrégation des cités en États, et en États de plus en plus vastes, les guerres de ville à ville ont été supprimées, mais au profit des guerres de nation à nation (ou de classe à classe), et toujours et partout les nations, si grandes qu'elles soient, pratiquent les représailles et les revanches militaires. En sorte que la vendetta a été se raréfiant mais s'élargissant par degrés. Inversement, et simultanément, les sentiments de fraternité, de mutuelle assistance, de justice, d'abord réduits au cercle domestique, ont été se développant indéfiniment comme une onde circulaire.

En résumé, il n'est pas vrai que la vengeance, le *coup pour coup* des enfants, soit l'unique, ni le principal point de départ de l'évolution pénale. La pénalité a eu deux sources : la source secondaire, quoique la plus apparente, est la vengeance ; mais la source essentielle est la punition domestique, expression d'un blâme moral et traduction d'un remords. Ces deux sources se sont mélangées à doses très diverses dans les coutumes et les lois des différents peuples, et de là leur divergence. La civilisation tend à leur creuser deux lits distincts. Au milieu de toutes ces dissemblances, relevons pourtant une similitude importante, mais dont il est aisé de saisir la raison, en ce qui concerne l'*incrimination* : c'est que, partout et toujours, le meurtre et le vol commis au préjudice du compatriote reconnu tel sont réputés crime. Il est évident que toute société où, dans les rapprts mutuels de ses membres eux-mêmes, règnerait le droit au meurtre et au vol, ne tarderait pas à se dissoudre.

CHAPITRE II

PROCÉDURE.

En ce qui concerne la procédure soit criminelle soit civile, nous trouvons une foison de curieuses similitudes. En matière criminelle d'abord, il est naturel que la preuve par témoins et l'aveu aient été universellement usités, quoique leur importance relative ait prodigieusement varié. On peut s'étonner davantage de voir pratiquer en tout autre pays barbare ou sauvage ces recours à de mystiques expertises qu'on appelle des ordalies, et où se joue, pour ainsi dire, à pile ou face la vie des accusés. Il est plus surprenant encore, à première vue, de constater que leurs formes ne varient guère. Le duel judiciaire, il est vrai, n'est point partout pratiqué ; il n'a pu naître spontanément qu'au sein des tribus belliqueuses ; jamais une tribu pacifique, comme il en existe en si grand nombre parmi les sauvages, ne l'eût imaginé. Il n'en est point question dans les Codes brahmaniques ni dans l'Avesta ; mais on le rencontre dans des tribus américaines, australiennes, océaniennes, aussi bien que dans l'Ancien-Monde. Les épreuves par l'eau bouillante ou par le fer rouge sont extrêmement répandues ; elles figurent dans les législations anciennes de l'Inde, de la Perse, de la Géorgie, des Tchèques, de la Pologne, de la Serbie, de la Suède, de la Norvège, du Danemark, de la Germanie, etc. Évidemment, c'est par contagion imitative que s'explique cette diffusion ; mais comment justifier rationnellement un pareil succès ? Il faut supposer que là où ces consultations superstitieuses de la divinité, importées du dehors, se sont acclimatées, il existait auparavant des pratiques plus absurdes ou plus cruelles encore auxquelles elles se sont substituées.

En effet, il me semble y avoir eu un certain ordre logique et *irréversible*, non constant toutefois, dans la succession historique des ordalies, là du moins où le duel judiciaire a fleuri. Elles paraissent s'être suivies dans le sens d'un adoucissement graduel, qui rentre dans la loi générale du moindre effort, règle supérieure des transformations industrielles, aussi bien que rituelles, phonétiques et grammaticales des sociétés. Le penchant de notre magistrature contemporaine à *correctionnaliser* de plus en plus les affaires *criminelles* rentre en partie dans cette tendance générale. Du duel judiciaire, la plus insensée, la plus sanglante et la moins aisément vulgarisable de toutes les ordalies, on a passé d'ordinaire aux épreuves de l'eau et du feu, plus douces qu'elles n'en ont l'air et susceptibles de supercheries; mais, finalement, ce qui a prévalu, c'est le serment, qui peut être considéré comme une forme « adoucie et simplifiée », dit fort bien M. Dareste, des jugements de Dieu[1]. Il a préexisté le plus souvent à tous les autres, et il leur a toujours survécu. Là où il n'existe aucune trace du duel judiciaire ni d'aucune autre ordalie, si haut qu'on remonte, par exemple chez les musulmans, le serment est la preuve capitale. — Dans les Sûtras, les plus anciens codes brahmaniques, il n'est question que des épreuves par l'eau et le feu, pas encore du serment des parties; mais on nous apprend que le serment des témoins s'est introduit à la longue, et ce mode de preuve tend à prédominer. Dans le Code de Manou, qui est postérieur aux Sûtras et qui « inaugure une nouvelle période de

---

1. De ce serment mérovingien à notre serment judiciaire actuel, à notre serment décisoire notamment ou à celui qui est exigé de nos témoins, il n'y a qu'un pas, et la transition est facile à suivre. Donc, notre serment lui-même est un reste des jugements de Dieu, s'il n'en est plus une forme.

la législation brahmanique » la preuve se fait « par témoins et, au besoin, par le serment de la partie ». — Les Ossètes du Caucase, où se survivent force archaïsmes juridiques, ne connaissent à présent que les preuves matérielles et le serment ; mais il est démontré qu'autrefois ils ont connu le duel judiciaire et les autres ordalies, dont il leur reste encore des traces. Dans tous les pays de race germanique, le duel judiciaire a été la plus ancienne procédure ; c'est là le berceau de cette invention et des transformations qu'elle a revêtues successivement jusqu'aux absurdités néo-chevaleresques du duel moderne. Dès le temps de Tacite, la Germanie pratiquait un duel divinatoire d'où le duel judiciaire n'a pu ne pas sortir. Connaissait-elle déjà l'épreuve par l'eau bouillante ? C'est peu probable, à raison du silence de Tacite. Mais la loi salique parle de celle-ci ainsi que du serment de la partie et des co-jureurs. En Suède, en Norvège, en Danemark, sous l'influence des idées chrétiennes, le combat judiciaire fut aboli vers l'an 1000, et remplacé par le fer rouge. Au xiiie siècle, cette dernière ordalie fut supprimée à son tour non sans de vives résistances des populations, et « le jugement de Dieu ainsi écarté, il ne resta d'autre moyen de preuve que le serment prêté par l'une des parties et confirmé par un certain nombre de co-jureurs ».

Il est évident, soit dit entre parenthèses, que le parallélisme de cette ordre de succession dans ces trois royaumes, ainsi que chez les Ossètes et d'autres peuples, n'a rien d'étonnant et que la même cause historique, la prédication de l'Evangile, a dù, naturellement, y produire les mêmes effets. Mais continuons. — En Islande aussi, le duel a été aboli, en 1011, sous l'influence des idées chrétiennes ; alors a régné l'épreuve du fer rouge, et enfin, le serment prêté, sinon par la partie, du moins par une assemblée de voisins assez semblable aux co-jureurs mérovingiens. — En Irlande, l'abolition du combat judiciaire remonte à saint Patrick, au ve siècle ; il a été remplacé par l'eau bouillante, dont il est question dans le *Senchus Mor*, puis par le serment de la partie et des co-jureurs. — Chez tous les peuples Slaves, Tchèques, Russes, Polonais, etc., le duel judiciaire a été primitivement usité. Chez les Tchèques, il était la preuve par excellence pour l'homicide, meurtrière procédure qui paraissait convenir aux accusations de meurtre. Mais, dans certains cas, — s'il s'agissait de personnes jugées incapables de se battre, exception devenue sans doute peu à peu la règle, — on a dû y substituer le serment. En cas d'attaque nocturne d'une habitation, l'agresseur prétendu doit se justifier « par serment, en appliquant deux doigts de la main sur un fer rouge ». On voit ici une combinaison originale de ces deux modes de preuve. Mais, en cas de dommages aux moissons, le défendeur se justifie par son serment confirmé par témoins, et ces témoins, nous dit-on, « ont remplacé l'épreuve par l'eau bouillante usitée anciennement ». En Pologne, de même, sévissait le combat. Mais, « le combat étant ordonné, si le défendeur prouvait qu'il n'est pas en état de combattre, on avait recours à l'épreuve du fer rouge ». La preuve par serment était aussi admise et seule requise pour des délits d'importance secondaire. Ceux-ci étant les plus nombreux, il a dû se faire, à la longue, que la preuve habituelle et normale ait été le serment. Aussi, dans le statut de Wislica (xive et xve siècles), qui abroge beaucoup d'anciennes coutumes, il n'est plus question d'ordalies ni de duel judiciaire; toutefois, le serment joue encore un grand rôle. En certains cas, le statut exige des co-jureurs ». Le Code lithuanien, comme le Code polonais dont il s'inspire, veut que la preuve, en cas d'homicide ou de coups et blessures, se fasse par le serment *du demandeur.* — En Russie, au xe siècle, le duel judiciaire était en grand usage ; on ignore si l'épreuve par le feu ou l'eau y était connue. Mais la preuve par excellence était toujours, avec la production des pièces à conviction, le serment *du demandeur.* — En Dalmatie, au xiiie siècle, c'est le serment aussi qui passe pour démonstratif au plus haut degré, serment de l'accusateur, s'il a des témoins, serment de l'accusé, dans le cas contraire. Celui qui doit jurer avec un certain nombre de co-jureurs peut, s'il n'en trouve pas le nombre suffisant, « suppléer à ce qui manque, *en prêtant plusieurs fois lui-même le même serment* ». — Par exception, le duel judiciaire, en Hongrie, a survécu à l'épreuve par le fer rouge qui, au XIIIᵉ siècle, décidait, nous dit-on, les neuf dixièmes des affaires. Et à ce sujet, un registre criminel du chapitre épiscopal de Warad, de 1209 à 1235, nous donne de curieux détails sur cette dernière procédure, bien moins redoutable en réalité qu'en apparence. Mais, si le duel a persisté longtemps après cette étrange espèce de démonstration, c'est sous une forme atténuée et nullement mortelle. Du reste, quand le fer rouge était en faveur, les clercs étaient admis à remplacer cette épreuve par le serment. — Notons aussi que, d'après le Code serbe (XIVᵉ siècle), la reine des preuves n'est pas le serment, comme chez les peuples voisins, mais « le jugement de Dieu par l'eau bouillante et le fer rouge [1] ».

Ce rapide aperçu suffit pour faire deviner la nature des similitudes signalées entre peuples dont la plupart ont été en relations suivies les uns avec les autres. Ajoutons que les formules de bénédiction du fer et de l'eau employées dans les ordalies étaient les mêmes dans toute la chrétienté. Ce petit fait révèle bien l'importance du rôle qu'a joué l'imitation en cette matière. Il est à remarquer, comme contre-épreuve de cette explication, qu'il n'y a pas trace d'ordalies chez les Japonais et les Chinois, et que, si on en connaît une au Cambodge et au Thibet, pays de tout temps éclairés par le rayonnement imitatif de l'Inde, c'est l'épreuve par l'huile bouillante, d'origine hindoue probablement. A Madagascar, chez les Hovas, comme un peu partout en Afrique, l'ordalie habituelle est l'épreuve par un breuvage empoisonné. On peut noter aussi que, si le combat judiciaire et quelques épreuves superstitueuses étaient pratiqués en Amérique et en

1. Les citations et les informations qui précèdent sont empruntées au livre de M. Dareste.

Australie comme sur notre vieux continent, le serment ne
l'était pas. Le serment judiciaire est inconnu chez presque
tous les sauvages[1].

Il est connu cependant chez quelques tribus de mœurs pacifiques et agricoles. Voilà une différence qui a sa portée et
qui, ajoutée à bien d'autres, resserre dans leurs vraies limites les similitudes précédemment mises en relief. On a pu
voir que, chez certains peuples slaves, la demande ou l'accusation était suffisamment justifiée par le serment du demandeur ou de l'accusateur. C'est l'opposé de ce qui se passe ordinairement chez les barbares[2]. Dans un cas comme dans
l'autre, il est vrai, que le serment de l'accusateur ou celui
de l'accusé soit jugé justificatif, cela prouve la force du
déshonneur et de l'horreur sacrée qui s'attachaient à l'idée du
parjure; mais on ne saurait aller jusqu'à dire, assurément,
que le choix de l'un ou de l'autre des deux serments fût in-
différent. Avoir la faculté de prouver en jurant, cela passait
pour un avantage fort appréciable; et voilà pourquoi, dans
tant de législations barbares, l'*onus probandi*, fardeau maintenant, faveur alors, portait sur le défendeur ou l'accusé. La
« charge de la preuve », en effet, après avoir incombé d'a-
bord, en général, au défendeur ou à l'accusé, a passé à son
adversaire, et de nos jours, c'est un axiome juridique indis-
cuté que la demande ou l'accusation doit prouver. Le passage inverse s'est-il vu? A-t-on vu, au cours d'une évolution
juridique quelconque, l'obligation de la preuve transportée
du demandeur au défendeur, de l'accusateur à l'accusé? Je

1. Voir Letourneau, p. 43 et s.

2. Je glisse sur des différences plus légères. Chez des aborigènes de
l'Inde, le serment judiciaire est prêté sur la peau d'un tigre ou d'un
lézard ; à Sumatra, sur le tombeau d'un ancêtre ; chez les Germains, primitivement, sur des épées consacrées aux dieux, puis, après leur conversion au christianisme, sur les reliques des saints, comme ailleurs sur
l'Évangile ou sur le Coran. Les femmes germaines juraient *sur leur poi-
trine*. Si insignifiantes que puissent paraître ces particularités, elles n'en
révèlent pas moins des divergences essentielles dans la manière de concevoir la hiérarchie des choses respectables.

ne le crois pas[1]. C'est encore là un exemple de marche *irré-versible* ; et j'attache bien plus de prix, je l'avoue, à ces cas d'irréversibilité, où se montre à l'œuvre la logique sociale, qu'à des similitudes plus frappantes de prime abord.

On serait peut-être porté à croire que la règle, *testis unus, testis nullus*, universellement suivie au moyen-âge européen, et, jusqu'à nos jours encore, conservée dans quelques lé-gislations particulières des Etats-Unis, a son fondement dans la nature humaine, et que son universalité relative s'ex-plique de la sorte? Mais, si j'en crois M. Viollet[2], cette règle qui exige deux témoins s'est fondée à son origine sur ce pas-sage de l'Evangile de saint Jean : *in lege vestrâ scriptum est quod duorum hominum testimonium verum est.* De ce texte évangélique cette prescription hébraïque s'est répandue dans les deux mondes. Il ne faut probablement pas chercher ail-leurs que dans cette coutume juive l'explication de la cou-tume arabe qui exige aussi deux témoins, avec cette modifi-cation cependant : deux témoins *hommes* ou bien *un homme et deux femmes.*

Parmi les Berbères existent toujours les co-jureurs de notre moyen âge. Cinquante personnes jurent que l'accusé est innocent, et il est acquitté. Est-ce une imitation tradition-nelle de notre ancienne institution toute semblable? Peut-être est-ce plutôt la survivance d'un fonds commun de tradi-tions. Au surplus, l'idée qui vient le plus naturellement, le

---

1. Pour les causes de récusation de témoins, on observe une inversion analogue. Chez les Arabes (v. Seignette, ouvrage cité), d'après le Code musulman, c'est la parenté des témoins avec l'accusateur, *mais non avec l'accusé*, qui permet de récuser leur témoignage ; précisément l'inverse de ce qui a lieu chez nous. Cette différence tient au système accusatoire ; et, comme le progrès des communications, l'extension du groupe social, doit inévitablement remplacer un jour l'accusation privée par l'accusa-tion publique, on peut croire aussi que le passage du mode arabe de récusation au nôtre est *irréversible*. — Chez nous encore, quand l'offensé se porte *partie civile*, ce qui est le dernier débris subsistant de la pro-cédure accusatoire, il ne peut être entendu comme témoin des faits dont il a été victime.

2. *Histoire du droit français*, p. 26.

plus spontanément, à un homme du peuple accusé d'un méfait quelconque, est d'en appeler, faute de toute preuve tes-
timoniale ou autre, à ses voisins, à ses parents, à ses amis,
et de les prier d'attester solennellement sa bonne conduite,
sa bonne réputation, son honnêteté, sa véracité. Cette idée
est si naturelle qu'elle a dû, en plusieurs pays à la fois, sans
nulle imitation, susciter une procédure analogue à celle de
nos co-jureurs, dont la presque universalité est aisée à comprendre. A vrai dire, ce mode de preuve a-t-il vraiment disparu ? Non, pas plus que le duel judiciaire, qui, en dépit de
nos révolutions démocratiques, fleurit toujours sous forme
de rencontres à l'épée et au pistolet réglementées par un
code absurde, autorisées et souvent *ordonnées* même par les
autorités militaires. Celles-ci, en outre, après l'avoir pres-
crit, condamnent à la salle de police le *vaincu*, comme pour
attester que le duel, le duel militaire au moins, n'a pas
cessé d'être un vrai jugement de Dieu. C'est là une évolution
ou plutôt une persistance extraordinaire; et il serait peut-
être surprenant que, puisque la plus absurde des ordalies a
pu se survivre en se transformant, la plus raisonnable, le
serment des co-jureurs, eût péri tout à fait. Il n'en est rien ;
après que ce serment a été supprimé, l'habitude de se faire
escorter au Palais de Justice par une longue suite de parents
et d'amis dont la présence seule était une attestation muette
et solennelle d'honorabilité, a persisté jusqu'au xviiie siècle.
De nos jours, le penchant à invoquer ces attestations en
masse est encore si puissant que, dans la plupart des affaires
correctionnelles et devant les assises, les prévenus ou les accusés font lire par leur avocat des certificats revêtus d'innombrables signatures. Bien mieux, quand un homme populaire vient à être l'objet d'une accusation grave, portant une
atteinte profonde à son honneur, il lui arrive souvent de se
présenter devant quelque collège électoral, et alors, ne
semble-t-il pas à tout le monde, — quelques philosophes
seuls exceptés, — que, s'il a la majorité, son élection soit
une sorte d'acquittement par la *vox populi* réputée toujours

2.

vox Dei? Ses électeurs sont autant de co-jureurs ; et il faut avouer que ce procédé, en se généralisant, nous ramènerait tout droit aux temps barbares.

Mais, si naturel que soit au fond ce mode de preuve, il a revêtu à chaque époque, et en chaque pays, des modalités remarquables, et les différences, ici non plus, ne sont pas moins importantes que les concordances. Par exemple, dans un formulaire de l'époque mérovingienne on lit cette formule, citée par Fustel de Coulanges [1] : « Il (un homme qui se prétend de naissance libre) prêtera serment, dans quarante jours, en telle *église* où se prononcent les serments, avec *douze* jureurs *qui soient de sa famille*, ou bien, *s'il n'a plus de parents*, avec douze jureurs qui soient hommes libres comme il dit l'être. » Ce n'est pas le seul cas où nous voyons les juges préférer ainsi le serment des parents à celui des amis, et n'admettre le serment de ceux-ci qu'à défaut de ceux-là. A présent nous regarderions la parenté comme une cause de suspicion légitime. Mais alors on était surtout frappé de cette considération qu'une famille tout entière ne saurait s'accorder pour violer la sainteté du serment et se vouer en bloc aux châtiments infernaux.

Je m'arrête pour faire une remarque naturellement amenée par ce qui précède, et d'une portée plus générale. Si l'on prend à part, isolément, une invention juridique, par exemple le duel judiciaire, le serment judiciaire, les co-jureurs, l'épreuve du feu, — je pourrais aussi bien dire la torture, le jury, l'extradition, ou bien l'adoption, le bail à colonage partiaire, etc., — et qu'on la suive à travers ses destinées historiques, rien de plus clair que l'idée d'évolution appliquée à ce cas, comme à celui d'une racine verbale, d'un mythe, d'une machine industrielle, d'un procédé artistique, dont on suit les pérégrinations dans l'espace et le temps. Mais si, embrassant à la fois plusieurs inventions juridiques, même connexes et parentes, le groupe des diverses

1. *Monarchie franque*, p. 439.

ordalies, le groupe des diverses actions de la loi ou, en général, des formes de la procédure civile, le groupe des divers
systèmes de parenté ou de succession, etc., nous donnons
aussi le nom d'évolution au remplacement graduel des unes
par les autres, rien de plus obscur que ce nouveau sens
du mot, tout à fait distinct du premier. Son obscurité ne
provient pas de sa complexité plus grande, ce qui n'est pas
toujours vrai, mais de ce qu'on y sent quelque chose de contradictoire; à savoir, une réelle discontinuité et une réelle
accidentalité, dissimulées sous le faux air d'une continuité
nécessaire, ou d'une nécessité continue, inhérente à l'idée
même d'évolution. Or, pourquoi cette différence? Parce que,
dans le premier cas, le changement considéré consiste principalement : 1° dans le plus ou moins de propagation imitative dont une idée juridique, une fois née quelque part dans
un cerveau ingénieux, grâce à des circonstances particulières,
a bénéficié, peu à peu répandue dans de nouvelles classes,
employée à de nouveaux objets; 2° dans le plus ou moins
de croyance en son efficacité qui accompagne cette diffusion
imitative. Ce sont là deux phénomènes continus et qui, suivant qu'ils s'accomplissent dans le sens d'une majoration ou
d'une diminution d'imitation et de foi, constituent vraiment
une évolution ascendante ou descendante, un développement ou un déclin.

Par exemple, une fois née dans un coin des Gaules ou de
la Germanie, l'idée de faire battre les plaideurs[1] pour savoir
qui avait raison, s'est répandue d'abord dans les peuples
environnants, puis, dans chacun d'eux, est descendue de

---

1. Cette idée avait été suggérée par l'idée, bien plus ancienne, et
dont parle déjà Tacite, de faire battre avant une bataille un guerrier
de l'armée et un prisonnier ennemi pour deviner l'issue probable du
combat général d'après celle de ce combat particulier. Ainsi, le duel
divinatoire a engendré le duel judiciaire. Mais ce sont là néanmoins deux
inventions distinctes, l'apparition de la seconde ayant exigé une combinaison mentale nouvelle, à savoir l'idée de consulter la divinité par
un combat singulier, non plus à propos de la bataille de deux armées,
mais à propos du procès de deux hommes.

couche en couche, des grands aux petits, avec une foi dont
l'intensité augmentait, naturellement, à mesure qu'on voyait
autour de soi se propager cette mode sanglante. Nous savons, par les considérants de la loi Gombette, et par les ful-
minations de certains conciles, de quelle faveur frénétique
elle jouissait aux temps mérovingiens. Enfin, la foi en elle
s'est usée et sa désuétude graduelle a commencé ; on en suit
facilement les degrés à partir de saint Louis. — Or, ce progrès
suivi de ce déclin, cette onde de foi et de désir qui monte
puis descend, pendant que s'étend puis se resserre l'imitation de cet exemple, c'est là un phénomène si général qu'on
peut le juger universel et, par suite, nécessaire. A tort du reste :
il y a des idées juridiques, — par exemple celles du testament
et de l'hypothèque, — dont le succès, une fois qu'elles ont
été introduites quelque part, se maintient indéfiniment[1] ; il
en est d'autres, telles que le divorce ou l'adoption, dont le
crédit est sujet à des fluctuations, à des reprises en vogue
après des discrédits momentanés ou même séculaires ; il est
aussi des cas exceptionnels où, loin de marcher d'un pas
égal, les variations de la foi et celles de l'imitation vont en
sens inverse, le Jury, par exemple, continuant à se répandre
sur le globe, par vitesse acquise, tandis que la confiance en
ses décisions est en baisse partout. En outre, si l'on cherchait
bien, on verrait que la propagation ou la désuétude d'une
invention juridique, comme d'un mot, d'un rite, d'une forme
de l'art, d'un précepte moral, d'un article industriel, tient à
des circonstances particulières, accidentelles en grande partie, qui l'ont favorisée ou contrariée. Quoi qu'il en soit, abstraction faite de leurs causes, les variations de l'imitation et
de la foi forment une suite naturelle, comme celles d'une
quantité quelconque, et se prêtent, comme elles, à la conception d'un enchaînement rationnel, formulable en espèces

1. Indéfiniment, c'est trop dire. Il y a encore ici des exceptions.
Mahomet a supprimé le testament qui, si j'en crois M. Seignette (et il
donne des preuves assez fortes à l'appui de son opinion) existait dans
les coutumes pré-islamiques.

de théorèmes : il appartiendra plus tard à la statistique,
cette mathématique transcendante des sociétés, d'essayer ces
formules. — Mais comment espérer de formuler jamais, ou
de formuler avec une netteté analogue, la loi, si loi il y a,
d'un tout autre phénomène, d'un phénomène qui consiste en
un changement de qualités substituées les unes aux autres,
et non d'une même quantité aux degrés variables? Quand
la formule du préteur remplace à Rome l'*actio sacramenti* ou
toute autre action de la loi, quand, chez nous, la torture,
au XIIIᵉ siècle, se substitue au duel judiciaire, ou bien, il y a
cent ans, le jury à la torture, est-ce là un fait comparable à
celui qui vient d'être étudié? On aura beau montrer que
cette substitution a été graduelle, que le commencement
d'une nouvelle institution se rattache à la fin de la précédente par un lien étroit, comme l'on passe graduellement
d'une couleur à l'autre de l'arc-en-ciel, il n'en est pas moins
vrai qu'il y a eu, à un certain moment et en un certain lieu,
implantation d'un germe nouveau, plus ou moins fortuit et
imprévu, impossible même à prévoir, quoique justifiable
après coup, de même que rien ne pourrait nous faire prédire
le jaune d'après le bleu ou le rouge d'après le jaune, si nous
ne connaissions pas ces couleurs.

Tout cela est dit pour faire sentir qu'il y a deux sens, profondément distincts, du mot évolution, appliqué aux sociétés, et que l'erreur ou l'art inconscient et insidieux des évolutionnistes est de les avoir confondus : 1º évolution, en un
sens très net, veut dire propagation imitative, plus ou moins
étendue, d'un exemple fourni par un premier initiateur;
2º évolution veut dire, en un autre sens beaucoup plus confus,
métamorphose à la Protée, série d'initiatives différentes,
plus ou moins mal enchaînées. — Cette équivoque en entraîne une autre, car, quand on nous parle d'évolution uniforme pour toutes les sociétés, l'uniformité dont il s'agit
s'entend à la fois, 1º de celle qui a pour cause l'imitation
d'un même modèle, la transmission d'une même tradition;
2º de celle qui a pour cause l'identité de l'organisme hu-

main et de l'esprit humain dans une certaine mesure, d'où
résulte la coïncidence de certaines inventions majeures suscitées, indépendamment les unes des autres, par les mêmes
besoins, ainsi que leur production successive dans un ordre
souvent à peu près pareil, en vertu des lois de la logique.
Bornons-nous, pour le moment, à cette remarque, et, reve-
nant aux formes comparées de la procédure, convenons volontiers que, dans beaucoup de procédures primitives, même
dans celle d'Athènes, comme dans l'*Actio sacramenti* des
vieux Quirites, on retrouve le dépôt obligatoire d'une somme
d'argent pour les plaideurs, préalablement à toute autre formalité, pour assurer le paiement des frais de justice. Il est
fâcheux d'avoir à constater que, dès sa plus haute origine, la
justice apparaît partout comme une chose essentiellement
coûteuse. Je suis sur le point d'ajouter que beaucoup des
nombreuses nullités imaginées par les divers Codes de procédure civile ne sont pas sans rappeler les interdictions du
tabou polynésien ; mais je ne me sens pas le courage de plai-
santer sur un si lamentable sujet[1]. Sumner-Maine a remarqué des analogies frappantes entre les formes de la *saisie de*

---

1. Un exemple entre mille. Il y a quelques années, un cultivateur aisé
et honnête de mon voisinage, le sieur D., plaidait contre un de ses voisins. Il obtint, à la suite d'une enquête sommaire, dans cette affaire qui
n'était pas susceptible d'appel, un jugement qui condamnait son adversaire à lui payer 700 francs de dommages-intérêts. Or, dans la rédaction
du jugement un oubli fut commis : on omit de mentionner que les
témoins avaient prêté· serment. Notez qu'ils avaient prêté serment, au
vu et su de tout le monde ; mais la mention de cette formalité archaïque
faisait défaut dans les considérants du jugement. Le perdant, à raison
de cette omission requise à peine de nullité, se pourvoit en cassation. La
Cour casse le jugement et renvoie la cause devant un autre tribunal. En
attendant qu'elle fût jugée par celui-ci, l'adversaire du sieur D. le
somme d'avoir à payer les frais du procès en cassation, 1800 francs
environ. D. s'étonne et s'indigne ; on lui saisit son bien, on l'exproprie,
et ses immeubles, qui faisaient vivre toute sa famille, adjugés à vil prix,
suffisent à peine à payer les dits frais. Voilà un homme ruiné pour
avoir gagné son procès ; je pourrais même dire pour l'avoir gagné deux
fois, car, après sa ruine, le nouveau tribunal saisi de l'affaire, a jugé
comme le premier. J'ajoute que D., ahuri par cette aventure, est en
train de perdre la tête. Et vraiment il y a de quoi.

gage (pignoris capio), usitée chez les Romains primitifs, et celles des saisies de bétail, si importantes dans le vieux Droit anglais [1]. Aujourd'hui nous disons encore *mettre en four-rière*; mais cette expression n'est plus, chez nous, qu'une survivance, car, de fourrière, il n'en existe plus. La fourrière était « une pièce de terre environnée de clôtures et ordinaire-ment à ciel ouvert », dont la destination spéciale, tant l'habi-tude des saisies seigneuriales était répandue, était de rece-voir et de garder les bestiaux saisis par les créanciers non payés. Il y en avait une dans chaque village.

Il est probable, on l'accordera sans peine, que l'analogie signalée par Sumner-Maine se rattache à ce fonds commun de traditions et d'institutions qu'on sait avoir été l'héritage de tous les peuples indo-européens [2]. Autrement dit, elle a pour cause l'imitation de père à fils. Une autre analogie in-diquée par le même auteur s'explique de même; à savoir celle de la *veillée dharna*, usitée chez les Hindous, avec le *jeûne contre quelqu'un*, pratiquée jadis en Irlande. Dans les deux cas, on voit le créancier, pour contraindre son débiteur à s'acquitter, se planter indéfiniment devant sa porte et y jeûner jusqu'à ce que celui-ci s'exécute [3]. Effectivement le paiement attendu ne tardait guère, tant l'opinion publique eût flétri celui qui eût laissé son créancier tomber malade d'épuisement ou mourir de faim devant son seuil. Je ferai observer que ce procédé original de contrainte atteste des sentiments compatissants à un haut degré chez les primitifs, et ne s'accorde nullement avec l'insensibilité profonde qu'il est d'usage de leur attribuer. — Encore un autre trait où se

1. *Institutions primitives*, trad. franç., p. 323 et s.
2. Et même de beaucoup d'autres. Car la question de race, ici, est très secondaire. Les sémites ressemblent étonnamment aux Aryens par leurs origines juridiques.
3. Chez les Hébreux, race sémitique pourtant, on retrouve une trace de cette procédure, comme le fait remarquer M. Dareste. Le créancier, pour saisir ce qui appartient à son débiteur, ne peut s'introduire dans la demeure de celui-ci. « *Vous vous tiendrez dehors*, dit le Deutéronome, et il vous donnera lui-même ce qu'il aura. »

marque leur esprit de fraternité cordiale. Chez un grand
nombre de peuples barbares, surtout dans le Nord, le repas
en commun est la grande cérémonie juridique, la procédure
par excellence. Il y a le festin de mariage, le festin d'adoption (Norvège), le festin de réconciliation, qui vaut bien
notre procédure en réhabilitation, le festin d'hommage, dû
par les tenanciers à leur chef (droit celtique). Dans l'Inde
actuelle même, d'après les observations *de visu*, recueillies
par Lyall, le droit et l'habitude de s'asseoir à une même
table, de même que le droit et l'habitude de se marier ensemble, sont le signe extérieur auquel on reconnaît les gens
qui font partie d'une même caste. Un dîner est là-bas l'équivalent d'un diplôme ou d'un certificat. Tout cela, ce me
semble, témoigne de mœurs fraternelles et d'un lien social
qui *peu embrasse mais bien étreint*. Il n'est pas jusqu'à la
primitive procédure des Romains, si dure d'aspect, qui ne
soit susceptible d'une interprétation analogue. On a remarqué
des analogies de forme et d'esprit entre cet antique cérémo-
nial des *actions de la loi* et la plus ancienne procédure des
Francs. L'une et l'autre sont l'œuvre de la partie privée, sans
intervention de la puissance publique. Mais ceci ne veut nullement dire qu'un sentiment de haine ou de vengeance les
inspire. « Cette procédure, dit M. Glasson, n'a rien de commun avec l'exercice brutal du droit de vengeance; elle est,
au contraire, composée d'une série d'actes solennels et sa-
cramentels. La partie lésée n'obtient pas réparation par la
violence, mais en affirmant son droit par des actes solennels et des formules consacrées. » Cela révèle, chez ces primitifs, une énergique et juste conception du Droit.

Demandons-nous, en somme, s'il est prouvé : 1°, que la
procédure et l'organisation judiciaire ont eu pour point de
départ semblable un même état embryonnaire ; ou bien,
2°, qu'elles ont partout traversé en se développant, tout
en partant peut-être d'états dissemblables, un ordre semblable de phases successives ; ou du moins, 3°, qu'elles
tendent partout, même par des chemins différents, à con-

verger spontanément vers un même état de perfection
idéale.

En premier lieu, où voit-on l'indice de cette ressemblance
initiale qu'on admet si facilement ? Quelles raisons a-t-on d'y
croire, si ce n'est cette simplification illusoire, cet effacement
apparent des contours et des couleurs, que l'éloignement
dans le temps ou dans l'espace opère, et qui est le mirage des
historiens philosophes ? Plus ils remontent dans le passé, plus
ils voient aussi reculer ce tableau de vie primitive, une et
uniforme, qui luit à leurs yeux dans un lointain trompeur.
De là, l'erreur générale de situer l'un, l'homogène, l'*in-diffé-
rent*, au début et au fond des choses, dans ce qu'on voit le
plus mal, comme si, partout où l'on prend la peine de creuser dans l'homogène prétendu, on ne voyait pas pulluler des
différences caractéristiques. Si l'on regarde aux tribus sauvages ou barbares encore existantes, on observe que chez les
unes, comme chez les Kabyles, le pouvoir judiciaire est exercé
par l'assemblée du village entier ; que chez d'autres, il se
concentre dans le chef, patriarche ou despote ; que chez
d'autres, il se divise entre le chef et l'assemblée ; peut-être en
découvrirait-on qui appellent un juge étranger, pareil au
podestat des cités italiennes, pour vider plus impartiale-
ment leurs différends. On observe aussi que, si presque
toutes, non toutes, pratiquent certaines ordalies, très différentes, d'ailleurs, des unes aux autres, elles en font l'emploi
le plus inégal ; que beaucoup ne connaissent pas le serment,
ni même le duel judiciaire, mode de preuve, cependant, tout
naturellement indiqué chez des peuplades qu'on nous repré-
sente comme universellement adonnées à la guerre perpétuelle.

Méfions-nous des généralisations précipitées. Sumner-
Maine lui-même s'est trop hâté de généraliser ici. Parce que
les vieilles « actions de la Loi » des Romains, ainsi que
beaucoup d'anciennes procédures observées par lui dans
l'Inde, consistent en simulacres de combats pour se disputer
un objet, il a cru que cette « comédie juridique » devait être

le premier état universel de la procédure. « Toute cette mimique, dit Letourneau, a pour but évident d'éviter une contestation violente en se bornant à la rappeler. De même les formalités de la saisie s'inspirent aussi de l'attaque primitive, tout en la remplaçant. » Fort bien ; ce symbolisme de la procédure, comme celui de la peine — car cette « mimique » et le talion peuvent s'entre-éclairer — est fréquent. Par une sorte de symétrie naturelle des contraires, il arrive souvent qu'une chose sociale en reflète une autre, et précisément celle à laquelle elle s'oppose et se substitue. Quoi de plus contraire à la réconciliation que la vengeance ? Cependant la cérémonie de la réconciliation chez les Bohêmes, au XIVe siècle, telle que les coutumiers moraves nous la décrivent [1], est un simulacre de vendetta. Quoi de plus contraire à la guerre que le jeu ? Cependant l'on sait que les jeux de cartes et d'échecs, sans parler des autres, sont des combats simulés. Mais universaliser ce caractère, qui, sans doute, doit être exclusivement propre aux peuples imaginatifs, c'est se méprendre à la façon des philologues qui veulent expliquer l'origine de toutes les langues par l'onomatopée, mimique vocale. Apparemment cette explication trop simpliste, rejetée, du reste, par la plupart des savants, n'est applicable qu'à des idiomes créés par des individus exceptionnels appartenant à ce que M. Ribot et d'autres psychologues appellent le *type auditif* [2]. Il y aurait plus de vraisemblance, assurément, à placer dans le *lynchage* le début universel de la procédure criminelle qui a dû précéder la procédure civile. Nous retrouvons ce procédé sommaire chez beaucoup de peuples, et notamment en Israël, où, à côté des jugements royaux ou lévitiques, on avait les *jugements de zèle*, exécution spontanée d'un criminel par une foule in-

---

1. Voir Dareste, p. 166 : « Le meurtrier se présente pieds nus, sans ceinture, dans la fosse du défunt. Le plus proche parent de celui-ci le touche, entre les épaules, de la pointe de l'épée, et lui dit : » etc.
2. *Revue philosophique*, oct. 1891. Article de M. Ribot : enquête sur *les idées générales*.

dignée ; car l'indignation est chose très antique, et la morale
aussi, par conséquent. Mais encore serait-il abusif de prétendre, d'après cela, que tous les peuples primitifs ont
lynché. Concluons que la plus grande diversité a dû régner
parmi les procédures primitives, comme parmi les langues
primitives.

En second lieu, je n'aperçois pas une grande similitude
non plus dans la succession des phases traversées par le développement des diverses procédures et des diverses organi-
sations judiciaires, si ce n'est celle qui est la conséquence
directe ou indirecte de l'imitation. Directe, quand les institutions juridiques d'un peuple étranger ont été copiées ; indirecte, quand, sans nulle copie juridique, mais par suite de la
diffusion générale des exemples quelconques et de leur mutuel échange, les tribus sont devenues cités, les cités royaumes,
empires, grandes nations, de plus en plus civilisées, c'est-à-
dire compliquées, et que cet agrandissement graduel, joint
à cette complication graduelle, a contraint la procédure et
l'organisation judiciaire à s'y adapter. Dans une certaine
mesure vague, les formes successives de cette adaptation ont
présenté quelque analogie. Il est certain que, lorsque la cité
s'est agrandie, une justice royale a dû se substituer aux tribunaux de famille pour diverses natures de délits ou de
procès. De même, cet agrandissement graduel du groupe social explique pourquoi, dans presque toutes les législations,
il est interdit primitivement de plaider par procuration et il
faut se présenter soi-même en justice, tandis qu'à la fin non
seulement il est permis de prendre un procureur, mais c'est
obligatoire. C'est ainsi que, dans les très petits États démocratiques, les lois doivent être votées directement par le
peuple assemblé, et dans les grands États ne peuvent l'être
que par des représentants. Il est certain aussi que, lorsque les
inventions relatives à la domestication des animaux d'abord,
des plantes ensuite, en se diffusant et s'échangeant, ont fait
passer la tribu de la vie chasseresse à la vie pastorale d'a-
bord, puis à la vie agricole, qui permettait la fixation au sol

et une plus grande densité de population, la procédure a dû s'enrichir partout et se compliquer, la fonction judiciaire a dû se régulariser, se diviser, se spécialiser. Mais, je ne vois pas que, à moins d'emprunts directs, entre deux peuples restés toujours étrangers l'un à l'autre, la ressemblance aille beaucoup plus loin.

D'après M. Letourneau, « si, faisant abstraction de la période impériale à Rome, nous comparons l'évolution de la justice dans la cité de Romulus et dans celle de Solon, nous voyons que, dans les deux pays, l'organisation du pouvoir judiciaire a passé par des phases presque identiques. Rome, comme la Grèce, a débuté par la justice familiale ; puis elle a confié le soin de juger à des rois et à des curies praticiennes. Ensuite la réforme de Servius a copié celle de Solon et transporté aux Comices centuriates la plupart des attributions d'abord réservées aux curies. Une ... s lancé, le mouvement est allé plus loin encore et les Comices des tribus ont aussi rendu la justice. Enfin, on en est arrivé au système des *Questions*, c'est-à-dire à des commissions de jurés tirés au sort, comme l'étaient les héliastes d'Athènes. D'autre part, et pour compléter la ressemblance, le Sénat romain jugeait un peu comme l'Aréopage, et les prérogatives judiciaires des consuls avaient commencé à ressembler fort à celles des Archontes. » A première vue, ces analogies sont spécieuses, serrées de près, elles se réduisent à ce qu'on devait attendre d'après les lois de l'imitation et de la logique dont j'ai parlé plus haut. D'abord, il a fallu à M. Letourneau « faire abstraction de la période impériale » comme si cette phase finale, la plus longue de toutes et prolongée jusqu'à nous à travers tout le moyen-âge, ne se rattachait pas intimement aux précédentes : il n'y a jamais eu de solution de continuité judiciaire à Rome. Puis, sans entrer dans le détail des objections, où trouve-t-on à Athènes l'équivalent de ce qui domine dans la justice romaine, la juridiction du préteur ? A Athènes, les héliastes ; à Rome, le préteur : voilà ce qui frappe et doit frapper les yeux. D'un côté, une sorte de jury énorme, com-

posé de 500, de 1,000, de 1,500 jurés, rassemblés sur la place
publique, et où tous les défauts propres à nos jurys devaient
se produire décuplés ou centuplés ; de l'autre, un magistrat
unique, siégeant dans son prétoire. D'une part, donc, une
foule jugeant d'après ses impressions du moment, sans nul
souci des formes ni du fond du Droit, et devant laquelle,
comme on le voit bien d'après les plaidoyers civils de Démos-
thènes et d'autres orateurs athéniens, il fallait plaider les
procès les plus simples, de mur mitoyen même, par des raisons de sentiment et de convenance politique. D'autre part,
un patricien se faisant un point d'honneur de se conformer
à son édit, de respecter même avec une exagération méticu-
leuse, les formes antiques, de *dire le droit*. On devine les
divergences qu'une telle différence d'organisation judiciaire
devait imprimer à l'évolution des deux procédures, et aussi
des deux jurisprudences. C'est à l'héliée, malgré l'admiration
exprimée par M. Letourneau pour ce tribunal populaire, soi-
disant « plus accessible au progrès », que l'on impute com-
munément l'imperfection déplorable où est resté le Droit
athénien, son infériorité frappante à l'égard des autres
sciences et des autres arts. Ce qu'il y a de moins perfectible
au monde, c'est le jury. — Autre particularité de la justice
romaine : si haut qu'on remonte à ses origines, on y voit
toujours les délits et les crimes poursuivis d'office. — Sans
doute, le Sénat rappelle un peu, fort peu, l'Aréopage, et les
Questions ont cela de commun avec l'héliée d'être des tribunaux élus, mais élus d'une autre façon, composés d'un beaucoup moins grand nombre de membres, et limités, dans leurs
pouvoirs spéciaux, par la formule où le préteur les enferme
dans un cercle de Popilius. Où est l'analogue de la formule
romaine, si originale, si caractéristique, dans la procédure
athénienne ? — Au surplus, comparez l'évolution de la procédure et de l'organisation judiciaire même entre peuples
très voisins, Athènes et Sparte, la France et l'Angleterre,
vous y verrez fourmiller les différences les plus fortes.

Tandis qu'à Athènes et à Rome la justice royale précède la

justice populaire, relativement démocratique, l'inverse a lieu
en Judée. Chez les Hébreux, après une époque conjecturale
où aurait régné la vendetta en l'absence de toute justice
organisée, la première phase connue est celle de l'assemblée
de tribu, sorte de *djemmaâ* Kabyle ; puis la fonction judiciaire, monopolisée par les lévites, se divise entre eux, et
alors grandit l'importance du juge et du *scribe*, où l'on sent
l'imitation de l'Egypte à laquelle Israël a tant emprunté.
Enfin les rois viennent, Salomon est le grand justicier légendaire, et Josaphat organise le Sanhédrin, cette haute cour
de soixante-dix membres, qui jugeait d'après une procédure
si savante et si compliquée ! Gardez-vous, d'ailleurs, malgré
sa sagesse proverbiale, de la comparer à l'Aréopage, car au
point de vue évolutionniste, c'est précisément l'inverse, puisque ce dernier tribunal, au lieu d'être de création monarchique et relativement récente, remonte au contraire aux
âges les plus fabuleux de la Grèce et, nous dit-on, « procède
sans doute du Conseil des vieillards, siégeant dans l'Agora à
l'époque homérique ».

Tout ce qu'on peut dire de plus général au sujet des transformations successives de la procédure, c'est que, contrairement à l'opinion vulgaire, elle devient de plus en plus
formaliste en avançant, jusqu'à un certain âge du moins,
c'est-à-dire de plus en plus précise, régulière et minutieuse ;
et l'on voit bien pourquoi. C'est pour la même raison que
l'orthographe des langues devient d'une méticulosité toujours croissante, en dépit de ses réformateurs actuels, à mesure que progressent les littératures. A propos de la Germanie, M. Letourneau reconnaît ce fait, mais il a l'air de le
juger exceptionnel, et il le déplore. « En se régularisant, la
procédure germanique (amorphe au début) devient tout
aussi déraisonnable que celle de Rome ou d'Irlande. On y
adopte des formules, des expressions obligatoires, et dont
l'omission entraînait la perte de la cause. »

S'il n'y a ni un point de départ commun, ni une voie commune, qui s'impose aux justices des divers peuples, dirons-

nous qu'elles tendent vers un même point d'arrivée? Jusqu'ici
ce pôle hypothétique n'a pas lui à mes yeux. Je vois bien, à
mesure que s'étend le champ du monde civilisé, un petit
nombre de procédures se substituer à beaucoup d'autres qui
disparaissent devant elles ; et il est à croire que cette élimi-
nation progressive pourra amener finalement le règne d'une
procédure unique, à savoir celui de la procédure, et aussi bien
de la langue, propre à la nation la plus envahissante, la plus
bruyante, la plus prestigieuse. Il est certain, d'après les lois
de l'imitation que, précisément parce qu'il existe à l'origine
une diversité de choses originales aspirant chacune à se faire
imiter universellement, l'unité doit se faire un jour par le
triomphe de l'une d'elles. C'est ainsi que, dans l'Empire
romain, l'unité juridique s'est faite par la superposition du
Droit de la ville de Rome au Droit étrusque, au Droit celtique, au Droit hellénique, etc. Mais autre chose est cette
uniformité finale, effet nécessaire de la concurrence des con-
tagions imitatives, spontanées ou forcées, autre chose est
l'uniformité qui aurait pour cause une nécessité d'un tout
autre genre, en vertu de laquelle chaque Droit, en se développant isolément, aboutirait à un état très rapproché de
celui où viendrait converger chacun des autres, comme par
une sorte d'attraction supérieure, quel que fût l'écart de
leur point d'origine et de leurs pérégrinations distinctes.

Or, à ce dernier point de vue, j'accorde volontiers que certaines formes ou certaines règles doivent un peu partout
prévaloir à la longue, parce qu'elles répondent mieux aux
besoins de la nature humaine en ce qu'ils ont d'identique et
de permanent. On retrouve dans la justice chinoise, dit
M. Letourneau, ces « grands principes dont s'enorgueillit
l'Europe moderne : les circonstances atténuantes, la non-
rétroactivité, le droit d'appel, le respect de la liberté individuelle, la confusion des peines, enfin le droit de grâce laissé
au souverain ». Cette rencontre de la Chine et de l'Europe
sur ces divers points ne peut d'ailleurs s'expliquer par l'imitation, puisque les institutions de l'une et de l'autre ont évo-

lué sans s'influencer réciproquement d'une manière appréciable. Mais, exprimée en ces termes généraux et vagues,
l'analogie signalée est bien plus complète en apparence
qu'elle ne l'est en réalité. Rien ne ressemble moins, en fait,
à la procédure chinoise que la nôtre. Au surplus, est-ce à
dire que les « grands principes » en question sont destinés à
être nécessairement et universellement découverts par le
progrès juridique ? Si l'on en juge par la faveur grandis-
sante des idées socialistes, le respect de la liberté individuelle ne paraît pas devoir être le caractère dominant du
Droit futur. Les circonstances atténuantes sont, aux yeux
des criminalistes nouveaux, une transaction éclectique et
passagère entre l'ancien dogme de la responsabilité absolue
fondée sur le libre arbitre et l'idée de l'imputabilité fondée
sur la défense sociale. Le droit de grâce est battu en brèche
par eux comme une survivance de l'absolutisme monarchique, de la souveraineté judiciaire incarnée dans le roi.
L'appel lui-même est d'une utilité contestée. Inconnu à l'o-
rigine, il s'est introduit comme une nécessité de circonstance
quand la justice royale, se superposant aux justices familiales
ou locales, mais n'osant encore les supprimer, les a laissées
fonctionner en se réservant le droit de juger en dernier res-
sort. C'est encore là un expédient éclectique. Si un tribunal
est présumé supérieur en sagesse à un autre, pourquoi ne
pas le saisir tout seul et tout d'abord de la connaissance des
affaires ? Il en est, judiciairement, des deux degrés de juridiction, comme, politiquement, des deux Chambres, dualité
dont l'utilité disparaîtrait le jour où le recrutement d'une
Chambre unique serait soumise à des garanties suffisantes,
où, par exemple, on ne pourrait fabriquer des lois qu'à la
condition de présenter au moins les mêmes preuves offi-
cielles de capacité qu'on exige des juges, chargés seulement
de les appliquer.

Que serait-ce si nous descendions dans les détails pratiques ? Est-ce que la procédure idéale implique nécessairement l'existence des avocats, des avoués, des huissiers ? Des

greffiers, je le veux bien, depuis l'invention de l'écriture :
chez les Aztèques même, où, à défaut d'écriture, il y avait
une sorte de peinture cursive, nous voyons un greffier *pic-
tographiant* les jugements. Mais, dans la vieille Egypte, bien
que son évolution juridique ait été la plus longue, la plus
poussée à bout dans son sens propre, de toutes celles de
l'Univers, pas de plaidoiries, pas d'avocats; les débats
étaient écrits. En Chine, pas d'avocats non plus, ni au Japon.
A la Plata, — et cependant l'on sait si les peuples de l'Amérique du Sud se piquent d'être amis du progrès — il n'y a ni
avoués ni huissiers. — Je ne veux pas dire que ce soit là le
dernier terme de la perfection ; mais je crois être en droit de
conclure que nul ne saurait décrire la Procédure de l'avenir :
elle sera — ce qu'on la fera.

3.

CHAPITRE III

RÉGIME DES PERSONNES.

Après avoir examiné le Droit criminel et la procédure, passons à cette grande partie du Droit civil, qui régit les rapports des personnes. Ici encore, nous allons voir s'évanouir l'idée d'une évolution uniforme. — On a entassé volume sur volume pour résoudre la question de savoir quelle était la constitution de la famille primitive; — et l'on ne s'est pas demandé s'il y avait des raisons suffisantes de regarder cette constitution comme ayant été la même partout. Il n'y en a pas la moindre, les résultats contradictoires fournis par des recherches également consciencieuses en sont la preuve. On a rarement le plaisir de trouver d'accord Morgan avec Mac Lennan, Bachofen avec Starcke, Herbert Spencer avec les précédents et avec Sumner-Maine. Beaucoup d'écrivains tiennent cependant pour démontrées les hypothèses suivantes, devenues des lieux communs scientifiques : à l'origine, promiscuité universelle, puis matriarcat, plus tard patriarcat, etc. M. d'Aguanno croit prouver que la famille primitive ne pouvait être monogamique, bien que la monogamie existe déjà chez les animaux supérieurs; car, si elle a apparu un instant, et il le croit, la formation de la première horde a dû forcément la dissoudre. « Il est nécessaire, dit-il, d'admettre que la Société primitive a, pour un certain temps, détruit la famille, jusqu'à ce que, après un *processus* plusieurs fois séculaire, celle-ci réapparut dans son sein. »

Voilà bien de l'imagination. Conçoit-on des êtres humains qui, après avoir eu une femme chacun pour soi, auraient consenti à la promiscuité de la horde? On me dit que la *vie de caverne* ne permettait guère aux troglodytes de faire ménage à part. Pourquoi? Chaque famille ne pouvait-elle pas avoir sa grotte à soi? Est-il plus aisé de se représenter une horde promiscue agglomérée dans une seule grotte? L'erreur est de croire que la horde est le seul ou le principal début de l'humanité, et qu'il existe « entre la famille et la société un antagonisme constant dans les phases rudimentaires » de la seconde. N'est-il pas plus naturel de supposer que le développement de la famille, là où elle a été le plus fortement organisée, c'est-à-dire patriarcalement [1], — car, du reste, les essais les plus dissemblables d'organisation domestique ont dû naître en foule et coexister longtemps, — a produit son fractionnement en colonies multiples, et que la tribu est née ainsi, simple fédération de familles? Et comme la famille était obligée d'expulser souvent des éléments indisciplinables, n'est-il pas à supposer que ces détritus des diverses familles se sont parfois réunis, rassemblés çà et là en hordes? Et ces hordes, ennemies naturelles des familles régulières, n'ont-elles pas dû néanmoins se former à l'instar d'un type de famille quelconque, puisqu'il n'y avait pas d'autre modèle social à copier?

Suivant M. d'Aguanno, qui croit résumer le dernier état de l'archéologie préhistorique, les hommes qui, à l'âge de la pierre éclatée, se réfugiaient dans des grottes, « étaient nus,

---

1. La famille patriarcale, c'est le régime de l'autocratie paternelle, le gouvernement césarien de la famille, à la fois égalitairement et despotiquement régie. — Que ce régime ait existé à l'origine de *toutes* les évolutions sociales indépendantes, c'est fort improbable ; mais qu'il ait existé à l'origine de toutes celles qui ont fini par triompher dans le concours général des civilisations, c'est fort probable, comme Sumner-Maine me paraît l'avoir montré dans une de ses plus solides études. L'*idée* de cette organisation a commencé par être une *invention* que ses effets avantageux ont fait adopter de proche en proche. Mais d'autres *idées* avaient apparu déjà sans doute, et il a été difficile, impossible même, de les déloger toujours.

sans propriété et sans famille, sans chefs fixes et sans travail divisé » (p. 115). Autant de mots, autant de suppositions démenties par les données archéologiques. Les bâtons de commandement sculptés qu'on trouve dans les grottes, et qui indiquent même, d'après Lartet, une hiérarchie marquée par le nombre de leurs trous[1], prouvent que les habitants de ces grottes avaient des chefs réguliers et stables : pour des chefs sans fixité on se serait épargné ce luxe relatif d'ornementation et d'insignes. Ils ignoraient si peu la division du travail que leurs outils de pierre avaient des destinations spéciales et diverses, et certains archéologues estiment que, chez eux, les relations d'échange étaient très développées. La découverte d'instruments de pierre éclatée, fabriqués avec des roches exotiques, étrangères à toutes les roches du pays où on les découvre, a paru révéler l'établissement d'un certain commerce international à de grandes distances, antérieurement même à l'âge de la pierre polie. Ces troglodytes n'étaient point nus, si l'on en juge d'après leurs râcloirs, qui devaient servir, pense-t-on, à râcler des peaux de bêtes, et, d'après leurs jolies aiguilles en os taillé et percé à jour, qui servaient, sans doute, à coudre ces peaux. On présumera facilement, d'après cela, qu'ils n'étaient ni sans propriété ni sans famille...

On ne fait pas difficulté d'accorder que la coexistence de plusieurs villages lacustres à peu de distance les uns des autres laisse supposer des relations pacifiques ou amicales entre eux, et le mutuel respect de leurs droits. Mais quelle raison y a-t-il de penser que « le sentiment du juste et de l'injuste » a pris naissance parmi ces habitants des lacs? Est-ce que, aux âges antérieurs, nous ne voyons pas aussi des grottes habitées très voisines les unes des autres? Ce groupement de grottes présumées contemporaines est le fait habituel dans toutes les vallées où l'on en découvre, notam-

---

1. Voir à ce sujet un opuscule de l'italien Ratto qui formule des objections solides contre les vues de son compatriote.

ment dans les vallées de la Vézère et de la Dordogne. Dans l'hypothèse où les petites communautés qui les habitaient auraient été continuellement en guerre entre elles, où elles n'auraient reconnu et respecté aucun droit, où aucune ébauche de droit international n'aurait existé dès lors, ce rapprochement cût-il été possible? Non, d'après M. d'A-guanno lui-même. Il faut, je crois, se représenter ces groupes de cavernes comme des fédérations paisibles, unies par des échanges commerciaux. Si c'est là le début de l'humanité, — mais je crois que ce n'est là qu'un de ses nombreux débuts — je ne vois nul motif de nous peindre nos premiers ancêtres comme des tigres buveurs de sang. C'étaient de tranquilles chasseurs, pêcheurs à l'occasion, passant leur temps, quand il faisait beau, à traquer leur proie, et, les jours de pluie, à tanner ou râcler les peaux des bêtes tuées par eux.

Mais examinons d'un peu plus près la série prétendue : promiscuité, matriarcat, patriarcat. Rien n'est plus imaginaire que cet ordre. Cette promiscuité universelle, baptisée hétaïrisme, que Bachofen a rêvée, où est la preuve, je ne dis pas de son universalité, mais de sa réalité même dans les temps les plus anciens? L'exemple le plus net qu'on puisse citer de ce communisme féminin est celui de la tribu hindoue des Naïrs ; mais leur état social est loin d'être primitif, ils forment une caste noble ; et Starke [1] est autorisé à dire que, loin d'être un point de départ, cette pratique est, chez eux, le dernier terme d'une longue évolution. L'une de leurs cérémonies nuptiales — car, chose à noter, ils ont des noces pour leurs mariages de vingt-quatre heures, — prouve qu'à une époque antérieure le mariage fidèle et durable leur était connu. — La prostitution sacrée, qui était obligatoire, à Babylone, pour toutes les femmes une fois dans leur vie, peut-elle être interprétée comme le vestige d'une époque où les Babyloniennes auraient été communes à tous les Babyloniens?

1. *Famille primitive*, p. 84.

Mais c'est à des étrangers, non à des indigènes qu'elles devaient se prostituer, et, comme c'était dans le temple d'A-
phrodite que ce sacrifice de leurs personnes devait avoir lieu,
il paraît naturel d'expliquer cette forme du culte par le désir
d'être agréable à l'impudique déesse, en la célébrant par un
rite approprié à son goût comme on célébrait le dieu de la
guerre par des jeux guerriers. Il est vrai qu'on peut demander comment cette divinisation de l'impudeur aurait pu
s'introduire dans un pays où eût régné auparavant la chas-
teté des femmes. Mais c'est là une question des plus complexes. Un mot seulement. N'oublions pas un phénomène
historique trop souvent négligé, ces frénésies intermittentes
d'imitation de peuple à peuple, non motivées, sans lesquelles ne se comprend la propagation d'aucun culte. N'a-
t-on pas vu, au moyen âge, se propager dans des milieux
naguère les plus chastes, à la faveur d'une innovation religieuse, albigeoise, par exemple, les pratiques du sensualisme
le plus licencieux ?

On a beaucoup parlé de la *couvade*, cette curieuse coutume qui, dans quelques peuplades, assujettissait le père,
après la naissance de l'enfant, à se mettre au lit, à se faire
saigner, purger, traiter en malade, et à subir comme tel
une médication des plus douloureuses. On a vu là une si-
mulation de maternité et une survivance active du matriarcat, le père feignant d'être mère afin d'être investi de
l'autorité domestique. Mais, suivant Starcke et divers savants, si, comme il convient, on rapproche cet usage de plusieurs autres bien plus répandus et dont le sens est clair,
on reconnaît que la couvade n'a été instituée ni pour le père
ni pour la mère ; elle l'a été dans l'intérêt de l'enfant, auquel on croit assurer la transmission de la bravoure paternelle en donnant au père l'occasion de la déployer ; car
« il faut avoir un grand courage pour se soumettre à des
prescriptions si nombreuses et si dures ». On a voulu voir
aussi, mais à tort, dans la filiation utérine, dans l'habitude
de désigner l'enfant comme fils de sa mère et non comme

fils de son père, un vestige de matriarcat disparu. Dans une société patriarcale, la polygamie — qui est précisément le contraire du matriarcat — doit nécessairement faire prédominer l'habitude en question pour permettre de distinguer les enfants nés de la même mère.

S'il était vrai que la mère, à une phase très ancienne des sociétés, eût tenu généralement, et avant le père, le sceptre de la famille, quelle preuve plus éclatante pourrait-on donner de la bonté originale de l'homme et de l'intensité des sentiments affectueux chez nos ancêtres? Car à coup sûr, l'acceptation docile de l'autorité d'une femme, cet être faible, par son mari ou ses maris, par ses frères, par ses enfants, par des guerriers qui lui sont très supérieurs en bravoure, en force, en intelligence même, n'est pas susceptible d'une autre explication qu'un grand développement de l'amour ou de la piété filale. On peut dire que partout, dans les populations incultes, est attribué à la femme, plus souvent qu'à l'homme, un pouvoir occulte et superstitieux, né de la crainte non de l'amour; je réponds que ce prestige de sorcellerie, toujours exceptionnel, serait loin de suffire à motiver sa prépondérance sociale et n'est explicable lui-même que par une grande sensibilité à son charme propre, à sa magie sexuelle. Cependant, par une contradiction singulière, les théoriciens du matriarcat comptent parmi les savants qui se font des mœurs primitives le tableau le plus poussé au noir. Mais, au fait, ce matriarcat, si fameux, a-t-il existé? Jamais, dit Starcke, les femmes n'ont eu plus de droits ou d'autres droits que les hommes. Seulement, dans certaines tribus africaines, les Béchuanas, par exemple, et la majorité des autres peuplades Bantou, la mère de famille assiste au conseil, le mari est souvent mené par sa femme, tout comme un Européen, et les enfants adorent leur mère jusqu'à la fin de ses jours, ce qui n'est pas non plus très exceptionnel, même en Europe. En d'autres termes, la femme participe là aux droits de l'homme; dans certaines tribus, elle peut même être chef, comme la reine d'Angleterre, au même titre que

l'homme, nulle part à titre exclusif. Si, cependant, nous ren-
controns çà et là une petite peuplade, comme celle des
Kocchs d'Asie, où les hommes féminisés sont soumis respec-
tueusement aux volontés de leurs femmes et de leurs belles-
mères, qui, elles, s'arrogent le monopole de la bravoure et
du travail, est-ce que, par hasard, on voudrait faire de cette
inversion sexuelle, accidentelle et morbide, comme tant
d'autres inversions sexuelles si curieusement étudiées de nos
jours, la règle générale de l'humanité sauvage ? J'ajoute que
les tribus, actuellement placées au plus bas échelon social,
les Boshimans et les Hottentots, entre autres, ignorent tout
à fait le matriarcat[1].

M. d'Aguanno, cependant, nous peint, comme s'il l'a-
vait vue, l'aïeule matriarcale dans l'exercice de ses fonctions judiciaires, et il nous raconte de quelle manière
elle a transmis au patriarche le trône familial. Nous
sommes, à vrai dire, un peu étonnés d'apprendre que
cette substitution merveilleuse de la « patriarchie » à la
« matriarchie » ne paraît point avoir « opéré un notable
changement dans l'organisme juridique ». Reste à savoir
ce que pouvait bien être l'organisme juridique en ces
temps imaginaires. D'après des auteurs moins imaginatifs,
le matriarcat, dans la mesure où il a existé accidentel-

---

1. (*Réforme sociale*, 15 juillet 1886.) Article de Claudio Jannet sur le
livre de l'anglais Devas, maître ès-arts d'Oxfort, *Études sur la vie de
famille*. L'auteur « montre que la coutume qui rattache les enfants à la
mère plutôt qu'au père (das Mutterrecht) naît spontanément dans certaines situations économiques et morales et n'est nullement la preuve
d'un état précédent de polyandrie ou de mariage communal. La société
égyptienne à l'époque démotique en est la preuve ». M. Claudio Jannet,
à ce propos, cite une idée de Bertillon qui, frappé du nombre de faux
ménages parisiens, proposait sérieusement de faire une loi pour reconnaître leur existence, analogue à celle du concubinat romain. « On en
arriverait ainsi à une *famille purement maternelle* par la corruption
même d'une civilisation précédente plus haute. N'est-ce pas le cas des
bouddhistes birmans dont les mœurs domestiques ressemblent étonnamment à celle des Américains contemporains? La famille y est instable,
la démocratie règne au foyer autant que pourrait le désirer un légiste
moderne. »

lement, n'est apparu et n'a pu apparaître qu'après le régime patriarcal.

Ce que le progrès juridique, tel qu'il nous est donné de l'observer au cours de l'histoire vraie, nous présente ordinairement, ce n'est pas ce détrônement et cet asservissement de la femme, consécutifs à son prétendu absolutisme, c'est, au contraire, son émancipation graduelle, qui la fait passer d'un régime d'esclavage à une ère de liberté et d'autorité relative. Encore faut-il se garder de généraliser ce dernier fait lui-même. En effet, il n'est pas même vrai de dire, quoiqu'on l'ait dit et redit si souvent, que le progrès du Droit s'opère toujours dans le sens d'un plus complet affranchissement de la femme, graduellement égalée au mari. L'histoire du Droit égyptien, à partir des Ptolémées, suffirait à contredire cette assertion trop générale. On voit alors, sous l'influence du droit grec, qui subordonnait si absolument la femme à l'homme, le droit égyptien cesser d'accorder à la femme, *comme il l'avait fait, dès les plus anciennes époques,* un rôle indépendant, privilégié parfois, dans le ménage, et la soumettre au joug marital. Cependant l'importation du droit hellénique a été pour le droit égyptien une acquisition féconde, un stimulant et une source de progrès[1]. Pareillement, on a beau dire que l'effet inévitable de la civilisation est d'amoindrir sans cesse l'autorité juridique du père sur ses enfants, l'inverse s'est vu dans beaucoup de provinces romaines quand l'édit de Caracalla a eu pour effet, d'après Sumner-Maine, d'étendre la *patria potestas* romaine, si rigoureuse et si étendue encore sous l'Empire, surtout à l'égard des biens propres aux enfants, à une foule de peuples qui ne connaissaient rien de pareil.

1. Suivant M. Viollet, dans son *Précis de l'histoire du Droit français,* ouvrage devenu classique, l'égalité juridique sinon politique, de l'homme et de la femme était plus près peut-être d'être complètement réalisée au xiiie siècle, sous l'empire de certaines coutumes au moins, que de nos jours. Nous disons encore en France, comme cet auteur le remarque finement, qu'un père *donne* sa fille en mariage; nous ne disons jamais qu'il *donne* en mariage son fils.

Ceux-ci, alors, en se civilisant de la sorte, ont vu brusque-
ment s'accroître leur puissance domestique et leur fortune
même. Le progrès s'est accompli pour eux dans le sens d'un
resserrement et non d'un relâchement des liens autoritaires
de la famille.

Ce ne sont pas seulement les divers sexes, ce sont les divers âges de la vie qui se disputent la prééminence. Cette
lutte incessante ne se résout pas toujours ni partout de la
même manière ; ses solutions successives ne se suivent pas
non plus partout ni toujours dans le même ordre ; et j'admire ceux qui prétendent régler d'avance le sort de ces
combats. Tantôt, et c'est le cas ordinaire, le sexe mâle
l'emporte ; tantôt, rarement, le sexe féminin ; mais la subor-
dination de celui-ci est plus ou moins complète et varie
beaucoup, dans un sens ou dans l'autre, suivant les idées
et les passions dominantes, au cours de la civilisation. De
même, c'est tantôt l'âge mûr, tantôt la jeunesse, tantôt la
vieillesse qui tient le gouvernail des affaires. On peut dire
que la gérontocratie est très fréquente chez les peuples primitifs, sans toutefois y être constante, que l'éphébocratie est
l'exception, et que le règne des hommes mûrs, dans la force
de l'âge, ce qu'on pourrait appeler l'anthropocratie, est le régime normal, ce qui ne veut pas dire habituel. Y a-t-il jamais
eu une société où les enfants aient commandé en maîtres ?
Pour un temps, c'est possible. Mais de ce que cette singularité
aurait existé serait-on fondé à prétendre que la pédocratie
est une phase nécessaire de l'évolution sociale, un des anneaux de cette longue chaîne ? Je ne vois pas plus de raison
d'attribuer cette importance au matriarcat, à la gynécocratie.

De tous ces débats sans fin relatifs aux systèmes de parenté
et de mariage, ce qui me paraît résulter de plus clair, c'est
que la famille primitive a été très différente d'elle-même,
ici monogamique, là polygamique, ailleurs polyandrique,
tantôt exogamique, tantôt endogamique [1], souvent plus au-

----

1. Le plus souvent la tribu était endogamique et le clan exogamique.

toritaire, parfois plus libérale qu'elle ne l'est devenue plus
tard. Mais si le point de départ est multiple, les routes suivies sont-elles parallèles ou convergent-elles vers un même
état final, notamment vers une forme de mariage plus ou
moins voisine du mariage chrétien? Non. Il est seulement
vrai de dire que l'adoption de cette forme supérieure a été
une cause de triomphe dans la lutte des sociétés, ce qui
explique sa diffusion progressive. Peu s'en est fallu cependant que la conquête arabe n'ait couvert l'Europe et ne lui
ait imposé la polygamie. La monogamie, d'ailleurs, est comprise de bien des manières différentes. Dans la vieille
Égypte, si haut qu'on remonte, le mariage est un contrat de
société entre deux égaux ; en Arabie, en Perse, dans l'antiquité gréco-romaine, chez les Mongols, en Chine, c'est un
contrat de vente, la femme étant achetée par le mari. En
Polynésie, chez les Esquimaux, c'est souvent un contrat de
prêt, ou de louage temporaire. Ailleurs fleurit le mariage
par servitude du gendre chez le beau-père, de Jacob chez
Laban : chez les Peaux-Rouges, chez les Hindous, cette variété
est représentée. Ailleurs, le mariage par capture.

Le mariage n'est donc point parti d'une forme unique ; et
il n'y tend pas non plus. Est-ce que sur les interdictions de
mariage, tantôt entre parents, tantôt entre étrangers, tantôt
entre castes différentes, — est-ce que sur les obligations au
mariage, telles que le lévirat, — est-ce que sur les cas de
nullité de mariage, sur la faculté plus ou moins étendue,
unilatérale d'abord, réciproque ensuite [1], de divorcer ou de
se séparer, soit de biens, soit de corps, les diverses législations civilisées se ressemblent ou paraissent avoir une tendance *spontanée* à se ressembler? — En Perse, l'inceste,

1. Voilà, par exemple, un progrès qui paraît vraiment irréversible. Le
divorce, quand il est pratiqué primitivement, commence par être unilatéral, accordé au mari seul, puis il se mutualise, et la femme, à son
tour, peut demander à divorcer. Jamais l'inverse ne se voit, c'est-à-dire
le passage du divorce mutuel au divorce unilatéral. Ce cas rentre dans
une règle générale que j'ai formulée ailleurs, comme un corollaire des
lois de l'imitation.

même entre ascendants et descendants, était non seulement
autorisé, mais favorisé même par la loi, d'après M. Dareste.
Exception unique, du reste, dans la famille aryenne. Chez
nous, les rois ont eu longtemps le droit d'ordonner des mariages entre leurs sujets, et, après qu'on a eu cessé de le leur
reconnaître, ils ont continué à prier leurs sujets de se
marier, prière qui était un ordre. On s'y soumettait quand
on avait l'esprit monarchique, comme, quand on avait l'esprit familial, on se soumettait à un commandement analogue du père de famille. Aujourd'hui il n'y a plus de ces
coercitions matrimoniales par ordre ; mais combien encore
de mariages forcés, imposés par des considérations diverses !
— Quant aux interdictions de mariage, nous n'admettons
plus celles qui, jadis édictées dans l'intérêt de la conservation des familles, ne répondent plus à nos mœurs indivi-
dualistes ; mais nous supportons sans nous plaindre celles
qui se fondent sur un intérêt national, par exemple celles
qui empêchent les militaires de se marier jusqu'à un certain âge, ou qui subordonnent le mariage des officiers
à l'agrément de leurs chefs. Et nous trouvons cela tout
naturel.

Il est assez remarquable que l'âge de la majorité, très
précoce chez les peuples barbares, même dans le Nord, devient de plus en plus tardif, en général, au cours de la civilisation [1]. Chez les Romains primitifs, la puberté, la pleine
capacité juridique est fixée à quatorze ans ; de même, chez
les Francs Ripuaires, les Burgondes, les Wisigoths. Elle est
fixée à douze ans chez les Anglo-Saxons. Mais, à mesure
qu'ils se civilisent, les Romains en arrivent à retarder la
majorité jusqu'à vingt-cinq ans ; les Wisigoths, en se civilisant aussi, sous l'influence de l'imitation romaine, il est
vrai, la retardent jusqu'à vingt ans ; les Anglais, jusqu'à
vingt-un ans, comme nous. Ce retardement des majorités
est si bien un effet de la civilisation, — de la civilisation

---

1. Voir notamment l'ouvrage déjà cité de M. Viollet, p. 428 et s.

qui cependant accroît sans cesse la précocité des intelli-
gences, — que, pour les roturiers, pour les classes de la nation restées incultes, nous voyons longtemps subsister l'ancienne majorité précoce, pendant que celle de la noblesse a
été retardée. En Angleterre et dans l'ouest de la France, au
xiii⁰ siècle, « la fille noble, dit M. Viollet, est majeure à
quinze ans, la fille roturière l'est à douze ». Dans l'est de la
France, le gentilhomme est majeur à quatorze ou quinze
ans, le roturier, beaucoup plus tôt. Au xvi⁰ siècle, la civilisation ayant monté, toutes ces majorités se sont abaissées.
— Comment expliquer cela ? Assez simplement, je crois.
Plus on est rapproché de la vie primitive, plus les professions sont simples, d'apprentissage aisé, et plus tôt il est possible à un enfant de « se tirer d'affaire ». Dès douze ou
treize ans, un petit paysan peut gagner sa vie, il quitte
le toit de son père, trop pauvre pour le nourrir, et va travailler chez un patron ou chez un maître ; il échange une
servitude familiale contre un assujettissement patronal ; à
cela s'est toujours réduit le bénéfice de la majorité. Mais quel
est le jeune homme lettré, de nos jours, sinon en Amérique, terre neuve et primitive, en un sens, qui gagne sa
vie avant vingt-un ans ?

Les transformations successives de l'idée de noblesse
peuvent donner lieu à une généralisation d'une certaine
solidité. M. Fustel de Coulanges, dans sa *Monarchie franque*
et ailleurs, a montré qu'après avoir connu en un passé reculé, longtemps avant l'invasion, la noblesse héréditaire et
inhérente au sang, les divers peuples de la Germanie ne
connaissaient presque plus, au moment de l'invasion, que la
noblesse viagère, administrative, attachée au choix royal ou
aux fonctions publiques. D'autre part, à Rome, la même
évolution s'est produite : au début de l'histoire romaine, on
sait le rôle prépondérant que joue le patriciat. Or, peu à
peu, cette noblesse d'origine physiologique décline, et sous
l'Empire, elle est remplacée enfin par les privilèges viagers
de l'ordre sénatorial, librement recruté par le prince dans

toutes les classes de la nation, le patriciat ne gardant plus
que son lustre archaïque et sa valeur esthétique, toujours
appréciés d'ailleurs. — Serait-ce là une loi générale? Je serais porté à y voir au moins une tendance habituelle, conforme à ce que nous savons sur la substitution progressive
des causes sociales aux causes naturelles dans les faits humains. J'ajoute que, par l'anoblissement, en tout pays, on
a imaginé d'entrer artificiellement, sans nulle consanguinité, dans le corps d'abord fermé de la noblesse, comme,
par l'adoption, dans le sein de la famille. Ces deux inventions ont répondu au même but : affranchir le côté social de l'homme de sa nature animale, rompre la subor-
dination primitive des rapports sociaux aux rapports de
parenté.

La preuve, cependant, que la loi énoncée n'a pas une portée universelle, et que la transformation indiquée par elle
n'est pas absolument *irréversible*, c'est qu'une transformation précisément inverse nous est présentée, exceptionnellement, par notre moyen-âge[1]. Poursuivons l'histoire des
Francs et des autres peuples envahisseurs de l'Empire romain. Au moment où ils l'ont envahi, nous le savons, et
M. Glasson nous le répète, « ils ne comptaient pas de nobles
dans leurs rangs » ; c'est cette absence d'une classe noble,
aux temps mérovingiens, qui a permis aux rois de cette
époque d'exercer un pouvoir absolu. Mais cet auteur ajoute :
« C'est seulement dans la suite et beaucoup plus tard que la
classe de la noblesse (héréditaire) *sortie en grande partie des
fonctionnaires du royaume*, s'est constituée et a pris une
place importante dans l'Etat. » Ainsi, chez ces peuples,
après être devenue d'héréditaire viagère, la noblesse est re-
devenue de viagère héréditaire. Il a suffi, pour cela, de
l'affaiblissement du pouvoir central, qui a laissé les charges

1. Et par l'antiquité romaine elle-même. Au commencement du
IIᵉ siècle de notre ère, la curie, dans les municipes romains, se com-
posait encore de magistrats élus. C'est plus tard que ces magistrats
d'électifs devinrent héréditaires.

publiques se perpétuer dans certaines familles, et l'usufruit
de ces fonctions se transformer en propriété, sainte et sacrée aux yeux de tous. Qui sait si, par l'action de la même
cause, au sein de nos démocraties modernes, l'élaboration
lente et inaperçue d'une nouvelle caste aristocratique, est
aussi impossible qu'on est porté à le supposer, quoique,
à dire vrai, cela me paraisse peu probable? Ne voit-on
pas poindre çà et là quelques germes de véritables dynas-
ties républicaines? — Quoi qu'il en soit, l'exemple cité
prouve à quel point il est téméraire de généraliser en science
sociale [1].

Une belle, une admirable progression, qu'on n'a pas pris
la peine de remarquer, et qui accompagne néanmoins toutes
les évolutions juridiques, c'est l'élargissement continuel des
relations de Droit. D'abord restreintes au groupe étroit et
serré des parents, qui s'est agrandi tant qu'il a pu par l'adoption, par la légende, s'annexant toutes sortes de parents fic-
tifs ou imaginaires, elles se sont étendues ensuite, soit par
le contrat féodal, soit par le contrat d'association corpora-

1. On a voulu poser aussi en règle générale le passage irréversible de
la théocratie à la monarchie laïque. Cependant l'inverse s'est vu en histoire. La monarchie carolingienne était théocratique, tandis que la monarchie mérovingienne ne l'était pas ; et celle de Louis XIV l'était plus
que celle de Henri IV. — Bodin, dans sa *République*, est fort loin de
soupçonner qu'il n'y ait qu'une ligne d'évolution et un seul sens d'évolution sociale. Il y a, dit-il, six changements parfaits. « C'est à sçavoir
de monarchie en estat populaire *ou de populaire en monarchie ;* et pareillement de monarchie en aristocratie ou d'aristocratie en monarchie ;
et d'aristocratie en estat populaire *ou d'estat populaire en aristocratie.* »
Il admet, on le voit, la réversibilité de ces changements politiques. Et
toutefois, comme il faut bien que chaque époque érige à cet égard ses
préférences ou ses habitudes en lois, il a une tendance à regarder, dans
chacune de ces couples de transformations, l'une comme normale et
l'autre comme anormale, mais il se trouve que son choix est précisément l'inverse du nôtre. « Tous les changements de seigneurie en estats
populaires, dit-il, ont esté violens et sanglans, et, au contraire, les estats
populaires se changent en seigneuries par un changement doux et insensible », par exemple « dans la République de Venise, à Lucques, à
Raguse, à Gènes ». Il semble qu'à ses yeux cette dernière évolution soit
celle qui est conforme à la nature des choses.

tive, au cercle plus vaste des voisins, des confrères, des concitoyens locaux, plus tard, par l'idée de patrie, à des millions de compatriotes, et par l'idée de chrétienté, d'islam, de communauté religieuse quelconque, à des centaines de millions d'étrangers même, enfin, par l'idée d'humanité, de droit des gens, de droit naturel, à tous les hommes[1]. Et, en même temps qu'il s'étend de la sorte, le champ juridique se creuse de plus en plus par l'admission successive de couches de plus en plus basses du groupe social, de la femme, du plébéien, de l'esclave, dans la grande église du Droit. Voilà un double progrès incessant qui remplit l'histoire; et c'est là l'œuvre directe ou indirecte de l'imitation qui, née de la sympathie, condition essentielle de la sociabilité, accroît la sympathie, la déploie, la fortifie, la consolide en droits et devoirs reconnus, à mesure que les hommes, mieux assimilés par elle, se sentent plus liés entre eux.

Il semble qu'on ait aperçu une partie de ce grand fait, quand, à la suite de Sumner-Maine, on a discerné deux phases successives du Droit, celle où le sentiment de la solidarité juridique se fonde uniquement sur le sentiment exact ou erroné de la consanguinité, et ensuite celle où il se fonde de préférence sur la cohabitation d'un même territoire. Mais, comme on a vu ce fait sans voir sa cause, on l'a faussé en l'exagérant. Car, énoncé dans ces termes, il exprime une erreur. Jamais, entre gens restés sans contact sympathique et assimilateur les uns avec les autres, le rapport géographique de voisinage n'a suffi à créer un lien de droit : les Chinois, les Juifs qui s'assimilent si rarement à l'étranger ambiant, sont très rarement admis à la communion juridique. Plus ils sont proches voisins, plus on les met violemment hors la loi. — M. d'Aguanno, qui rencontre souvent des vues très justes, a fort rien remarqué que le

---

1. Dans la *Belle histoire des idées morales dans l'antiquité*, par M. Denis, on suit les étapes d'une partie de ce grand progrès ininterrompu.

sentiment de l'égalité des droits a d'abord pris naissance dans les rapports d'un petit groupe de personnes unies par les liens du sang, puis de la corporation ou de la caste, et s'y est renfermé, jusqu'à ce que, dans la suite des temps, il ait débordé au dehors. Mais, chaque fois que ce débordement rompt bruyamment une de ses digues, cet auteur ne voit pas, sous l'action intermittente des causes assignées par les historiens — *jus connubii* entre patriciens et plébéiens, voté tel jour, conquêtes violentes de la plèbe sur la noblesse à telle date, publication de tel évangile révolutionnaire, etc., — l'action continue dont elle dérive. Il faut, je crois, ne point oublier cette considération très simple, si l'on veut débrouiller par le bon bout l'écheveau de l'histoire et ne pas se payer de mots en parlant d'évolution.

Une remarque en passant. Les évolutionnistes insistent beaucoup, et en cela ils ont raison, sur la solidarité rigoureuse qui liait entre eux les membres du groupe social primitif ; ils répètent souvent que le sentiment de la personnalité collective l'emportait alors absolument, comme dans les ruches et les fourmilières, sur celui de la personnalité individuelle. Fort bien ; mais comment peut-on dire, après cela, que les primitifs se distinguaient par un égoïsme grossier, tout à fait dépourvu de cet exquis « altruisme » dont la civilisation seule, paraît-il, nous aurait gratifiés ?

CHAPITRE IV

RÉGIME DES BIENS.

Non moins que le régime des personnes, le régime des biens a été l'objet, dans l'école transformiste, de profonds travaux qui méritent examen. Il suffira de citer, entre autres, la *Propriété et ses formes primitives*, par M. de Laveleye, où nous a été révélée, sinon l'universalité, du moins l'extraordinaire fréquence, dans un passé très lointain, de l'appropriation communiste du sol par un groupe de parents ou de voisins associés. Suivant cet éminent économiste et ses adeptes, le communisme de village aurait précédé historiquement celui de famille, qui n'en serait qu'un fractionnement. Cette idée, qui a trouvé sur son chemin des généralisateurs à outrance et des contradicteurs passionnés, parce qu'elle a paru se relier aux préoccupations socialistes du moment présent, s'appuie sur un respectable amas de faits et de considérations. Il est inutile de résumer ce qui a déjà été si souvent vulgarisé ; indiquons seulement les arguments principaux. Ils sont de deux sortes. D'une part, on rapproche entre elles des institutions communistes encore existantes, disséminées çà et là dans le cœur des montagnes où tout se conserve indéfiniment (*allmend* suisse, pâturages communs des Pyrénées) ou dans les vallées pareillement conservatrices de l'Asie et dans les steppes quasi-asiatiques de la Russie (communauté de village hindoue, *mir* russe, *zadruga* serbe), ou enfin parmi les tribus sauvages d'Afrique,

d'Amérique, d'Océanie ; et on tire de ce rapprochement une
raison de penser que ces coutumes aujourd'hui exception-
nelles sont les débris d'institutions générales d'autrefois.
D'autre part, allant plus loin, on fouille le sol ou le sous-sol
juridique des nations modernes les plus étrangères à tout
esprit communiste et on y découvre des particularités telles
que le retrait lignager ou vicinal, où l'on voit le vestige
d'un communisme antérieur.

Il y a bien une troisième sorte de preuves, et qui, si elle
était justifiée, serait la plus solide de toutes. Aussi vais-je
l'examiner tout d'abord, bien que, je ne sais pourquoi, elle
ait eu beaucoup moins de succès que les précédentes. Elle a
été indiquée pour la première fois par Sumner-Maine dans ses
Études sur l'histoire du Droit [1], mais je n'en ai vu le développement que dans l'ouvrage de M. Loria, économiste italien, sur l'*Analisi della proprieta capitalista* [2]. Ce nouveau
genre d'arguments consiste à montrer que les premiers pionniers anglo-saxons de l'Amérique du Nord, en fondant les
colonies éparses, qui sont devenues les États-Unis, ont commencé par pratiquer la propriété indivise du sol et par former de vraies communautés de village, plus ou moins analogues au *mir* ou à la communauté hindoue. S'il en était
ainsi, ne devrait-on pas regarder ce recommencement spontané de l'évolution historique de la propriété à partir de son
terme initial supposé, comme la confirmation *expérimentale*
en quelque sorte de cette hypothèse ? Et ne serait-il pas pi-
quant de trouver aux États-Unis, sur cette terre classique de
l'individualisme exubérant, le plus authentique échantillon,
la meilleure démonstration de la nécessité du communisme
primitif [3] ?

1. P. 264 de la trad. franç.
2. Voir le premier chapitre du second volume de ce livre intéressant
et profondément écrit. (Turin, 1889.)
3. Je dis *primitif*, car cet adjectif, dont on abuse, dont nous avons
été forcé d'user et d'abuser nous-même comme d'autres, aurait alors un
sens net et précis, que je suis loin de lui accorder. Ou il ne signifie rien,
en effet, puisqu'il ne peut être question, bien entendu, de remonter au

Par malheur, examinés de près et sans parti-pris, les faits signalés par Sumner-Maine et développés par M. Loria prennent une signification tout autre que la leur. C'est « un fait très remarquable », dit avec raison Sumner-Maine, que les premiers immigrants anglais en Amérique « se sont organisés d'abord *spontanément* en communautés de village pour se livrer à l'agriculture ». Très remarquable effectivement ; surtout si ce mode d'établissement eût été aussi spontané qu'on nous l'affirme. Mais le même auteur vient de nous dire que ces premiers immigrants « appartenaient principalement à la classe des yeomen », c'est-à-dire des tenanciers-vassaux. Or, une page plus loin, en note, il nous apprend que, d'après les autorités américaines, éminemment compétentes, sur lesquelles il s'appuie, ces premières colonies « tendaient à reproduire non l'Angleterre du temps des Stuarts (époque de ces colonisations), *mais celle du roi Jean et de la grande Charte* » et que « ces institutions *foncièrement féodales* semblaient toutes naturelles aux colons, quelle que fût leur patrie d'origine, anglo-saxons, hollandais ou français exilés par la révocation de l'Édit de Nantes ». Il s'agit, on le voit, non de la résurrection merveilleuse d'un passé préhistorique, mort et oublié depuis des siècles, mais du réveil d'un passé récent, à peine endormi, encore vivant dans les traditions des colons tout pénétrés d'esprit féodal. Tous ont fait de même, y compris les réfugiés français, qui, d'ailleurs, venus après les autres, n'ont eu qu'à suivre le courant des habitudes déjà établies avant eux sur le sol américain. Le phénomène invoqué est donc un simple fait *d'imitation des ayeux*, où l'atavisme, voire même le pseudo-atavisme à l'usage de tant d'évolutionnistes contemporains, n'entre absolument pour rien.

premier homme encore à demi-animal ou aux premières choses humaines, en un sens tout chronologique ; ou il signifie simplement et clairement, en un sens plutôt logique, qu'il existe un cycle fermé de phases où tournent et retournent les choses humaines assujetties à de périodiques répétitions. Primitif veut donc dire recommencement ou ne veut rien dire. Je tenais à faire cette observation une fois pour toutes.

Notez comment ce communisme colonial s'est établi. « La
Cour générale concédait une certaine étendue de terre à une
société d'individus, et ces terres étaient tenues par la société à titre de propriété commune. » C'était donc tout simplement une concession de terrain faite à une compagnie.
Rien de plus fréquent, même de nos jours. Mais ce n'était
pas toujours de la sorte qu'une colonie débutait. Du reste, la
société en question se hâtait de partager entre ses membres,
autant que faire se pouvait, les terres concédées. Voyons
cependant M. Loria à ce sujet et puisque, d'après lui, les colonies sont pour l'archéologue du Droit ce que les montagnes
sont pour le géologue, une occasion unique de voir et de
toucher des terrains primaires, des strates partout ailleurs
enfouies sous d'épaisses couches du sol, instruisons-nous un
peu, en les étudiant, sur l'antique passé de nos races.

Que nous apprennent-elles ? Nous voyons, d'abord, que
leurs fondateurs sont très dissemblables, très différents de
race, de classe, de religion, d'habitudes, de mœurs. Dans le
Nord des Etats-Unis, ce sont des puritains anglais de classe
moyenne ; dans le Sud, de grands propriétaires. Au Canada,
des émigrés de la noblesse, batailleurs ou chasseurs. A Saint-
Domingue, des aventuriers normands, pirates et flibustiers.
Aux Antilles, un clergé industriel, actif et entreprenant. En
Australie, des condamnés espagnols, anglo-saxons, hollandais, portugais. Les colons viennent de partout. Aussi ont-ils
tous colonisé diversement. Non seulement leurs colonies diffèrent par le but poursuivi — culture industrielle ou agriculture, colonies de plantation ou colonies de peuplement
— mais celles qui ont le même but l'atteignent par des
moyens différents, travail libre ou travail servile, par
exemple.

Une seule chose est commune à ces émigrants ; ils sont
tous imitateurs. Tous, ils appliquent et copient des modèles
empruntés à leur ancien ou à leur nouveau milieu. A l'ancien, quand les Puritains d'Écosse reproduisent en Amérique
les coutumes communistes encore subsistantes dans leur pays

4.

natal, le retrait *vicinal* [1], entre autres, ou quand les Français
importent au Canada le retrait simplement *lignager* [2]. Au
nouveau ; car M. Leroy-Beaulieu nous apprend que les colons
canadiens nos compatriotes « s'élançaient de toutes parts
dans l'immensité des forêts à la recherche des pelleteries et
du gibier, *prenaient les habitudes des Indiens* et quittaient la
nature civilisée pour la nature sauvage ». Il nous dit auss
que les colons normands établis à Saint-Domingue avaient
pris le nom de boucaniers « parce qu'ils avaient pris l'habitude de se réunir, après avoir chassé, pour boucaner, c'est-
à-dire faire sécher à la fumée, *suivant le procédé des sauvages*, les bœufs qu'ils avaient tués ». Je ne vois pas pourquoi
M. Loria ne va pas chercher là, chez ces chasseurs nomades,
et non chez les colonisateurs anglais qui ont débuté par
l'agriculture, la réapparition fantastique des temps primitifs.
En tout cas, ces chasseurs-là sont devenus tels, non spontanément, non par une nécessité de situation, qui ne s'est
point fait sentir autour d'eux, mais bien, vraisemblablement,
en vertu d'un exemple de leurs ancêtres combiné avec
celui des Peaux-Rouges. En outre, de chasseurs sont-ils
devenus pasteurs ensuite, puis agriculteurs, conformément
à un ordre soi-disant réglé ? Nullement.

On m'objectera peut-être que, si nos colons, et, par suite,
nos colonisations modernes, ont été très dissemblables, il
n'en devait pas être de même dans les temps préhistoriques.
Mais pourquoi ? Est-ce que, si haut que nous remontions,
nous ne trouvons pas toujours des races, des langues, des
mœurs, des idées, des habitudes différentes ? Quelle illusion
que de prendre pour de l'uniformité réelle l'estompage du
passé par l'effet même de son éloignement ? Tout s'estompe
à distance, tout s'efface, mais nous savons bien qu'il suffit

---

1. J'appelle ainsi le droit accordé aux voisins du vendeur d'un bien
d'évincer l'acquéreur étranger à leur groupe en lui remboursant le prix
de son acquisition.

2. C'est-à-dire le droit accordé aux *parents* du vendeur d'évincer de la
même manière l'acquéreur étranger à la famille.

de nous rapprocher des collines bleues pour voir fourmiller de diversités leur azur uni.

A bien des égards, il faut en convenir, les colonies sont une rétrogradation. On y voit renaître des procédés de culture abandonnés depuis longtemps dans la mère-patrie ; ou des institutions disparues de celle-ci, comme l'esclavage, ou même parfois la *composition pécuniaire* pour crimes. Ce qu'on doit accorder sans peine à M. Loria, c'est que, replacé dans des conditions pareilles, l'homme tend à reproduire, en partie du moins, des institutions à peu près pareilles. Mais ce qui résulte clairement de ses recherches sur les colonies, c'est que leurs conditions ont différé les unes des autres profondément, d'abord sous les rapports indiqués plus haut, et aussi d'après la sécurité ou l'insécurité de leur emplacement, dans le voisinage de tribus féroces ou pacifiques, ou d'après le climat. Or, toutes ces causes de dissemblance devaient exister aussi bien entre les tribus primitives ou qualifiées telles, et qui, toutes primitives qu'elles nous paraissent de loin, avaient hérité d'une longue suite d'ancêtres, une longue chaîne de traditions.

Une première question : si les colonies ont fait spontanément revivre les « formes primitives de la propriété », comment se fait-il qu'elles n'aient pas fait revivre aussi bien les formes primitives de la famille ? Cependant on ne nous parle jamais, à leur sujet, ni d'hétaïrisme, ni de matriarcat, ni de patriarcat polygamique ou monogamique. Dira-t-on que la non résurrection ou pour mieux dire la non apparition aux colonies de ces états supposés de la famille antique ne prouve rien contre leur existence dans le haut passé ? Je le veux bien ; mais alors de quel droit attacher plus d'importance aux faits de collectivisme présentés par les colonies ?

En ce qui concerne l'occupation des terres, l'histoire des colonies montre l'homme partout oscillant entre deux tendances antagonistes, le penchant à la *dispersion* par l'appropriation individuelle et indépendante, et le penchant à *l'association* par l'appropriation indivise. Ou plutôt on l'y voit toujours tendre à la dispersion, mais souvent forcé, malgré lui, de recourir à l'association, à l'indivision communiste, soit pour se conformer aux nécessités de la vie pastorale quand il n'en est pas encore sorti, soit, plus tard, pour se défendre contre les dangers environnants ou pour exécuter des travaux de défrichement et d'irrigation supérieurs à ses forces personnelles. Aussi est-il à remarquer que, *partout* où l'indivision subsiste encore, et partout où elle a existé dans le passé, en fait de possession immobilière, on se trouve ou l'on s'est trouvé dans l'un des trois cas de contrainte énumérés, ou dans les trois à la fois. Qu'on parcoure tout l'ouvrage de M. de Laveleye, on ne découvrira pas un seul exemple de collectivisme agraire qui ne rentre dans l'une de ces catégories.

Ce qu'on ne voit jamais, par exemple, c'est une colonie débutant par la communauté de village, pour établir ensuite la communauté de famille et fonder enfin la propriété individuelle. M. Loria ne nous dit rien de pareil. Il nous montre (t. II, p. 17 et *passim*) que les premiers colons, occupants d'un sol vierge et prodigieusement fertile, là du moins où règne une sécurité relative, s'y installent chacun chez soi, font souche à part. Le fait dominant alors, c'est l'*isolement des colons* (p. 23). Ils sont séparés par un désert. C'est l'extrême opposé du collectivisme. Et cela rappelle fort bien, comme le fait observer M. Loria lui-même, le fameux passage de Tacite sur les Germains : *Colunt discreti ac diversi, ut fons, ut campus, ut nemus placuit.* — Une lutte s'engage ensuite, peu à peu, dans le cœur de ces hardis pionniers, entre les deux forces que j'indiquais tout à l'heure, le besoin d'appropriation individuelle indépendante, et le besoin d'association défensive. Or, suivant que l'une ou l'autre de ces deux forces l'emporte, et dans la mesure où elle triomphe, car sa victoire n'est jamais complète, l'état social est plus ou moins fortement empreint d'individualisme ou de collectivisme. Quand celui-ci domine, cela signifie ou que la phase pastorale n'est pas dépassée, ou que l'agriculteur est exposé, comme chez les Berbères sédentaires, aux razzias de tribus pillardes et féroces, à des périls divers, ou qu'il a besoin, comme à Java, de la coopération d'un village entier pour irriguer ses rizières, défricher ses forêts, etc [1]. Aux États-Unis, l'individualisme, dans les premiers temps, a dominé, parce que les Indiens y étaient relativement doux et pacifiques, parce que la culture n'y exigeait pas, en général, la collaboration d'un grand nombre de bras, et parce que les immigrants débarquaient d'Europe, non à l'état de pasteurs ignorant la bêche et la charrue, mais munis des secrets de l'agriculture civilisée. Ces néo-primitifs apportaient avec eux dix siècles au moins d'inventions agricoles; et c'est surtout ce fait, ce « facteur » intellectuel de premier ordre, qui, beaucoup plus que « le facteur économique » soi-disant prépondérant, a déterminé leur genre de vie.

Il est vrai que, parmi les colonies américaines, des communautés de village d'une certaine espèce se sont formées çà et là ; mais M. Loria reconnaît qu'elles sont postérieures à l'isolement primitif des colons et constituent une ligue contre les dangers nés de cet isolement excessif. A cette seconde période seulement, il y a eu, dans quelques Etats, dans la Virginie entre autres, division de la terre par lots, interdiction de posséder individuellement au-delà d'un certain maximum

---

1. En Amérique, les sauvages, faute de haches de métal, avaient besoin d'unir leurs efforts pour défricher leurs forêts. — Aujourd'hui, l'individu, par ses propres efforts, par son travail rémunéré, peut acquérir des terres, aussi bien que gagner de l'argent. Mais, en des temps d'industrie grossière et sans commerce, il ne pouvait acquérir que des choses mobilières, armes trouvées ou échangées, outils, bijoux, butin de chasse, récoltes de l'année. Quant aux domaines, il n'y avait en général que deux manières de les acquérir : le défrichement ou la conquête. Mais, soit pour conquérir, soit même assez souvent pour défricher, il fallait une association d'efforts, militaire dans un cas, laborieuse et pacifique dans l'autre. C'était le clan tout entier qui s'annexait un nouveau territoire. Il devait alors paraître naturel de jouir indivisément des choses acquises collectivement, et de jouir chacun à part des choses individuellement acquises. Voilà en partie pourquoi, là où les terres sont communes, les meubles pourtant, même quand ils pourraient l'être, ne le sont pas.

de terre, parfois culture en commun. Cet état de choses rappelle, à plusieurs égards, la marche allemande du moyen-
âge[1]. Comme dans celle-ci, toutes les professions y étaient
monopolisées et assujetties à des règlements aussi tyranniques que protecteurs. Mais tout s'explique si l'on songe
qu'à l'isolement des individus, ou plutôt des familles, a suc-
cédé l'isolement des villages, et qu'il s'agit, pour chacun de
ceux-ci, à son tour, en l'absence de tout commerce, de se
suffire à lui-même. C'est un caractère important qui est
commun à toutes les agglomérations d'hommes dispersées
sur un vaste territoire, à de grandes distances les unes des
autres : village hindou, mir russe, marche germanique,
allmend suisse, on pourrait ajouter villa gallo-romaine.
Fustel de Coulanges nous décrit celle-ci elle-même, comme
un organisme indépendant et résistant, fortement hiérar-
chisé et centralisé. Il n'en est pas moins curieux de voir sur
cette terre américaine, où l'individualisme anglo-saxon devait de nos jours s'épanouir, l'évolution sociale débuter
presque par la réglementation despotique et le socialisme
d'Etat.

— Après les colonies modernes, consulterons-nous les sociétés animales, comme certains sociologues, au point de
vue qui nous occupe ? Je le veux bien encore. Mais qu'y
voyons-nous? Déjà, chez les animaux sociaux, nous trouvons côte à côte la propriété individuelle et la propriété collective. Celle-ci, là où elle apparaît, revêt la forme familiale.
Un nid appartient à un couple d'oiseaux qui, tous les ans,

1. Et cet état de choses avait pour caractère marquant d'être un équilibre toujours très instable. Sumner-Maine fait la même remarque au
sujet de la communauté de village hindoue : « Tout ce qui troublait son
ordre pacifique tendait à l'agrandissement de la famille dominante et
de son chef », c'est-à-dire à l'apparition de la propriété individuelle,
d'abord exceptionnelle, puis généralisée par imitation. — La constitution du village hindou était-elle aristocratique ou démocratique ? C'est
douteux. Elle était aristocratique, ce semble, d'après ce qui précède. En
tout cas, ces communistes sont d'un conservatisme outré, rebelles à toute
amélioration agricole. On a eu toutes les peines du monde à leur faire
comprendre l'utilité de la culture du coton.

revient l'habiter, le réparer en commun. « La propriété d'un territoire est un fait constant, presque universel, dans les familles d'oiseaux [1] », dit M. Espinas. Les familles voisines pratiquent le respect réciproque de leurs territoires de chasse et de pêche. La *chasse réservée* est connue de beaucoup d'espèces. Quant à savoir si, chez les abeilles, la propriété individuelle de la cellule a précédé ou suivi la propriété collective de la ruche, je ne me charge pas de résoudre ce problème. Mais il est bien peu vraisemblable qu'elle ait suivi. Quoi qu'il en soit, passons à des considérations plus sérieuses.

Le mérite éminent et incontestable de M. de Laveleye est d'avoir découvert, rapproché, mis en lumière des faits de communisme méconnus, disséminés sur le globe et dans l'histoire. Il a extrait de là un des livres les plus séduisants qui se puissent lire. Mais il s'est trompé, je crois, dans l'interprétation générale qu'il s'est trop hâté de donner à ces faits et dont il n'a cessé d'être obsédé dans ses longues recherches. « Les peuples primitifs, dit-il, obéissant à un sentiment instinctif, reconnaissent à tout homme un droit naturel d'occuper une portion du sol dont il puisse tirer de quoi subsister en travaillant. » Voilà l'erreur théorique, et elle l'a conduit immédiatement à fausser, sinon les faits eux-mêmes, au moins leur ordre chronologique qu'il intervertit. En effet, d'après lui, les premiers peuples « partagent également entre tous les chefs de familles la terre, propriété collective de la tribu ». Plusieurs fois il répète, et tous ceux qu'entraîne la séduction de sa manière répètent aussi cette dernière proposition érigée en loi historique, en ordre chronologique qui leur paraît s'imposer comme une déduc-

---

1. « L'habitation commune, la propriété familiale, analogue aux *longues maisons* des clans iroquois ou aux phalanstères des pueblos de l'Amérique centrale, existe aussi chez les oiseaux. Je citerai, à titre d'exemple, les freux et les choucas, bâtissant leurs nids en famille, les premiers sur les arbres, les autres au haut d'anciens édifices. » (Letourneau.)

tion logique. « A l'origine, le clan, le village, est le corps collectif qui possède les terres ; plus tard, c'est la famille qui a tous les caractères d'une corporation se perpétuant à travers les âges. » Mais où sont les preuves de cette prétendue vérité, que la communauté de village a précédé et engendré la communauté de famille ? Je les cherche, je ne les trouve point. C'est cependant là le nœud du problème. Et, contrairement à ceux qui l'ont si vite résolu en ce sens, je prétends que, là où la communauté de village existe, elle est la suite de communautés de familles antérieures qui se sont fédérées entre elles ou dont l'une, plus souvent, en s'agrandissant, a englobé les autres.

A l'appui de cette idée, il est à remarquer que, partout où le collectivisme rural a conservé sa sève et sa saveur archaïque, en Russie et dans l'Inde, les co-propriétaires ont gardé la tradition d'une antique parenté qui les unirait. Dans l'Inde, « les habitants de chaque village (où existe l'indivision) ont l'idée qu'ils descendent d'un ancêtre commun », dit un rapport officiel anglais. Les paysans russes du mir croient de même en leur filiation commune. Sur ce point, Sumner-Maine et Fustel de Coulanges se rencontrent, et ce que dit celui-ci de la *marche germanique* du xiie siècle[1], où il ne voit que le reste d'une ancienne co-propriété familiale, le premier le dit aussi de la communauté de village hindoue, qui offre, d'après lui, « l'aspect d'un groupe de familles unies par la supposition d'une origine commune[2] ». L'interdiction de vendre ou de léguer le bien familial, plus tard les entraves apportées à la faculté de l'aliéner, ont paru des vestiges de collectivisme antique. Soit ; mais ces règles coutumières ne peuvent s'interpréter qu'en faveur de la co-propriété de famille, et non de clan. A l'homme qui veut tester, le législateur antique répond, par la bouche de Platon, dans les Lois : « Tu n'es le maître ni

1. *Problèmes d'histoire*, p. 313 et 314.
2. *Études sur l'histoire du Droit*, p. 20.

de ton bien, ni de toi-même ; toi et tes biens, tout cela appartient à ta famille, c'est-à-dire à tes ancêtres et à ta postérité. » — Mais à quoi bon multiplier les preuves, en l'absence de preuves contraires ? N'est-il pas naturel, *à priori*, de faire naître le complexe du simple et non le simple du complexe ? N'est-il pas étrange de supposer que des familles jusque-là indépendantes, par le fait seul de leur agglomération en un bourg, ont acquis de la cohésion et de la discipline internes, au lieu d'en perdre, et pour la première fois ont goûté les douceurs de l'indivision ? Ne savons-nous pas, au contraire, que partout et toujours les relations de concitoyenneté en se multipliant, relâchent les relations de parenté ? La communauté de village n'a pu naître que sur le modèle agrandi de la communauté de famille, comme le feu de Vesta de la cité n'a pu s'allumer qu'à l'instar du foyer domestique ; et le premier effet de la première, à sa naissance, a dû être d'entamer, non d'enfanter, la seconde.

J'admets donc pleinement que la communauté de famille a été très répandue, soit par suite de sa propagation imitative, soit à raison de son apparition spontanée en plusieurs foyers distincts de rayonnement, à l'origine des sociétés. Est-ce à dire qu'elle a existé partout ? Non ; là, par exemple, où la famille est née sous la forme patriarcale, sorte de césarisme domestique, le chef de maison est seul propriétaire. C'est l'individualisme dans toute sa splendeur. D'ailleurs, quand l'indivision familiale s'établit, elle affecte la plus grande diversité d'aspects et, suivant que le gouvernement du groupe incline davantage à la hiérarchie monarchique ou à l'égalité démocratique, elle s'éloigne ou se rapproche du type idéal de celle-ci, tel qu'il est encore représenté à nos yeux par la *Zadruga* slave.

Mais, pour bien comprendre le vrai caractère de ce communisme fraternel et l'erreur de ceux qui veulent y voir une anticipation du collectivisme social, il faut avoir présente à l'esprit l'étroite, l'intime solidarité qui incorporait les uns aux autres les hommes unis par le sang, aux époques et

TARDE. — Transf. du Droit. 5

dans les régions où l'insécurité environnante les habituait
héréditairement à se blottir et à se masser ainsi. L'individu
compte infiniment peu d'ordinaire, à ses yeux ou aux yeux
d'autrui, chez les primitifs. Pour preuve de sa nullité origi-
naire, nous n'avons qu'à songer au rôle infime qu'il joue
encore même dans des sociétés civilisées déjà. Au moyen-
âge, on n'aurait pas eu l'idée de compter la population autrement que par *feux*, par foyers. Sous les Incas, la nation
était partagée, suivant le système décimal, non pas, comme
nous le ferions à présent, par groupes de 100, de 1,000... individus, mais bien par groupes de 100, 1000... familles.
Dans le village hindou, comme dans le village teutonique,
— comparaison fréquente sous la plume de Sumner-Maine —
la famille nous apparaît si forte, si close en soi et concen-
trée, qu'il semble difficile d'imaginer un bloc plus résistant :
« un mystère extraordinaire l'enveloppe ». Dans les montagnes du Caucase, chez les Ossètes, quelque chose de ce
passé survit encore. — « On y trouve, dit M. Dareste, des
villages placés comme des forteresses sur des hauteurs d'un
accès difficile, où chaque maison est un donjon habité par
une même famille, ou plutôt par une communauté de quarante, cinquante et jusqu'à cent personnes, unies entre elles
par les liens de la parenté et se rattachant à un ancêtre
commun, dont elles portent le nom. Autour de chaque maison est un mur crénelé, à un des angles une tour en forme
de pyramide à plusieurs étages, servant à la défense...
Entre habitants d'une même maison, tout est commun. L'autorité appartient à un ancien. » Cependant, le rapprochement
seul de ces habitations, la fédération urbaine de ces familles, a dû les affaiblir plus ou moins. Quelle devait donc
être leur concentration interne avant cet affaiblissement
inévitable !

S'il en est ainsi, et ce n'est pas douteux, on doit regarder
la propriété collective des temps primitifs comme l'équivalent pur et simple de notre propriété individuelle, de
même que la responsabilité collective des parents à raison

du crime commis par l'un d'eux y correspond à la responsabilité individuelle d'aujourd'hui. Le groupe familial, et
même souvent, par extension, le groupe villageois d'alors,
est la seule unité sociale, indécomposable et indivisible,
comme l'individu à présent. Seul, il est réputé capable
d'exercer le droit de propriété, quand il présente les caractères de la personnalité indépendante et originale. Cette
personne morale a commencé par être la seule personne
réelle, soit incarnée despotiquement dans son chef, soit em-
preinte et répartie entre tous ses membres, mais toujours,
par lui ou par eux, propriétaire absolue de ses biens,
à l'exclusion de tout autre groupe égal. — Et cela est si
vrai, que le trait le plus frappant du prétendu collectivisme découvert dans le *mir*, l'*allmend* suisse ou italien, la
communauté de village hindoue et javanaise, la marche germanique, c'est leur exclusivisme essentiel, férocement inhos-
pitalier[1]. En Suisse, pour jouir du domaine communal, il
faut « descendre d'une famille qui avait ce droit depuis
un temps immémorial... » De là des luttes très violentes
« entre les réformateurs radicaux qui réclament droit égal
pour tous, et les conservateurs, qui prétendent maintenir les *anciennes exclusions* ». L'allmend forme aussi « une
corporation fermée et privilégiée ». Quand on invoque, en
faveur de l'antiquité des idées et des sentiments communistes la tradition du partage des terres si fréquente chez
les Grecs anciens, il ne faut pas perdre de vue que, d'après
Aristote, les lois grecques sur la conservation de ces allotis-
sements primitifs « se rattachaient à une pensée aristocratique et avaient le plus souvent pour objet d'empêcher la
plèbe de parvenir à la propriété ». J'abrège les citations. En
somme, dans ces associations où l'humanité aurait fait son
noviciat communiste, on passe ordinairement son temps à
repousser l'étranger qui veut forcer les haies épineuses de

1. Voir dans la dernière édition de l'ouvrage de M. de Laveleye une
foule de passages, notamment p. 129, 148, 278, 379.

cet enclos familial. Je vois là des convives, plus ou moins
nombreux, plus ou moins parents, assis à une même table,
mais il ne s'ensuit nullement que ce soit un banquet public.
C'est un grand dîner particulier dans une salle hermétique-
ment fermée.

Comment peut-on apercevoir un vestige d'un communisme antérieur, d'une foi ancienne à la co-propriété universelle, au droit inné de tous sur chaque parcelle de terrain,
dans des institutions telles que le retrait lignager, l'interdiction de tester et tant d'autres obstacles opposés par la coutume à l'aliénation du patrimoine : institutions où se marque
si fortement la croyance enracinée que tel coin de terre appartient de droit inné et héréditaire à telle famille, qu'il est
le corps permanent de cette personne immortelle ? Voilà
pourtant une manière de voir qui a eu le plus grand succès. Or, assurément, le retrait lignager, cette faculté laissée
aux parents de racheter le bien vendu par l'un d'eux, et le
retrait vicinal, faculté analogue laissée parfois aux voisins,
attestent, dans la plupart des cas, l'existence d'une co-propriété antérieure et oubliée, limitée aux parents et aux
voisins. On en a la preuve en rapprochant le retrait féodal
des deux précédents : si le seigneur avait le droit de racheter le fief aliéné par le vassal, c'est parce qu'on lui recon-
naissait une sorte de co-propriété supérieure, le domaine
éminent, que le vassal n'avait pas eu le droit d'aliéner. Mais
ces retraits avaient encore une autre signification plus générale et plus profonde ; et pour la comprendre il faut, je
crois, les rattacher à plusieurs autres curieuses coutumes
inspirées par le même esprit, et qui ne rentrent pas dans
l'explication précédente. Le *réméré*, faculté de rachat laissée
au vendeur lui-même, sorte de retrait individuel, — le droit
accordé au même vendeur, dans beaucoup de législations
primitives [1], de se repentir de sa vente, de se *dédire* pendant

---

1. Notamment en tout pays musulman. Voir à cet égard la *Théorie du
droit musulman* par Savvas-Pacha (1891).

un certain délai, — le droit accordé au donateur ancien,
d'après M. Viollet, de rétracter sa libéralité à son gré, — enfin
les dispositions de beaucoup d'anciennes lois, polonaises,
par exemple, qui déclarent les immeubles *imprescriptibles,
indisponibles, insaisissables* pour dettes : autant de droits
remarquables, qui dérivent non de la propriété collective,
puisqu'il s'agit expressément de propriété individuelle et
que le vendeur ou le donateur a fort bien pu aliéner son
propre bien, mais de la défaveur attachée aux aliénations
dans les sociétés peu civilisées. C'est à ce dernier point de
vue seulement que ces droits singuliers et les retraits
peuvent être embrassés d'un même coup-d'œil. Et cette défaveur, à son tour, qu'exprime-t-elle, si ce n'est un sentiment
de la propriété tellement énergique et exclusif qu'il faisait
regarder le propriétaire (collectif ou individuel, n'importe)
et son bien, comme la chair et l'ongle, et la rupture accidentelle de ce lien sacré comme une anomalie doulou-
reuse, une plaie à recoudre le plus tôt possible et le mieux
possible [1].

Sumner-Maine fait une remarque très fine à l'appui de la
thèse communiste. On sait la difficulté insurmontable qu'il
y a, en tout pays arriéré, à faire accepter au paysan la

1. V. article de Koralesky sur *La famille patriarcale au Caucase*, dans
la *Revue intern. de sociologie*, de juillet-août 1893. L'auteur y montre
que, dans ces populations caucasiennes restées si primitives, le culte
des ancêtres entraîne à des dépenses énormes, à des festins rituels qui
ruinent la famille et l'obligent à vendre un de ses biens. Mais, « avant
de conclure la vente avec un étranger, l'usage veut qu'on donne la
préférence aux familles parentes appartenant au même clan. Si c'est un
membre du même clan qui l'achète, la terre ne sort pas du cercle des
parents et le culte des divinités familiales ne souffre pas d'interruption. *Le droit de préemption familiale*, c'est-à-dire le droit d'achat accordé de préférence aux parents (retrait lignager), *se trouve ainsi être
en rapport bien plus étroit avec le culte familial qu'on ne l'a cru jusqu'alors.* » S'il en est ainsi, et si cette explication, comme je le crois,
est susceptible d'une certaine généralisation, on voit que le droit de
retrait lignager, simple corollaire de croyances religieuses, n'a rien à
voir avec la communauté de village et présente la communauté de
famille elle-même comme un fait dérivé du culte des ancêtres plutôt
que comme un fait primitif.

moindre modification au prix coutumier et aux conditions traditionnelles des baux de terres. Est-ce là pur misonéisme? Non, nous dit-on ; car ce même illettré accepte sans peine les changements survenus dans le prix des objets mobiliers. Mais ce contraste s'explique si l'on admet que « le sentiment persistant d'une ancienne confraternité dans la possession du sol » fait obstacle à l'idée de tirer des terres louées le plus haut prix exigible, c'est-à-dire à l'idée de la rente librement débattue. Est-ce bien juste ? La vérité me semble être plutôt qu'il y a là le souvenir inconscient d'une époque où le groupe des personnes auxquelles on pouvait louer ou vendre sa terre était pratiquement restreint aux membres d'un petit cercle fraternel, tandis qu'on avait toute commodité de louer ou de vendre ses denrées, ses armes, son bétail même, à des étrangers. Il était permis d'exploiter, de rançonner à merci, ces derniers, non les autres. C'est la reproduction sous une nouvelle forme de la distinction capitale posée plus haut entre les relations intérieures du groupe sociétaire et ses relations extérieures.

Je néglige avec intention force arguments communistes, dont la portée a été exagérée. Lancés sur la piste du communisme primitif, les érudits ont cru en découvrir la trace évidente dans ce fait, par exemple, que, chez les peuples peu avancés, l'usage des obligations étroitement solidaires entre plusieurs co-débiteurs, en général membres de la même famille, ou bien, comme au moyen âge, l'usage des *pleiges*, des ôtages pour dettes, est extrêmement répandu. Mais n'oublions pas que, avant les progrès sociaux qui ont permis l'invention de l'hypothèque et l'ont·rendue viable, la seule garantie sérieuse offerte à un créancier était la pluralité et la solidarité des débiteurs. Il était naturellement plus facile à l'emprunteur de décider ses parents que des étrangers à se lier avec lui d'une si étroite manière. Cette explication est si vraie que, de nos jours même, dans les usages commerciaux, parce que là l'hypothèque, avec ses lenteurs est impraticable, un billet, revêtu d'une seule si-

gnature, n'est jamais escompté ; et la multiplicité des en-
dosseurs, souvent parents, d'un même billet, des porteurs
d'un même warrant, ainsi que leur responsabilité collective, est le fait habituel, analogue aux obligations *corréales*
du passé [1].

On aurait aussi bien pu — soit dit sans plaisanterie, —
regarder l'habitude, si générale en Europe, de « faire car-
naval » avec ses parents, en dînant avec eux le Mardi-Gras,
comme une survivance de l'antique vie commune. Si on ne
s'est pas arrêté à cette idée, c'est sans doute que, par malheur, l'origine de cette coutume, née du Carême chrétien
par voie de contraste, est ici trop claire et ne se prête à
nulle équivoque. Mais, en revanche, qu'est-ce qui empêche,
à première vue, de voir un débris d'ancienne existence pha-
lanstérienne, subsistant étrangement au milieu de notre
individualisme actuel, si égoïste, si âpre au gain, dans nos
réceptions périodiques de politesse, dans nos échanges de
visites, dans nos grands dîners sacramentellement offerts et
rendus, où l'on s'accable d'égards réciproques, où l'on affecte de s'oublier pour autrui, de livrer tout son bien en
pâture à ses convives ? Il est fâcheux, je l'avoue, que cette
conjecture ne soutienne pas l'examen. Dans ces pratiques du monde, sans doute, s'exprime la sociabilité humaine, antique assurément, contemporaine de la société la
plus primitive, antérieure même à toute société, comme la
puissance l'est à l'acte. Mais cette expression d'une chose si
vieille est relativement jeune, et, quand on remonte aux
sources historiques de ces habitudes polies, de ces simulacres réciproques et alternatifs de dévouement ou de prodi-
galité, on s'aperçoit qu'elles découlent [2] de l'hommage féodal

1. V. Viollet, p. 501.
2. En Europe du moins ; mais ailleurs, l'explication doit être à peine
modifiée. N'est-il pas probable que, pareillement, les simagrées polies
des Chinois, et même les cérémonies hospitalières des Arabes sous leur
tente, procèdent, par imitation, d'habitudes primitivement propres à
leurs chefs, à leurs rois, à leurs *meneurs* quelconques ?

dû par les vassaux au seigneur, ou du repas féodal dû par
le seigneur aux vassaux, devoir restreint d'abord et unilatéral, puis peu à peu généralisé et mutualisé par imitation
descendante de couche en couche. Il est curieux de suivre
les transformations graduelles à la suite desquelles les
agenouillements des vassaux prêtant le serment de foi et
hommage à leur suzerain, sont devenus nos salutations
réciproques par inclination du haut de la tête dans un
salon.

Aussi faut-il se prémunir l'esprit et se cuirasser la raison
contre la tentation érudite, contre l'illusion archéologique
d'antidater prodigieusement l'origine de certains faits qui
ont bien la couleur du temps comme les vieux murs, mais
qui, comme eux, peuvent indifféremment passer pour avoir
quelques milliers d'années de plus ou de moins. C'est Sumner-
Maine lui-même qui en a fait la remarque à propos de
l'Inde. « On m'y a signalé, dit-il, maintes pratiques auxquelles
les indigènes recouraient de nos jours, pour la première
fois, sous la simple pression des circonstances extérieures et
qui, cependant, nous étaient présentées d'ordinaire, comme
existant depuis un temps immémorial et comme caractérisant
l'enfance de l'humanité. » Chez nous, on a beaucoup parlé,
à propos de la question qui nous occupe, du *ménage niver-
nais*. C'était une sorte de très petit phalanstère rural, qui
n'était pas trop exceptionnel dans certaines régions françaises aux xii° et xiii° siècles. On y a vu, naturellement, un
reste de communisme préhistorique. Mais ne semblera-t-il
pas plus naturel de songer ici à ce grand torrent d'engouement imitatif qui a suscité, précisément au xii° siècle, tant
de *communes* et de *corporations*, tant d'associations sous des
formes multiples [1] ? Si l'on veut aller plus loin, n'est-il pas

---

1. Partout et toujours la campagne imite la ville. Aussi ne faut-il pas
nous étonner d'un fait, méconnu par les historiens, mais révélé par
M. Luchaire (*Les communes françaises* à l'époque des Capétiens directs,
1890), à savoir que, après et d'après les grandes *communes jurées* du
xii° siècle, Laon, Dijon, Soissons, etc., une multitude de petites com-

visible que l'idée de ces communes et de ces corporations a
été suggérée elle-même par le type, si fréquent alors, si
multiplié depuis la fin de l'Empire romain, de la communauté monastique, nullement de la communauté de village ? L'existence de celle-ci, après quatre siècles de domi-
nation romaine, reste problématique ou n'a pu être
qu'accidentelle, enfouie dans des lieux obscurs, impropres
à servir de modèle imité. Peut-être les *guildes*, les associations commerciales du moyen âge se rattachent-elles plutôt
aux *collegia* de Rome qu'aux couvents ; mais, à coup sûr,
pas à la *marke*. On aura beau chercher, on ne trouvera
rien de plus typique, de plus net, en fait d'organisation
communiste, que le monastère, où l'indivision des biens a
pour cause la fusion des âmes dans une même foi et une
même fin. Et de fait, tout ce qui se crée, au moyen âge,
d'associations professionnelles, a un faux air monacal et est,
avant tout, une confrérie.

Dans l'antiquité grecque, n'en est-il pas de même, à cela
près que l'institution monastique y fleurit sous des formes
mêlées de patriotisme et de religion, comme en Crète, où
nous savons que Lycurgue a été chercher le plan de sa réforme socialiste ? Mais, nous dit-on, jamais ce partage égal
des terres, jamais ces agapes périodiques, et tant d'autres
institutions attribuées à ce légendaire législateur, n'auraient
pu vivre et durer si le peuple spartiate n'y eût été préparé
par la longue habitude ou le souvenir encore vivant d'un
communisme antérieur, sur lequel l'histoire est, par malheur, muette. C'est comme si l'on disait que l'universelle
contagion de la fièvre monacale aux iv° et v° siècles de notre
ère, quand des milliers de couvents ont jailli de toutes
parts sur le sol de l'empire, dénote l'existence partout répandue ou partout regrettée de la communauté de village
celtique ou germain chez les peuples chrétiens d'alors. On

munes rurales ont pullulé (p. 69 et s.). L'homme est né si sociable que
de tous les exemples humains le plus contagieux est, naturellement,
l'exemple de l'association.

5.

sait pourtant que tous avaient, depuis des siècles, l'habitude et le goût de la propriété quiritaire, individuelle s'il en fût [1], dogmatisée par les jurisconsultes romains. Non, c'est la contagieuse propagation, c'est la salutaire épidémie de la foi nouvelle, qui explique seule la merveille signalée au commencement du haut moyen âge; et il suffit, mais il est nécessaire, de supposer une épidémie pareille, infiniment plus localisée, une crise de patriotisme religieux réveillé et propagé à Lacédémone, pour comprendre le radicalisme révolutionnaire de Lycurgue. A cette hypothèse s'oppose, je le sais, le préjugé relatif au prétendu *misonéisme* des anciens. Mais où était le misonéisme de tant de primitifs qui se convertissaient en masse aux croyances chrétiennes ? Les historiens, en général, font l'histoire sans tenir compte de ces grands ouragans d'imitation fiévreuse qui, de temps en temps, s'élèvent inévitablement et brisent ou plient toutes les coutumes sur leur passage. Autant vaudrait faire de la météorologie sans parler des vents.

Tenons au moins pour certain ceci : La même cause qui, depuis un siècle, fait disparaître de partout les communaux, a dû et a seule pu, en des temps plus ou moins anciens, les multiplier partout : je veux dire l'entraînement de l'exemple réussi, le désir de « faire comme les autres ». Soyons sûrs que ce mode très particulier de jouissance, encore visible çà et là — division des terres arables en trois

1. L'éclosion des monastères, il est vrai, avait pu être *suggérée* par l'organisation intérieure de la villa gallo-romaine, telle que Fustel de Coulanges nous la décrit. Ces villas, qui se divisaient presque tout le sol de la Gaule, et d'où « nos villages modernes sont issus pour les neuf dixièmes », étaient autant de petites républiques unes et indivisibles. Chaque domaine se suffisait à lui-même. Il y avait — comme dans chaque communauté de village, rapprochement instructif — « des meuniers, des boulangers, des charrons, des maçons, des charpentiers, des forgerons, des barbiers ». Ces habitudes de travaux répartis et solidaires, de vie groupée, disciplinée et autonome, ne peuvent-elles pas avoir favorisé le goût des communautés monastiques ? C'est possible, mais cette explication ne s'appliquerait qu'aux esclaves et aux colons ; et c'est surtout dans les classes supérieures, parmi les propriétaires, qu'a sévi la passion du froc.

minces et longues bandes découpées chacune en parcelles
égales, périodiquement tirées au sort, fumées avec des cendres, — a été inventé quelque part comme ayant là sa
raison d'être, et imité en beaucoup d'endroits, où il était
loin d'être le meilleur régime à suivre[1]. Il s'est maintenu
dans les rares endroits où, comme aux Hébrides, il se justifie
encore par un motif d'utilité. — « C'est une remarque frappante de Nasse, dit Sumner-Maine, que le système des champs
communs (c'est-à-dire le vestige subsistant d'une ancienne
jouissance collective du sol) porte, en Angleterre, la marque
d'une origine exotique. » Frappante, en effet, est cette observation à mon point de vue; elle nous est une invitation à
soupçonner que ce collectivisme archaïque, où l'on est trop
porté à placer le point de départ spontané, naturel, nécessaire, de l'évolution de la propriété, a commencé par être
une combinaison singulière, vulgarisée peu à peu et portée
au loin par quelque onde prolongée d'imitation.

Puis, avant de reporter à une antiquité fabuleuse des institutions, des usages qu'on découvre ou qu'on remarque
pour la première fois, au xixᵉ siècle, il est bon d'y regarder de très près[2]. Parce qu'on les trouve presque les
mêmes — on le croit du moins — en Russie, en Serbie, dans
l'Inde aussi bien qu'en divers coins de l'Europe latine ou
germaine, on est ébloui par cette vaste étendue, on en conclut à l'universelle nécessité de ces pratiques, comme phase
initiale des sociétés. Mais c'est précisément cette grande diffusion qui devrait tenir en garde contre cette conclusion
précipitée. Ce qui m'incline à dépouiller la *zadruga* slave,
ce rêve de Fourier réalisé, de la haute antiquité qu'on lui
suppose, c'est sa ressemblance étonnante avec le *ménage ni-*

1. Dans plusieurs grandes villes de l'Amérique du Sud, où il ne pleut
jamais, où par conséquent les toits plats et en terrasses sont seuls ra-
tionnels, on a la fureur de construire des maisons en style de la Renaissance, à toits pointus, pour se mettre à la mode européenne.
2. M. de Laveleye prétend découvrir en Chine même la propriété collective. Mais il est obligé de remonter, nous dit-il, à l'an 2205 avant
J.-C.

vernais dont je viens de parler, et aussi avec certaines communautés de famille de la Lombardie [1]. Il s'agit ici de pays latins, labourés jusqu'en leurs dernières profondeurs par le soc de Rome. Ce fait immense, l'occupation romaine, qui a duré 500 ans en Gaule et 1000 ans en Italie, plus de temps qu'il n'en fallait à un tel débordement d'exemples et de décrets assimilateurs pour effacer sous ses alluvions toute trace de propriété indivise, barbare, étrangère et contraire au Droit romain ; ce fait immense et culminant dans l'histoire du monde, M. de Laveleye en a-t-il toujours tenu compte ? A-t-il toujours eu égard aussi à cet autre fait considérable : l'action exemplaire exercée, en dehors même des limites de l'empire, par les institutions romaines sur les barbares fascinés, jaloux et imitateurs ? Et enfin à celui-ci, non moins important : l'action du Droit romain en Europe, pendant toute la durée du moyen âge [2] ? Pourtant, il n'oublie pas toujours ce dernier. A propos des Slaves (p. 464), il avoue que « en Pologne, en Bohême, et même chez les Slovènes de la Carinthie et de la Carniole, les communautés de famille disparurent au moyen âge sous l'influence du Droit romain ». Quel argument *a fortiori* on pourrait tirer de là

---

1. *La propriété et ses formes primitives*, dernière édition (p. 487).

2. Ajoutez à cela un autre déluge : l'invasion de l'idée féodale, qui s'est répandue invisiblement pendant la période la plus obscure du haut moyen âge nocturne dont ce n'est émerveillé au réveil. A lui seul ce dernier fait est d'un tel poids que, malgré son désir de rapporter au plus lointain passé ante-historique des races aryennes les *townships* écossais, comme toute autre communauté encore subsistante, Sumner-Maine laisse échapper cet aveu : « On pensait généralement que le système féodal de l'Écosse, très exclusif et très entier, avait dû effacer la trace des anciens usages teutoniques dans les Basses-Terres », c'est-à-dire dans les parties les plus fertiles, les plus cultivées, les premières inondées par les invasions de modes nouvelles. A la vérité, il cite un exemple qu'il croit propre (*Hist. du Droit*, p. 130 et s.) à contredire cette assertion générale et accréditée, mais simplement parce que la communauté agricole dont il s'agit lui paraît avoir « une couleur des plus archaïques ». Il faudrait des raisons plus fortes, des documents précis, pour permettre d'affirmer qu'un débris des temps fabuleux a survécu, au milieu d'une plaine, en dépit des quatre grands faits signalés.

contre la date attribuée à certaines communautés de village
ou de famille qui, remontant avant Rome, se seraient mira-
culeusement conservées en plein cœur du monde romain
même en dépit du Droit romain, lequel, tout vivant, aurait
eu moins de vigueur que n'en a eu son cadavre exhumé! —
Un sociologue veut que le *mir* slave ait été la forme la plus
antique de l'appropriation du sol, qu'elle ait été adoptée
dans les âges protohistoriques et probablement avant toute
histoire, par la généralité des populations barbares de l'Europe. » Le *mir* russe serait un débris merveilleusement conservé là, comme les mammouths de Sibérie, de cette antique
institution. Malheureusement, un économiste et historien
russe distingué croit avoir donné d'excellentes raisons de
penser que le mir est d'origine assez récente ; et son explication, outre sa vraisemblance, a l'avantage de s'accorder
fort bien avec l'origine attribuée par Fustel de Coulanges,
non sans preuves à l'appui, aux communes françaises. Notez
que le *mir* est une association de paysans redevables de
rentes à un seigneur. Cela sent singulièrement sa féodalité.
Or, d'après Fustel, — et il est impossible de ne pas reconnaître à sa thèse un bon fonds de vérité —, le seigneur féodal
n'est que le successeur transformé des grands propriétaires
gallo-romains. Il faut se rappeler que le domaine rural de
ce dernier se divisait en deux parts pour la culture ; l'une,
réserve propre du maître, consistait principalement en prai-
ries et en forêts, dont il abandonnait la jouissance partielle
en glandée, en bois mort, en pacage, et moyennant presta-
tions, aux tenanciers de l'autre part du domaine. Chacun de
ces colons avait droit à un pacage ou à une glandée propor-
tionnés à son lot de culture. C'est exactement ce qui avait lieu
pour le *mir*. Cette division du domaine gallo-romain en deux
parts a eu la plus grande importance aux yeux de notre auteur, et c'est la première des deux qui aurait donné naissance
à nos communaux. Tout cela peut être contesté, mais c'est,
pour le moins, aussi prouvé que l'origine fabuleusement reculée des *mirs*, des *allmends*, des *zadrugas* et des *townships*.

C'est assez cependant déblayer le terrain ; il est temps d'appliquer ici plus expressément notre point de vue général et de mettre à une nouvelle épreuve sa vérité. Deux causes principales, dirons-nous, ont dû faire varier considérablement le régime de la propriété, soit collective soit individuelle, la proportion et la nature des deux, et, par suite, la législation à cet égard. Ces deux causes sont deux transformations sociales qui sont elles-mêmes causées, l'une par le progrès de l'imitation, l'autre par le progrès de l'invention parmi les hommes[1]. La première, c'est l'élargissement incessant du groupe social, le nombre croissant des sociétaires unis par le sentiment d'une certaine concitoyenneté morale, due à l'échange sympathique et prolongé des exemples. La seconde, c'est, d'une part, l'accumulation continuelle des inventions relatives à la domestication des animaux et des plantes, à l'asservissement de la matière, aux perfectionnements de l'industrie ; d'autre part, la substitution fréquente de certaines inventions à certaines autres jugées plus imparfaites, par exemple de celles qui constituent la métallurgie à celles qui constituaient l'art de tailler les silex, ou d'une partie de celles qui composent l'art agricole à une partie de celles qui forment l'art pastoral ou l'art *vénatorial*.

Imaginons, pour plus de clarté, et par une abstraction méthodique, que chacune de ces deux transformations s'est accomplie seule[2] ; cela dégagera à nos yeux la part d'influence

1. Il a été question plus haut des effets *directs* de l'imitation et de l'invention sur le régime de la propriété. Il s'agit maintenant de leurs effets *indirects*, qui sont beaucoup plus importants. Il n'y a action directe de ce genre que lorsque, par exemple, un nouveau droit de propriété est inventé et qu'il est propagé par imitation. Pour qu'une invention pareille soit faite, il faut qu'elle ait été rendue désirable et viable par un ensemble d'autres inventions, étrangères en apparence au Droit, telles que l'idée d'un nouveau mode de culture intensive.

2. Cette séparation, je le sais, est impossible en fait. C'est justement l'agrandissement du groupe social qui force l'esprit inventif à se développer pour imaginer de nouveaux moyens de subsistance et de bien-être, et, *vice versâ*, c'est la découverte de nouvelles subsistances ou de nouvelles industries qui rend possible l'augmentation numérique des sociétaires.

qui lui appartient sur le régime juridique de la propriété.
Demandons-nous donc, d'abord, quel effet a produit l'agrandissement numérique de la société. Il a eu pour conséquence
nécessaire, en premier lieu, l'accroissement du nombre des
propriétaires, à mesure que le groupe social s'étend en profondeur : quand la femme, par exemple, qui en était auparavant exclue, par hypothèse, entre dans ce cercle, le droit des
filles à la succession des biens commence à être reconnu. De
là, en partie, l'exclusion des filles, et plus tard leur admission dans le régime successoral archaïque. En second lieu,
une conséquence non moins nécessaire de ce recul progressif
des frontières sociales, sinon nationales, grâce à l'universel
besoin d'exercer et de subir l'apostolat de l'exemple, a été d'accroître incessamment le nombre des choses appropriables,
soit individuellement, soit collectivement, parmi les genres
de richesse déjà existants, ainsi que leur éloignement du propriétaire. Ne voyons-nous pas se réaliser, se continuer ce
grand fait sous nos yeux ? Plus nous allons, plus s'étend le
rayon territorial où il nous est pratiquement loisible de choisir les objets de nos possessions mobilières et immobilières
L'extension des communications d'homme à homme met
à notre portée juridique des immeubles ou des meubles,
biens, maisons, billets de commerce, etc., de plus en plus
nombreux, de plus en plus éloignés de nous [1]. Jadis, il fallait habiter sa terre et sa maison, et l'on ne concevait le
communisme, l'indivision, qu'entre parents ou entre voisins, entre personnes rassemblées sous un même toit, ou
enfermées dans un même rempart. A présent, l'indivision
existe entre tous les actionnaires co-propriétaires du canal
de Suez, disséminés sur tous les points du globe, entre tous
les membres d'un syndicat, entre tous les citoyens de nos
Etats grandissants, co-propriétaires du domaine public répandu sur le territoire de la métropole et des colonies.

1. D'ailleurs, par elle-même et indépendamment du progrès inventif,
la cause indiquée ne crée aucun nouvel objet à posséder, n'ajoute rien
aux richesses existantes sur la terre.

Quant au progrès des inventions, il a eu des effets plus profonds encore : il a multiplié sans cesse les formes d'appropriation soit individuelle soit collective des objets déjà existants, et, en outre, créé de toutes pièces de nouveaux objets
appropriables, de nouvelles richesses désirables. A chaque
découverte d'un nouvel animal domestique, tel que l'âne, le
cheval, la chèvre, le mouton, la vache, d'une nouvelle plante
alimentaire, telle que l'orge, le seigle, le blé, le riz, les richesses humaines se sont accrues de tous les êtres vivants,
animaux ou plantes, devenus susceptibles de domestication.
Tout arbre fruitier qu'on acclimate, toute espèce de légume
ou de fleur qu'on importe, grossit le trésor des vergers et
des jardins. A chaque découverte d'une arme ou d'un piège
propres à la chasse ou à la pêche, la proportion de la faune
maritime ou sylvestre dévolue à la table de l'homme augmentait rapidement. C'est comme si une génération spontanée de gibier et de marée avait eu lieu. Les inventions
relatives à la navigation, depuis la rame et la voile jusqu'à
l'hélice du vapeur, depuis les grossiers instruments de l'astronomie naissante jusqu'à la boussole, ont ajouté à la liste
des biens les bateaux, bacs, navires, etc. Les inventions relatives à la verrerie y ont ajouté les bouteilles, les carreaux
de fenêtres, les glaces. Les inventions relatives au crédit y
ont ajouté les actions des compagnies, les titres de rente.
Les inventions relatives à l'imprimerie, à la librairie, les
livres, les revues, les journaux. Les inventions artistiques,
les temples, les palais, les tableaux, les statues, les musées.

En même temps que des biens nouveaux étaient suscités,
de nouvelles manières naissaient de posséder les biens anciens. Avant toute invention pastorale ou agricole, la seule
manière de posséder une terre était d'y chasser. C'était même
la raison pour laquelle l'indivision était la règle alors en
fait d'immeubles, ce mode de possession étant de sa nature
indivis. Il en était de même, au degré près, du régime pastoral, mais, dès qu'une espèce jusque-là inconnue de bétail
était importée, la terre se voyait désirée et possédée d'une

manière inconcevable auparavant ; pareillement, à l'apparition d'une plante nouvelle, qui exigeait un mode de culture
nouveau. Bien entendu, la propriété des servitudes d'eaux
si réglementées par tous les Codes, n'est devenue possible
qu'après la découverte des bons effets de l'irrigation et
de l'art d'irriguer ; et les servitudes de vue, de même que
la plupart des servitudes urbaines, n'ont pu précéder l'invention des murailles et des fenêtres, l'art de bâtir. En général, le chapitre des servitudes foncières ou rurales, qui
donnent à la propriété individuelle un faux air collectiviste,
grossit dans tous les Codes à chaque progrès de la civilisation. On s'y trompe parfois ; les règlements pour la répartition des eaux d'arrosement faits par les Maures d'Espagne
ont été pris pour un reste de collectivisme antérieur. L'inverse serait plus vrai.

Voilà pour le domaine privé. Mais le domaine public s'en-
richit aussi par les inventions relatives à la navigation encore, aux armements et à la stratégie, à la voirie, aux postes,
aux télégraphes. Un exemple entre mille : sans les progrès
de la navigation fluviale, les chemins de halage n'auraient
jamais été ouverts au public. Je laisse à M. Fouillée, qui a
consacré tout un livre intéressant, intitulé *Propriété sociale*,
à nous faire l'inventaire merveilleux de nos richesses indi-
vises, le soin de nous prouver de combien de milliards chaque
citoyen français est co-propriétaire. Comptez les chemins,
les canaux, les réseaux ferrés, les rades, les forts, les canons,
les cuirassés, etc., que nous possédons tous ensemble ; et
comptez aussi les modes variés de possession que suppose
cette variété d'objets.

—Tels sont, à premier examen, les effets les plus marqués
que doivent avoir le progrès de l'imitation et le progrès de
l'invention sur le régime de la propriété. Maintenant, ré-
sulte-t-il de cet aperçu sommaire la nécessité d'une évolution
universellement uniforme du Droit de Propriété ? Oui, mais
seulement dans la mesure où l'élargissement du groupe social est nécessaire en vertu des lois de l'imitation, et où le

progrès de l'invention est forcé de couler sur une certaine
pente, comme le cours d'un fleuve, dans une certaine direction vaguement déterminée par les besoins de l'organisme et
les règles de l'esprit humain aux prises avec les forces du
dehors. Or, dans quelle mesure est-il vrai de dire que la série
des inventions, insérées les unes sur les autres avec un caprice apparent, est assujettie, sans en avoir l'air, à un tracé
fatal? Rien de plus insoluble en toute rigueur qu'un tel problème. Sans doute, les fleuves évoluent, puisqu'ils coulent
et puisqu'ils se déplacent; mais quel géographe, même dou-
blé d'un géologue, pourra soumettre à une formule unique
d'évolution leurs méandres infinis? Le *système pentogonal*
d'Élie de Beaumont, dont on a ri, était une tentative analogue pour faire rentrer dans un même plan divin, net
comme une épure, précis somme un devis d'architecte,
l'ordre d'éruption successive des grandes montagnes. Les
naturalistes de son temps, dont on ne riait pas, regardaient
de même l'ordre de création successive des espèces vivantes
comme l'exécution graduelle et régulière d'un plan de la
nature non moins rigoureux. Et, certes, je ne veux pas dire
que tout soit à rejeter dans cette idée ni dans l'autre. Il se
peut que les lois de la mécanique et de la logique circons-
crivent entre des frontières infranchissables le jeu spontané
des forces, les vicissitudes de leurs mariages et de leurs combats. Il se peut même que, si l'évolution s'agite, une raison
cachée la mène, la sollicite invisiblement à tomber un jour
ou l'autre dans des pièges inévitables, non pas disposés d'a-
vance et tout exprès le long de sa route unique, mais éter-
nellement semés sur toutes les routes possibles, dans l'espace infini des possibilités réalisables et irréalisables. Je
veux dire par là qu'elle est peut-être destinée à rencontrer
ce qu'elle croira opérer, des conditions d'équilibre mécanique
ou d'équilibre logique, telles que les types astronomiques
caractérisés par les figures régulières de la géométrie, el-
lipse, parabole, sphère, telles que les types physiques d'ondulation ou les types chimiques d'arrangement moléculaire

permanent, telles que les types d'animaux ou de plantes
viables, telles que les constitutions sociales, les langues,
les religions, les corps de droit, les formes de l'art, viables
et durables. De telle sorte que, arrivée là à tâtons, un peu
plus tôt ou un peu plus tard, à partir d'un point ou d'un
autre, avec une grande marge laissée à l'accidentel, luxe
si nécessaire au monde, nécessité si profonde du cœur des
choses, l'évolution devra s'y arrêter et s'y reposer jusqu'à
nouvel ordre, les planètes faites au tour gravitant sans fin
comme à l'aide d'un immense compas elliptique, les ondes
de la lumière et du son enchevêtrant dans l'espace leurs
dessins infinis d'une désespérante régularité, les ovules
fécondés se jouant à reproduire les arabesques compliquées
du schème idéal de leur espèce, les colonies humaines se
plaisant à multiplier l'image agrandie ou rapetissée de leur
mère-patrie... Oui, cela est admissible, mais cela ne signifie nullement qu'un lit invariable et unique est imposé
au fleuve des découvertes, des inventions, des initiatives
réussies, de sa source sauvage à son embouchure ultra-civi-
lisée. Et c'est là cependant ce qu'il faudrait prouver pour
être autorisé à poser une formule unique d'évolution juridique.

Pendant longtemps on a cru que les inventions relatives
d'abord à la chasse ou à la pêche, en second lieu à la domestication des animaux, enfin à la domestication des plantes se
suivaient dans un ordre invariable. Chasseur ou pêcheur, pas-
teur, agriculteur : l'homme avait dû passer universellement
et nécessairement par ces trois phases, suivant l'opinion de
tous. C'était là l'exemple le plus net et le plus solide qu'on
pût citer d'une série fatale d'inventions. Le malheur est qu'il
a fallu y renoncer. Nous savons que les chasseurs Peaux-
Rouges avaient commencé, avant même l'arrivée des Européens, à être agriculteurs, sans avoir jamais cependant traversé l'état pastoral. Ils n'avaient d'autre animal domestique
que le chien, leur allié pour la chasse. En Amérique, cependant, les espèces animales, susceptibles d'apprivoisement ne

manquaient pas. Pourquoi, donc, sur ce continent, y a-t-il
eu si peu, peut-être pas, de peuples pasteurs ? Et pourquoi,
au contraire, en Asie et en Afrique, le régime pastoral a-t-il
régné et règne-t-il encore ? L'importance capitale de l'accident historique, de l'originalité individuelle, en fait d'inventions, se montre ici clairement. Les Polynésiens n'ont pas
connu non plus l'état pastoral ; ils pêchaient et faisaient un
peu d'agriculture. Ils ne connaissaient aucun animal domestique. — Fût-il vrai d'ailleurs que les trois phases en questions s'enchaînent comme on le supposait jadis, il y aurait à
tenir grand compte des dissemblances que présente chacune
d'elles suivant les circonstances accidentelles ou les inspirations différentes du génie humain. Le communisme se restreint ou s'étend, et toujours se modifie, chez les peuplades
sauvages ou barbares, d'après la nature de leur pêche ou de
leur chasse, qui favorise plus ou moins l'esprit d'association [1]. Les chasseurs de buffles, de bisons, d'éléphants ont
dû s'associer plus souvent et autrement que les chasseurs de
daims ou de lièvres ; les pêcheurs de baleine plus souvent et
autrement que les pêcheurs de carpes. Les armes à feu ont
permis au chasseur de fauves l'isolement, que l'arc ou la
fronde lui défendaient. L'agriculture peut être plus ou moins
extensive ou intensive, ce qui influe beaucoup sur l'esprit
d'association entre agriculteurs. Mais il ne suffit pas que le
besoin de la production intense sur un moindre espace soit
senti pour que les procédés de fumure qui la rendent seuls
possible soient imaginés. Il y faut une initiative individuelle,
secondée par les circonstances. Car l'idée de semer tous les
deux ou trois ans, du blé, grâce à l'engrais animal, dans un
champ qui jusque-là avait eu l'habitude séculaire de se reposer seize ans, vingt ans, vingt-cinq ans parfois, après une

---

1. En général, la chasse est liée au communisme. Il en est ainsi,
même dans nos nations civilisées, où les territoires de chasse sont jouis
indivisément par les chasseurs, le plus souvent réunis en bandes. Ce
communisme-là est tellement inévitable qu'on ne prend pas la peine de
le remarquer. Mais, s'il est insignifiant, pourquoi celui des sauvages
aurait-il plus de signification ?

seule récolte précédée d'un simple jet de cendres, cette idée
si simple aujourd'hui a dû paraître en son temps d'une har-
diesse extraordinaire, et je ne sais comment on peut s'obs-
tiner à taxer de *misonéisme* les peuples qui l'ont adoptée.

Mais, si l'idée d'un déroulement prédéterminé d'inventions
est chimérique, il y a en revanche, bien réellement, des similitudes spontanées d'inventions, et il faut leur faire une
certaine part dans les coïncidences constatées entre sociétés
qui ne se sont jamais rien emprunté. Un certain nombre
d'institutions très semblables ont été imaginées spontanément, sans nulle imitation, par des initiateurs différents, en
divers temps et divers lieux, parce qu'elles sont les seules
solutions possibles, simples et aisées à concevoir, de problèmes posés d'eux-mêmes par les besoins naturels de
l'homme. Par exemple, étant posé le problème urgent de
savoir qui cultivera la terre pour nourrir la population, plusieurs solutions seulement pourront s'offrir : 1° forcer les
femmes à ce travail ; 2° ou bien, épargner la vie aux prisonniers de guerre et les réduire en esclavage ; 3° ou bien, cultivateur libre, se faire aider davantage par les bestiaux ou les
forces naturelles assujetties. Or, toutes ces solutions ont été
essayées et réalisées, mais non pas nécessairement dans
l'ordre ci-dessus. La plus répandue dans le monde antique a
été la seconde, la culture servile ; et, comme on voit fleurir
l'esclavage chez les Aztèques qui n'ont jamais eu de communication avec l'antiquité gréco-romaine, ainsi que parmi des
nègres africains, qui ne l'ont probablement pas connue non
plus, on doit penser que leur ressemblance à cet égard n'a
point l'imitation pour cause.

Une fois l'esclavage établi, un autre problème se présente :
quelle est la meilleure manière d'utiliser le travail de l'esclave ? Or, le maître peut, pour la culture de ses biens,
soit faire travailler ses esclaves en troupe sur toute l'étendue
de son domaine, soit les disperser sur sa propriété et affecter
à chacun d'eux un lot spécial dont il aura les profits sous
des conditions spéciales. Le maître romain avait d'abord

adopté exclusivement le premier procédé ; mais le maître
gallo-romain donna la préférence au second, qui, en grandissant et se spécifiant, est devenu le servage. C'est une solution très facile à découvrir ; et, dès qu'elle a apparu
quelque part, où elle offre des avantages, un courant d'engouement ne tarde pas à s'en emparer. Ainsi s'explique le
fait que le servage a existé, non seulement au moyen âge
chrétien, mais, antérieurement aux invasions, chez les Germains, et, plus anciennement encore, en Grèce. « Les ilotes
de Sparte, les pénestes de la Thessalie, les clérotes de la
Crète, peut-être les thètes de l'Attique, avaient été des serfs
de la glèbe. » (Fustel de Coulanges.) Les anciens Romains
ignoraient cette forme spéciale de la tenure servile. Quand
elle s'est présentée à eux, fort tard, y a-t-il lieu d'admettre
qu'ils l'ont copiée ? Ce n'est pas nécessaire, vu la simplicité
de l'idée : elle s'est produite, dit fort bien l'auteur que nous
venons de citer, « d'abord sur un domaine, puis sur un
autre, et peu à peu sur tous [1] ».

Pour revenir une dernière fois au collectivisme, demandons-nous si, d'après les principes exposés, il a dû précéder
la propriété individuelle. Nullement. De tout temps il y a
eu et il a dû y avoir, — cela est reconnu, — des choses ap-
propriées individuellement, armes, meubles, vêtements, outils. Mais est-il certain ou probable que la proportion de
celles-ci relativement aux autres, a été en diminuant sans
cesse, et qu'à présent elle est inférieure à ce qu'elle était, à
l'âge de la pierre éclatée ou polie ? Je n'en vois pas la
moindre preuve. J'accorde seulement que la propriété collective du sol a dû être plus générale et plus étendue qu'à
présent à une époque où le sol n'était guère susceptible que

---

1. En fait de similitudes sans imitation, on peut citer encore la ressemblance des procédés pécuniaires employés par la Restauration française pour mettre fin aux revendications des émigrés ruinés par la
Révolution, avec les mesures prises en cas pareil « à Ephèse et dans
toute l'Asie après la conquête de Mithridate ». (Dareste, *Hist. du Droit*,
p. 49.)

d'une jouissance en commun [1]. Mais à ces époques-là, en revanche, la propriété collective des choses mobilières n'était pas même imaginable, et de nos jours, c'est sous cette forme surtout que le collectivisme gagne du terrain, par les Compagnies de chemin de fer, par les Sociétés industrielles ou commerciales quelconques ; c'est sous cette forme surtout qu'il espère régner un jour par l'expropriation du satanique capital et sa nationalisation. Je vois bien aussi que l'élargissement du champ social, en diminuant l'insécurité primitive de l'industrie, lui a permis de satisfaire plus largement son penchant inné à la propriété libre et divisée, pendant que les progrès de l'agriculture intensive rendaient la culture indivise plus impraticable. Mais, d'autre part, il a permis aussi des associations de propriétaires plus vastes et plus fortes. En outre, il a affaibli le sentiment du droit de propriété. A la propriété exclusive, inaliénable, perpétuellement fixe, du groupe familial ou villageois, le perfectionnement agricole a peu à peu substitué la propriété exclusive aussi, mais aliénable et mobile, de l'individu. Pendant ce changement, le culte de la propriété a grandement perdu de sa force ; il a abdiqué son caractère absolu et sacré et revêtu une relativité qui seule a permis au scepticisme de le battre en brèche.

La seule question est de savoir si les conditions favorables à la propriété indivise sont en voie d'augmentation ou de diminution, ou si, après avoir disparu, ou semblé disparaître, elles ne tendraient pas à reparaître transformées. Nous pouvons tenir pour assuré que le communisme fami-

1. D'ailleurs, il est avéré qu'elle a toujours coexisté avec la propriété individuelle d'une partie du sol. Aussi haut qu'on remonte, on voit la *marke* germanique, l'*allmend* suisse, etc., remplir une fonction spéciale, analogue à celle de nos *communaux*, seulement plus étendue et plus importante. — Cependant il est bon d'ajouter que la propriété collective a pu et dû être souvent la forme primitive de la souveraineté nationale, c'est-à-dire communale. Cela devait être quand les idées de propriété et de souveraineté étaient confondues. Il est naturel de penser qu'alors, dans l'opinion de tous, une sorte de domaine éminent sur toutes les terres appartenait au clan, à la tribu, à l'État.

lial ou villageois ne renaîtra pas, car l'agrandissement de l'horizon social s'y oppose. L'intensité de sentiment qui serrait le faisceau des parents ou des voisins aux anciens âges s'alimentait surtout de leur isolement dans un milieu hostile. Il fallait s'aimer très fort et très fort haïr l'étranger pour vivre cette vie incommode. A présent, s'il fallait aimer à ce degré tous ses co-associés ou même haïr à ce point tous les autres hommes pour que le rêve de nos communistes actuels fût réalisable, on pourrait les renvoyer à l'*Utopie* de Thomas Morus. A mesure, en effet, que s'élargissait le cercle social, le sentiment de la confraternité perdait en intensité ce qu'il gagnait en étendue. Mais le collectivisme nouveau est beaucoup moins sentimental, parce qu'il n'a pas besoin de l'être. Réfléchissons, en effet, aux autres changements qu'a produits la cause indiquée. Elle a eu, notamment, cette conséquence, que la distinction très nette établie à l'origine entre le *prix pour le frère* et le *prix pour l'étranger*, le premier fixé par la coutume, le second par la concurrence seule, a été s'atténuant et s'effaçant par degrés. Il s'en suit, corollaire important, que le nombre des acquéreurs ou des locataires possibles, acceptables juridiquement, des biens immeubles, n'ayant cessé de s'accroître, les prix de ferme ou de vente ont été de moins en moins fraternels, coutumiers, justes, de plus en plus débattus et acceptés de force. De là une réaction qui n'a pu manquer de se produire contre ce qu'on a appelé une exploitation du faible par le fort, de la majorité par la minorité. Et, quand la majorité, devenue puissance à son tour, voudra réformer, à tort ou à raison, cet état de choses elle se trouvera conduite à *socialiser* de nouveau des sources de richesses, même immobilières, qu'un long progrès antérieur avait individualisées [1]. Rappe-

1. Je ne dis pas que je le souhaite. Voici pourquoi. J'appréhende fort la manière dont cette révolution s'opèrerait, suivant toutes vraisemblances. Il est certain que la terre est monopolisée par les propriétaires ; mais ce monopole, tant que la propriété individuelle est dominante, se neutralise presque en se fractionnant. Si le collectivisme s'établissait, on verrait ce monopole se concentrer simplement entre les

lons nous enfin une considération précédente et appliquons-la. Puisque chaque flot d'inventions industrielles a été suivi, à la longue, dans le passé, de quelque nouveau mode d'appropriation, de quelque modification au régime de la propriété, il serait bien surprenant qu'à la suite de notre siècle inventif, si fertile en rénovations de l'industrie agricole, comme de toutes les autres, la conception du droit de propriété ne subît pas un remaniement assez profond.

— Un mot sur la prescription. « La durée requise pour que la possession se transforme en prescription, dit M. Viollet, est beaucoup plus courte chez les peuples jeunes que chez les nations avancées en civilisation. » Elle se prolonge à mesure que la nation se civilise. Chez les Germains, avant l'introduction des idées romaines parmi eux, elle était d'un an. Chez les Romains eux-mêmes, au début de leur carrière historique, elle était de un et deux ans ; plus tard apparaissent des prescriptions de dix ans, de vingt, de trente, de quarante ans ; et ce sont ces dernières qui finissent par triompher. Pourquoi cela ? Je n'en veux pas chercher toutes les causes, mais n'est-il pas évident que l'une des princi-

mains de quelques politiciens, qui finiraient par exploiter tout le sol à leur profit. En réalité, la terre est et sera toujours monopolisée ; et le seul remède ou le seul palliatif à cet inconvénient est le morcellement des propriétés, qu'il est bon de favoriser aussi bien que les associations libres de propriétaires pour concilier avec la petite propriété la grande culture. La propriété individuelle est le seul contrepoids efficace qui subsiste encore contre les excès de la centralisation politique et administrative. L'exemple des communautés de villages à Java, si admirées pourtant par Laveleye, permet ces appréhensions. On partage là périodiquement les lots de terre, mais le maire en prélève pour lui seul dix fois plus que ses administrés, et les conseillers municipaux trois fois plus. Ajoutez que les habitants travaillent la terre du maire (p. 66). En somme, le maire est seigneur, et cette soi-disant communauté est une sorte de fief. Et ce cas n'est pas une exception. Chaque fois que M. de Laveleye nous fait pénétrer au cœur d'une de ces ruches phalanstériennes d'aspect idyllique à distance, nous y découvrons quelque chose de pareil. En Germanie, d'après Tacite, chacun des co-partageants prenait une part « proportionnelle à sa dignité ». (V. aussi p. 88, 129, 134, 148, 278, 322, 354, 379, etc. Il y a là de quoi donner un peu à réfléchir.

pales est le progrès de l'art d'écrire et de l'habitude d'écrire
au cours du développement civilisateur? Chez les primitifs,
qui sont illettrés, on ne saurait combattre une possession récente que par la preuve verbale d'une possession plus ancienne, et la nature de cette preuve est de devenir rapidement moins probante et plus dangereuse d'année en année. Mais quand la preuve écrite d'une propriété peut être
fournie, la sécurité et les garanties de vérité qu'elle offre
subsistent à peu près les mêmes pendant de longues années. L'invention ou l'importation et la propagation de l'art
d'écrire ont donc une action indirecte des plus fortes sur
cette évolution historique de la prescription en beaucoup de
pays différents [1].

— Nous ne pouvons finir sans toucher aux successions.
Est-il vrai que « le régime successoral, consacré par les plus
anciens usages de l'humanité soit partout le même » et ait
traversé des phases invariables? Je vois bien, qu'en général,
les filles en sont exclues, ainsi que les ascendants ; — con-
cilie qui pourra avec le matriarcat la première de ces deux
exclusions [2]; mais je vois aussi le Droit naissant, chez divers peuples, hésiter entre la succession collatérale et la
succession directe. Quand un homme meurt, on ne sait trop
si c'est son frère ou son fils qui doit lui succéder. Et comment sort-on de cet embarras? Arrive-t-il toujours que le
droit du descendant soit préféré finalement à celui du frère?
Non [3]. En Arabie, chez les Aztèques, c'est le collatéral qui

---

1. Chez les peuples où la distinction entre les rapports avec les parents et les rapports avec les étrangers a gardé quelque chose de sa
netteté première, la durée de la prescription n'est pas égale à l'égard
de tous. En droit musulman, d'après l'école malékite (voir M. Dareste,
ouvrage cité, p. 61), la prescription est de dix ans entre étrangers et
de quarante ans entre parents.

2. Parfois, à l'inverse de ce qui s'observe généralement, les femmes
sont exclues de la succession après y avoir été admises. Les Kabyles de
l'Algérie, au siècle dernier, ont aboli le droit de succession des femmes,
édicté par le Prophète, et sont revenus, dit M. Dareste, « à l'ancienne
coutume qui ne donne à la femme que des aliments ».

3. M. Viollet, *Histoire des institutions polit.*, p. 246.

l'emporte. « De nos jours encore, dit M. Viollet, en Turquie,
comme autrefois à Kief, le sultan a pour successeur, non
son fils, mais son frère ou son oncle. » Le fleuve de l'évolution a donc ses deltas, ses bifurcations fortuites. — Autre
exemple. — Au début, chez les barbares, l'élection et l'hérédité se partagent confusément la dévolution du pouvoir
royal. On oscille entre l'un ou l'autre de ces deux principes. Mais auquel des deux se fixe-t-on? Tantôt à l'un,
tantôt à l'autre. Si le principe de l'hérédité a prévalu presque
partout en Europe et de plus en plus à mesure que les mo-
narchies s'enracinaient, le principe de l'élection a exclu son
rival ailleurs, notamment en Pologne, par suite du développement même de la royauté.

Dira-t-on, par hasard, que le droit d'aînesse a été une
phase universelle et nécessaire du régime successoral? Mais
il était inconnu à Rome et à Athènes[1]; et je crois que
M. Fustel de Coulanges lui-même eût été bien embarrassé
pour en trouver le germe dans les institutions de l'empire
romain. Le monde sémitique l'ignorait aussi. Ce qui a contribué à le propager, c'est l'exemple des classes supérieures,
où il s'est implanté d'abord. Aujourd'hui pratiqué par toutes
les classes du peuple anglais, il a commencé par être le privilège de la noblesse. — L'opposé du droit d'aînesse, le droit
du *juveigneur*, a existé chez les Germains, chez les Celtes,
chez les Tartares nomades et d'autres peuples.

C'est surtout à propos de successions que le naturalisme
juridique a cru pouvoir se donner carrière. M. d'Aguanno
consacre huit ou dix pages de texte serré à l'hérédité physiologique, à la fissiparité, à la gemmiparité, à la génération
alternante, à la pangenèse de Darwin, à la périgenèse de
Hœckel, le tout pour justifier de la sorte le droit à l'héritage.

1. Dans la vieille Égypte, « les enfants succédaient à leur père, sans
distinction de sexe, et, en général, par égales portions, sauf un préciput
en faveur de l'aîné » (Dareste). Mais « ce préciput est, à vrai dire, une
indemnité. Il tient à ce que l'aîné des enfants est chargé de représenter
la succession tant qu'elle reste indivise, et de faire le partage entre tous
les ayants-droit ».

Voici son raisonnement : s'il est démontré que les vertus, les vices, les maladies, les caractères quelconques se transmettent héréditairement, il est prouvé que les biens doivent se transmettre de la même manière [1]. Ailleurs, par une raison biologique qui me paraît meilleure, il tâche de montrer que le droit de succession et le droit de propriété sont, au fond, identiques. Mais, avec des arguments de ce genre où n'irait-on pas ? Sous prétexte que l'enfant est la continuation physiologique de ses parents, vu « la continuité du plasma germinatif », d'après le Dr Weissmann, on rendrait le fils responsable de tous les engagements et de toutes les fautes du père. Les sociétés primitives, je le reconnais, bien avant toute illumination anthropologique, ont édité cette solidarité familiale. Mais je croyais que le progrès humain consistait à rompre ce faisceau naturel pour permettre à ses éléments disjoints la formation d'associations vraiment sociales par leur origine et leur but. — En somme, la nécessité des études biologiques est mal comprise par les sociologues naturalistes. Il est nécessaire de connaître la nature physiologique de l'homme, non pas afin de plier servilement aux exigences de son organisme ses institutions sociales, mais afin d'employer cette connaissance à la réalisation des fins sociales, des desseins collectifs, chimériques même parfois, des plans de réorganisations nationale ou humanitaire, que le contact des esprits associés a seul pu faire jaillir de l'un d'eux et répandre dans les autres. Nées des fonctions vitales, les fonctions sociales ne s'y asservissent d'abord que pour s'en affranchir et les subjuguer à leur tour [2]. L'homme social aurait beau connaître la science encyclopédique, son vouloir et, par suite,

1. Quant à demander aux considérations de cet ordre le choix à faire entre les multiples régimes successoraux, inutile d'y penser, bien entendu.
2. J'évite avec soin le mot d'*adaptation*, dont on abuse, parce qu'il est équivoque. Dire que les fonctions sociales s'*adaptent* aux fonctions vitales, cela peut signifier indifféremment qu'elles se soumettent à celle-ci ou qu'elles les soumettent à elles-mêmes.

son devoir, resteraient dans une large mesure, dans une mesure toujours croissante, indépendants de son savoir. Et malgré son omniscience, sa morale pourrait n'être pas plus affermie. Que faire? se demanderait encore, et plus anxieusement que jamais, cet esprit qui saurait tout. Je dis plus anxieusement que jamais, parce qu'il aurait perdu, en l'assouvissant, son ambition la plus élevée, celle de connaître. L'univers tout entier ne présente à la Volonté spectatrice qu'un immense champ de moyens; c'est à elle de créer son but. Elle le crée non en regardant le ciel ni la terre, mais en s'écoutant elle-même, en pénétrant l'énigme profonde de son originalité innée et unique, déployée socialement par la lutte et l'amour, et d'où éclosent les inspirations ambitieuses ou généreuses, despotiques ou héroïques, du fond du cœur.

CHAPITRE V

OBLIGATIONS.

I

Après les développements qui précèdent, ce que nous avons à dire sur les Obligations peut se deviner déjà; mais un sujet si intéressant mérite qu'on s'y arrête. Voici quel a été ici, selon M. d'Aguanno, le point de départ de l'évolution. « Dans une première période, le groupe humain agit comme un seul tout; et, de même qu'on ne conçoit point alors la propriété privée et que la notion de personnalité et de liberté est extrêmement faible, pareillement les rapports d'obligation n'ont lieu qu'entre groupe et groupe et se réduisent à des échanges d'objets matériels. » Cette manière de voir, qui paraît si naturelle et qui est si fausse, est inspirée par l'erreur fondamentale qui a vicié, nous le savons, l'histoire de la pénalité. On fait partir du *troc international* l'histoire de l'obligation, en vertu du même point de vue qui fait partir de la vengeance, exercée de tribu à tribu, de famille à famille, l'histoire de la peine. En ayant égard, au contraire, aux relations intérieures d'homme à homme dans le groupe primitif, on s'aperçoit que le châtiment, tel que nous le connaissons, y était connu. De même, si l'on veut bien songer que les membres de la famille antique, malgré leur étroite solidarité, ou plutôt à raison de leurs liens fraternels, contractaient nécessairement ensemble, se prêtaient

souvent leurs outils et leurs armes, s'échangeaient leurs trou-
peaux, leurs proies, leurs peaux de bêtes, leurs grottes
peut-être, on reconnaîtra qu'ils n'ont pu ne pas posséder,
pour leur usage interne, une notion des obligations autrement riche et complexe qu'on ne l'imagine d'après la considération exclusive de leurs rapports avec les étrangers.

Il est donc infiniment probable qu'aucun des quatre contrats romains, — *do ut des, do ut facias, facio ut des, facio
ut facias,* — n'était ignoré au sein de la plus ancienne corporation domestique. Soyons même sûrs que l'analogue de
nos ventes à crédit, c'est-à-dire l'échange à crédit, a dû y
être pratiqué, et d'autant plus pratiqué que l'esprit d'union
y était plus fort. De quel droit supposer, avec le savant professeur italien, que l'échange des objets matériels a seul été
conçu par les primitifs, et qu'on n'a jamais, jusqu'à des
époques assez avancées de la civilisation, échangé un objet
contre un service ou des services entre eux? Je comprends
cette hypothèse, si l'on veut à toute force ne considérer que
les relations externes des sauvages ou des barbares; j'ajoute
même que l'observation s'applique aussi bien au commerce
extérieur des nations les plus civilisées. Ce grand négoce,
quand il apparaît pour la première fois entre deux peuples
qui auparavant n'avaient pas de relations commerciales, par
exemple, entre l'Angleterre et le Japon au cours de ce siècle,
commence par n'être qu'un *troc*, un échange de marchandises contre des marchandises, comme devaient l'être les
premiers rapports commerciaux entre deux sauvages de tribus différentes. En outre, il consiste, comme ceux-ci, en un
très petit nombre d'opérations; et, en ce sens, mais seulement en ce sens, en ne tenant compte que des relations
extérieures, il est exact de dire que les contrats étaient
presque inconnus à l'origine. Il n'est pas moins exact d'ajouter, toujours à ce même point de vue incomplet, que, exclusivement *réels* au début, ces contrats sont devenus de plus
en plus *consensuels* et en même temps de plus en plus nombreux. A mesure que se développe le commerce maritime

entre deux nations, leur méfiance mutuelle se dissipe, et
elles courent plus hardiment le risque de traiter à crédit.
— Ainsi, il y a une vérité partielle et relative dans l'idée de
Sumner-Maine sur l'absence primitive de contrats, et dans
cette assertion de M. Dareste, que « les contrats réels ont
précédé partout les contrats consensuels ». Mais est-ce à dire
que, dans l'intérieur du cercle social, variable à chaque
époque et sans cesse élargi, dans l'enceinte de la famille, du
clan, de la caste, de la cité, de la patrie, les conventions
aient jamais été rares et que le simple consentement ait jamais été impuissant à les sceller sous l'empire de l'habituelle confiance et sous l'autorité du père de famille, du
chef, du seigneur, du roi? On est exposé, si l'on n'y
songe, à prendre ici pour deux phases successives du Droit
deux branches différentes et toujours coexistantes du tronc
juridique.

La grande, l'incontestable loi historique, c'est, je le répète, la tendance du cercle magique dont je viens de parler,
à s'élargir incessamment, et c'est aussi la réalisation progressive de cette tendance aussi longtemps qu'il ne survient
pas de catastrophe où s'engouffre une société. Ce progrès,
qui, nous le savons, est dû à l'activité continue de l'imitation sous ses mille formes, est la cause principale des transformations accomplies dans la manière de comprendre et de
pratiquer le Droit relatif aux Obligations. Une autre cause,
c'est l'activité intermittente de l'invention, qui a eu pour
effet de faire naître ou de faire disparaître bien des espèces
particulières de contrats ou d'obligations non contractuelles,
bien des modes de preuves ou d'exécutions. Le louage des
terres n'est devenu concevable qu'après les inventions agricoles ; le louage des maisons, qu'après les inventions architecturales. On ne loue pas une tente. Le prêt à intérêt suppose l'invention de la monnaie et de toutes les industries
qui ont donné de l'importance au capital monétaire Le contrat d'hommage féodal a disparu peu à peu, remplacé par les
mille contrats nouveaux, et incompatibles avec lui, que

notre inventive civilisation moderne a suscités. L'invention
de l'écriture a suggéré la preuve par écrit, le notariat, l'enregistrement (dont nous sommes *redevables* aux Athéniens,
paraît-il). Elle a refoulé et fait évanouir la preuve par serment ou par co-jureurs. L'invention de l'Imprimerie nous a
valu les annonces judiciaires. Celle de la poste et des chemins de fer nous vaudra peut-être le remplacement des
huissiers, comme agents d'exécutions, par les facteurs. Celle
de la photographie nous vaut déjà la foi attachée à la reproduction photographique d'actes dont la minute est perdue,
etc. — Si l'on a égard à ces deux ordres de considérations,
intimement entremêlées, on s'explique sans peine les caractères que les obligations ont successivement revêtus et
que les historiens du Droit ont eu la sagacité de découvrir.
Mais parlons d'abord des obligations conventionnelles seulement, des contrats.

II

Toujours et partout, quand deux hommes se sont engagés
l'un envers l'autre, soit concitoyens, soit étrangers, ils ont
prévu la violation possible de leurs engagements, et se sont
plus ou moins prémunis contre cette éventualité. Mais la
nature et la rigueur des précautions prises ont différé,
d'une part, suivant que le contrat était conclu avec un con-
citoyen ou avec un étranger, quoique cette différence ait été
s'atténuant à mesure que se reculait la limite du groupe social ; car, en s'élargissant, ce rempart s'abaisse. Et, d'autre
part, elles ont changé à chaque degré nouveau de cet élargissement progressif. Au fond, la seule garantie vraie, c'est
l'appui moral ou matériel, probable ou assuré, des co-associés sous les yeux desquels les contractants s'engagent. Tant
que l'on ne songe pas à contracter en dehors des murs cré-
nelés du logis familial, cet appui est certain ; et l'assurance

en est obtenue immédiatement par l'adhésion spontanée que donne aux conventions un public de parents, qui s'en souviendra longtemps sans nul écrit. Mais quand la fédération des familles dans le bourg, des bourgs dans la cité, des cités dans l'Etat, accroît par degrés ce public, il devient de plus en plus difficile de l'avoir tout entier pour témoin et pour garant. On cherche et on imagine[1] des moyens variés de prouver l'obligation d'autrui en cas de dénégation, et de la faire exécuter en cas de mauvais vouloir. C'est toujours grâce à quelqu'un de ces procédés nouveaux qu'un genre de contrat, précédemment enfermé dans l'enclos de la famille, ou du clan, ou de la corporation citadine, se hasarde à en sortir et s'efforce de s'acclimater au dehors.

Quand le prêt de consommation, le prêt à usage, le prêt en général, ont essayé de faire ainsi leurs débuts dans le monde, leurs premiers pas ont dû être facilités par l'idée du gage, ou plus tard par celle des intérêts usuraires. Le prêt pur et simple, sans gage, sans intérêts, est assurément très usité chez les primitifs, mais seulement entre gens de la même tribu ou de la même caste, comme il l'est encore dans nos campagnes où, entre voisins, entre cousins, tous les ustensiles de ménage s'empruntent quotidiennement. Soyons sûrs que dans Rome primitive il en était de même, et que les membres de chaque *gens* se prêtaient gratis toutes sortes d'objets. Mais, en revanche, quand on prêtait hors de sa *gens*, quand le patricien prêtait au plébéien, l'usure sévissait, inhumaine et féroce, à la Shylock. Le cours de la civilisation a eu pour effet d'adoucir ce contraste. Il a, d'une part, raréfié les prêts gratuits et généralisé le prêt à intérêts ; d'autre part, abaissé et nivelé le taux de l'intérêt, sous l'influence de causes complexes, il est vrai, mais en partie par suite d'une réprobation croissante attachée à l'exploitation d'hommes devenus ou reconnus nos semblables. Même de nos jours,

---

1. Ici vient s'ajouter l'influence directe de l'invention à son influence indirecte.

cependant, les Européens se permettent, dans leurs colonies, de rançonner sans miséricorde leurs débiteurs indigènes. Dans l'Inde brahmanique, « entre personnes de même caste, dit M. Dareste, les intérêts ne pouvaient pas dépasser le capital ; entre personnes de castes différentes, le capital peut se trouver multiplié par 3, par 4, ou par 8 ». Beaucoup de législations antiques, celles de l'Islande et de la Norvège entre autres, de même que la plus ancienne législation romaine, autorisent le créancier à poursuivre avec une impitoyable rigueur le recouvrement de sa créance : le débiteur insolvable est réduit en esclavage pour être contraint à travailler, et, s'il ne travaille pas, son maître peut le tuer ou le mutiler. Mais il s'agit là, n'en doutons pas, de rapports entre personnes appartenant à des familles ou à des *gentes* différentes. Si la loi antique ne parle pas des relations entre co-associés, c'est par la même raison qui fait qu'elle ne dit rien non plus du parricide parfois, ni même de l'adultère ; comme les crimes domesiques, les contrats domestiques ne la regardaient pas. Certes, jamais des parents, des alliés, des fidèles d'une même confrérie, n'auraient osé se traiter de la sorte.

Une des plus anciennes garanties imaginées pour l'exécution des contrats extérieurs a été de faire peser sur tous les nationaux une responsabilité collective. Par exemple, au moyen-âge, quand un marchand florentin manquait de parole à un lyonnais, celui-ci saisissait à Lyon les marchandises de n'importe quel autre marchand de Florence. C'est là une sorte de vendetta commerciale exercée sur les biens. Le gage, garantie analogue, était une sorte d'otage commercial. A ces précautions s'ajoutait celle d'exiger le serment. Plus que tout autre progrès, le progrès des croyances religieuses a favorisé l'extension du sentiment fraternel et, par suite, l'expansion des contrats hors de leur berceau étroit. Le serment était un sacrement. Le violateur polythéiste de la foie jurée redoutait la foudre de Jupiter. Combien l'Arabe serait plus fourbe encore et plus irrespectueux de sa parole, avec l'étranger, sans les préceptes moraux de Coran! Est-il

bien sûr que l'habitude de respecter les engagements aurait
jamais pris racine dans l'humanité, si l'on n'avait eu l'idée
un jour de s'engager devant les fétiches de la famille ou de
la tribu, devant l'autel des Dieux, la tombe des marabouts,
les reliques des saints?

Autre précaution : l'usage des cautions, des co-obligés solidaires, d'autant plus général que l'on remonte plus haut
dans le passé. C'étaient des parents le plus souvent. On a vu
là, et probablement avec raison, un reste de l'antique solidarité familiale; mais cela même prouve qu'il s'agit de contrats avec les étrangers, car on ne pouvait être complètement
rassuré dans ce cas que par la participation de tous les
membres de deux familles à l'engagement de chacun d'eux.
Mais dans les rapports intérieurs des parents, dans leurs engagements mutuels, cette exigence eût été inutile et même
absurde. Comment le corps entier de la même famille aurait-il pu se rendre solidaire à la fois des obligations consen-
ties par Pierre envers Paul et par Paul envers Pierre ? — A
cet usage se rattache une particularité du Droit grec primitif,
qu'on retrouve aussi dans le Droit égyptien et le Droit persan : « pour qu'il y eût contrat obligatoire, dit M. Dareste, il
ne suffisait pas de l'accord de deux volontés, il fallait, en
général, qu'un tiers intervînt et se portât caution. » De là
cette singularité apparente que, dans les contrats de vente
grecs — on en a découvert un grand nombre à Delphes —,
l'assurance contre l'éviction est promise non par le vendeur
lui-même, mais par un garant appelé *provendeur.* C'était là
une espèce d'*exécuteur contractuel,* comme nous avons encore des exécuteurs testamentaires.

Il est à croire que les premières ventes à des étrangers
ont dû être faites au comptant. Puis, quand on s'est mis à
se moins méfier d'eux, on n'a pas eu tout de suite l'idée des
ventes à crédit — qui, d ailleurs, devaient se pratiquer depuis des siècles dans le groupe social, puisqu'on avait là
l'habitude du prêt qui suppose autant de confiance. — La
transition du comptant au crédit a dû, dans ces rapports

externes, s'opérer par le paiement immédiat, non de la totalité, mais d'une fraction, d'abord considérable, ensuite minime, du prix. De là sans doute, l'usage des *arrhes*. Les arrhes, cependant, peuvent avoir eu, parfois, dès l'origine, et à coup sûr elles ont acquis plus tard une autre signification. Remarquons que, souvent, elles sont non un à-compte payé sur le prix, mais une sorte de pourboire du marché, le paiement de la petite fête d'auberge qui est destinée à le rendre public; quelque chose comme nos droits d'enregistrement. Elles font partie de ces cérémonies qui accompagnent le contrat de vente ancien, et où il n'est permis de voir que des moyens de donner à la transmission de propriété toute la publicité possible. Car les moyens varient, mais le but reste le même; quand ces formalités bizarres ont disparu, elles sont remplacées; et si l'on dit maintenant, en principe, que la vente est parfaite par le seul consentement, on l'assujettit, en fait, à la formalité nouvelle, et plus coûteuse, de la transcription, sans laquelle elle n'est point opposable aux tiers : à la fin comme au début de son évolution, le contrat de vente est essentiellement formaliste. Comme à-compte même, les arrhes sont un signe symbolique tellement naturel qu'il a bien pu être spontané dès le début. Elles symbolisent la tradition future du prix au même titre que la remise d'une motte de terre ou d'une touffe d'herbe symbolise la tradition actuelle ou future du champ ou du pré vendu. Prendre la partie pour le tout, ou plutôt exprimer le tout par la partie, c'est ce qu'en rhétorique on appelle une *figure*; et cette figure-là a cours spontanément aussi bien en mythologie, en politique, en poésie, qu'en Droit. De même qu'on dit *cent voiles* pour *cent vaisseaux*, ou *dix foyers* pour *dix maisons* ; de même qu'Annibal, après Cannes, envoie au Sénat de Carthage un boisseau d'anneaux d'or pour indiquer le nombre des chevaliers romains tués dans cette glorieuse bataille; de même que le roi personnifie l'Etat et l'ambassadeur la nation et qu'un outrage fait à l'ambassadeur est censé fait à la nation tout entière; de même que

les jeunes filles grecques déposent une mèche de leurs cheveux sur la tombe de leur amie pour simuler le sacrifice
funéraire de leur personne tout entière, et que, de nos
jours encore, chez les Ossètes du Caucase, au lieu d'immoler sur la tombe d'un homme son cheval et sa femme,
on y jette une poignée de cheveux de l'une et des crins
de l'autre; pareillement, l'acheteur primitif, pour montrer
qu'il est disposé à payer le prix de vente tout entier, en
remet au vendeur une portion insignifiante. Mais est-ce à
dire, comme on l'a dit, que partout où nous voyons des
chevelures féminines ou des crins jetés sur un tombeau,
on ait commencé par immoler des femmes ou des chevaux,
et que partout où nous voyons payer des arrhes on ait
commencé par ne vendre qu'au comptant? Ce n'est pas
bien démontré. On a bien dit aussi, sans le prouver davantage, que l'incarnation nationale dans le roi a été partout
précédée du gouvernement populaire direct. Est-il certain
que les figures de rhétorique n'aient rien de primitif [1], et ne
semble-t-il pas qu'elles abondent surtout chez les illettrés,
comme les tropes juridiques dans le Droit ancien? Car le
trope dont je viens de parler n'est pas le seul qui y fleu-
risse : l'*hyperbole,* qui est presque l'inverse du précédent,
n'y sévit-elle pas, en Droit criminel, par l'exagération des
pénalités expressives du talion grossissant? La *métaphore*
n'y a-t-elle pas pour pendant les exécutions par effigie et les
fictions du Droit civil? N'oublions pas que la loi est la poésie
des peuples enfants, qui n'en ont souvent pas d'autre : on la
chante en vers, on l'étudie avec amour, et, au moyen âge
encore, on donne aux recueils de Droit des noms tendres, en
France, en Allemagne, chez les Arabes : le *miroir de Souabe,*
le *miroir de Saxe,* la *fleur de Magdebourg,* la *beauté sou-
riante des collections.* Imagine-t-on des appellations pareilles données aux recueils de Sirey ou de Dalloz ! — Au

---

1. Les plus antiques racines verbales ont été la désignation d'un objet
ou d'une action par l'un de ses caractères entre mille, l'expression du
tout par la partie.

surplus, je ne hasarde ces considérations qu'à titre de conjectures ; puisqu'aussi bien force interprétations mythologiques ou autres — qu'elles sont de nature à ruiner, j'en conviens, — ne paraissent pas reposer sur des preuves beaucoup plus solides.

J'ajoute que je suis loin de contester, dans beaucoup de cas, la légitimité des inductions dont je combats seulement la généralisation abusive. Il s'opère, dans la vie du Droit, à cet égard, un phénomène analogue à celui que nous observons dans la vie du langage, de la religion, de l'industrie, de l'art, et qui se rattache à la poursuite universelle et constante d'un maximum d'utilité par un minimum d'effort. Ce but ne s'obtient souvent que par le passage du tout à la partie et de la chose signifiée au signe. A ce point de vue, il y aurait intérêt à rapprocher : 1° ce que les philologues appellent la loi de l'*adoucissement phonétique*, la tendance paresseuse à contracter et abréger les mots usuels, réduits à une faible partie d'eux-mêmes, qui devient, pour ainsi dire, le symbole du tout ; 2° l'abréviation de l'*écriture*, non moins démontrée, l'écriture hiéroglyphique devenant peu à peu l'écriture démotique, plus rapide et plus aisée ; 3° l'*adoucissement des rites*, notamment des sacrifices, les victimes humaines étant remplacées par des immolations d'animaux, réelles d'abord, puis simulées, et enfin par des offrandes végétales ; 4° les perfectionnements de l'industrie, dans le même sens ; 5° enfin, l'adoucissement des pénalités et aussi des procédures, en dépit de leur multiplication : le talion se faisant remplacer à la longue par la composition pécuniaire ; les châtiments atroces de l'ancien régime se mitigeant par degrés jusqu'à nos confortables prisons ; les antiques formes, si gênantes et si fatigantes, de la tradition des choses vendues, se simplifiant graduellement au point de devenir la « simple paumée, le concours de deux mains qui se joignent, l'une pour donner, l'autre pour recevoir ». (Dareste.) — De telles analogies sont trop naturelles, et s'expliquent trop aisément, pour qu'il soit utile de s'y arrêter davantage.

L'usage des arrhes se lie étroitement à la faculté de se dédire, qui est si habituelle en Droit ancien, et si caractéristique. On est surpris de voir les anciennes législations de
l'Orient, sans parler des nôtres, en particulier le Droit musulman, regarder la vente, la donation, le prêt à usage, la
société, le mandat, le dépôt, le mariage même parfois,
comme des contrats essentiellement révocables au gré de
l'une des parties et malgré l'autre, dans un certain délai qui
a été s'abrégeant au cours du progrès législatif. D'après le
code de Manou, le vendeur a dix jours, ainsi que l'acheteur,
pour se repentir et se dégager ; le Code brahmanique de
Narada, postérieur, ne leur donne plus qu'un ou deux jours.
On a trop vite induit de là que l'idée du contrat irrévocable
manque absolument aux primitifs, et qu'à leurs yeux la volonté peut toujours défaire ce qu'elle a fait, l'engagement.
C'est oublier le caractère sacré qu'ils attachent à leurs conventions conformes aux coutumes traditionnelles et conclues
avec des compatriotes. Sans doute les enfants aiment fort à
se délier quand leur caprice a changé, et il change souvent ;
mais comme ils ne prévoient rien, pas même le changement
de leur caprice, ils aiment fort à se lier irrévocablement. Les
peuples enfants sont de même. L'idée de se réserver l'avenir, de prévoir, exceptionnellement, que le vent de leur
désir changera de direction, n'a pu leur venir d'abord que
dans leurs rapports avec des étrangers, dans des conditions
de libre concurrence et de mutuelle tromperie où la coutume, la commune protectrice de tous, n'intervient pas. Là,
on cherche à se tendre un piège l'un à l'autre, et on le sait :
il est donc naturel de garder une porte de sortie pour échapper à un adversaire rusé. Aussi, est-ce là, je pense, que la
faculté de se dédire à dû naître, sauf à se généraliser ensuite. Pour la bien comprendre, ne faut-il pas la rapprocher
de ces multiples échappatoires que les antiques législations
ont procurées aux contractants en faisant la longue énumé-
ration des vices du consentement ? Non seulement la folie,
la contrainte, l'ivresse, l'erreur, sont des causes de nullité

en Droit musulman [1], mais encore la faiblesse de mémoire, la maladie, etc., et même le *voyage*. Imaginée par un peuple nomade, cette dernière condition d'invalidité a l'air d'une mauvaise plaisanterie ; mais elle montre qu'il s'agit, dans la pensée du législateur, d'atteindre surtout les engagements contractés avec d'autres tribus, car c'est en voyageant qu'on les noue. Ces primitifs ont pour leurs contrats de ce genre précisément le respect douteux que nous portons à nos traités avec des puissances étrangères.

III

Arrivons aux obligations qui se forment sans contrat. On a beaucoup dit et répété que la proportion relative de celles-ci, comparées aux obligations contractuelles, avait été s'amoindrissant incessamment au cours de la civilisation : à l'origine, il n'y aurait eu qu'elles, et nous marchons vers un avenir où les autres seraient seules reconnues. Est-ce vrai ? J'entends bien dire de toutes parts que nul n'est engagé sans l'avoir voulu, que la reconnaissance de cette vérité est l'une des conquêtes de l'esprit moderne, et que, sans l'hypothèse d'un contrat social implicite ou explicite, l'état social s'effondrerait comme le monde des Hindous sans l'éléphant imaginaire qui le soutient. Mais, en même temps, on me dit que je dois obéissance à une foule de lois que je n'aurais jamais votées, à une foule de décrets que je n'aurais jamais signés ; et· je me demande si le sauvage tyrannisé, nous dit-on, par les prescriptions rituelles de sa coutume, astreint au tatouage, aux vendettas héréditaires, au culte de son fétiche, à des usages transmis de père en fils, comme sa langue, et pratiqués comme elle est parlée, c'est-à-dire facilement toujours, est plus esclave de la volonté d'autrui, que ne l'est le

1. Voir l'ouvrage déjà cité de Savvas-Pacha.

plus libre citoyen de nos démocraties, sous le joug appesanti de l'impôt, du service militaire, et sous les innombrables tomes du *Bulletin des lois*. Je me souviens qu'il est beaucoup de pays *arriérés* [1] où, avant l'introduction des idées modernes, il ne suffisait pas d'une majorité de votants pour modifier les lois, mais où il fallait le consentement unanime des justiciables. Cette unanimité obligatoire se montre chez nous à l'époque mérovingienne et carolingienne. En Russie, il en était de même autrefois. Au Monténégro, ce principe « existait dans les assemblées politiques populaires, remplacées, depuis le milieu de ce siècle, par un Conseil d'État à la moderne ». Chez les Ossètes, il est toujours en vigueur. Rapprochez cette fière exigence de notre docile soumission à des majorités électorales de quelques voix, et dites si la répugnance à l'obligation imposée et non consentie est un sentiment créé de toutes pièces par la civilisation. Tout ce qu'on peut dire, c'est que la nature des devoirs imposés par la société à l'individu non consulté change avec l'état social, avec les changements apportés à l'agriculture, à l'industrie, aux relations politiques, par des innovations accumulées.

Ce qui est vrai aussi et incontestable, c'est que, primitivement conçue comme chose héréditaire et innée, transmise avec la vie, l'obligation non contractuelle a fini par n'avoir rien de commun avec le fait de la génération [2]. L'agrandissement du groupe social l'a émancipée de la sorte. Mais elle n'en est pas moins tyrannique pour cela ; et il n'est pas

---

1. Voir M. Viollet, *Hist. des instit. polit.*, p. 286 et s.

2. L'une des plus rigoureuses obligations de droit, en tout pays théocratique (et presque toute société commence par là), est l'*obligation de croire*. Or, à l'origine, elle est un simple héritage physiologique. Vous êtes né de parents musulmans ou chrétiens, vous devez croire à la loi de Mahomet ou de Jésus, comme, sous les Mérovingiens, les familles franques, wisigothes, romaines, entremêlées sur le sol gaulois, suivaient chacune sa législation propre. Mais plus tard, c'est le fait d'habiter un pays musulman ou chrétien, qui, indépendamment de toute parenté, crée l'obligation de croyance musulmane ou chrétienne, comme la soumission à la législation nationale, la même pour toute une population parente ou non.

moins dur d'obéir à une majorité électorale de rencontre qu'on a contre soi qu'aux prescriptions traditionnelles des aïeux. — Heureusement, la même cause a produit la transformation analogue des obligations conventionnelles. Au début on ne se croit tenu à tenir ses engagements que lorsqu'ils ont été contractés avec les membres de sa famille, de son clan, de sa tribu. Lien de droit et lien de sang ne font qu'un. A l'idée d'obligation, volontaire ou non, s'attache l'idée de parenté, et, par suite, le caractère d'intimité mystérieuse et profonde, indélébile et inexplicable, inhérent à celle-ci. L'individu n'essaie pas plus · lors de raisonner et de discuter ses droits et ses devoirs, acquis ou innés, qu'il ne songe à se demander pourquoi il a été engendré. C'est un problème fondamental devant la majesté duquel il s'incline. Peu à peu, cependant, quand ses rapports de commerce avec les tribus extérieures se multiplient, le besoin se fait sentir d'étendre aux contrats avec l'étranger le caractère obligatoire des conventions nouées avec des parents naturels ou adoptifs. Et ce besoin est devenu d'autant plus intense que le progrès des échanges de marchandises et d'exemples, en assimilant les peuples en contact, a semblé élargir la famille humaine et créé le sentiment de la fraternité ouverte. Le *vinculum juris* s'est ainsi étendu et extériorisé. Car le *vinculum juris* est une coercition qui se fonde sur une cohésion sociale et une attraction sympathique. — Ainsi, on le voit, ce n'est pas précisément par la proportion des obligations contractuelles et non contractuelles que les phases primitives du droit contrastent avec les suivantes ; c'est par la source, presque exclusivement vitale au début, presque uniquement sociale à la fin, des obligations formées avec ou sans contrat.

Seulement, l'évolution ne s'arrête pas là ; et c'est pour l'avoir oublié qu'on a été conduit par la transformation graduelle dont je viens de parler, à admettre sans réflexion une théorie philosophique des obligations où il n'est tenu compte que du contrat, et où, dans le contrat, on ne voit que le concours de deux volontés libres, quelconques, sans

nul égard aux exigences impératives, permanentes ou changeantes, du milieu social où elles concourent et qui seul
leur a permis de concourir. On finit par se persuader que
ces rencontres de vouloirs sont l'unique fondement raisonnable des devoirs et des droits, et que, partout où il y a des
droits et des devoirs véritables, on doit découvrir, en cher-
chant bien, quelque contrat précis ou confus, explicite ou
implicite.

A première vue, rien de plus clair ni de plus plausible.
Mais qu'on y réfléchisse : où est la raison de penser, parce
que deux ou plusieurs volontés ont été un instant d'accord,
qu'elles devront l'être nécessairement toujours, et que la
force publique, l'ensemble des autres volontés environ-
nantes, devra sanctionner et garantir cet accord, s'il lui est
resté étranger, je ne dis pas même hostile? Où est la raison
de penser que le seul cas où ma volonté exprimée devient
irrévocable, ne peut plus être rétractée, malgré les changements ultérieurs, même les mieux motivés, de mon vouloir,
est celui où quelqu'un, en même temps que moi, a voulu ce
que j'ai voulu, et me l'a fait savoir ? — Toutefois, cette théorie, moyennant certains contreforts de sophismes, peut se
soutenir aussi longtemps que les rapports des individus
entre eux, bien que considérablement étendus hors du
groupe primitif, ne se sont pas encore assez développés pour
cesser d'être *personnels*. Je m'explique. Tant que, vu le
faible progrès des communications, les clientèles, par
exemple, sont peu nombreuses et ramassées dans un étroit
rayon, le producteur connaît personnellement tous les con-
sommateurs auxquels il s'adresse. Un cordonnier ne travaille que pour tels ou tels clients dont il sait les noms et les
visages; il ne travaille pas encore pour une clientèle anonyme, à confection. Il en est ainsi du boulanger, du bou-
cher, du tailleur, etc. Il en est pareillement, en des temps
plus rapprochés de nous, des journalistes mêmes. Longtemps, au xviiie siècle, Grimm a rédigé un journal manuscrit
qui s'adressait à une vingtaine de têtes couronnées. Il tra-

vaillait pour elles, personnellement, non pour le public.
Mais, quand la presse a pris son essor, quand les chemins
de fer ont sillonné les continents, quand, à la suite de ces
grandes inventions, apparaît et grandit l'importance de ce
personnage impersonnel qu'on appelle le public, et que le
public est en train de devenir, dans la comédie contemporaine, comme le chœur de la tragédie grecque, le principal
interlocuteur auquel on s'adresse et qui vous répond, — ou
ne vous répond pas, — les conditions sociales qui avaient
fait fleurir la théorie du contact sont profondément chan-
gées. Elle montre alors son étroitesse et son insuffisance. Auparavant, en effet, comme on n'avait affaire, en général,
qu'à des personnes considérées une à une, et distinctement,
le contrat classique pouvait passer pour la plus importante,
sinon l'unique source des obligations. Mais, à présent, si la
loi et, mieux encore, la pratique judiciaire, la coutume commerciale et sociale, plus avancée ici que la loi, ne devaient
sanctionner les engagements pris envers le public qu'à partir du moment seulement où telle personne désignée les a
acceptés et a fait connaître son acceptation, et rien qu'à
l'égard de cette personne, la plupart des affaires, la totalité
des grandes affaires, serait impossible. Dans des cas qui vont
se multipliant, on est donc obligé, si romaniste acharné
qu'on soit, d'accorder force juridique à des promesses non
encore acceptées. Sans cesse se multiplient les engagements
envers des personnes indéterminées qui, bien entendu, ne
sauraient accepter ce qu'elles ignorent ; sans cesse se multiplient les titres au porteur, les assurances sur la vie, les ré-
clames, les prospectus. Toutes ces innovations suscitées par
les idées de génie propres à ce siècle ou aux siècles antérieurs tendent manifestement à reléguer au second plan le
contrat qui, à l'époque romaine classique, était, sans contredit, au premier.

Le profond ouvrage de Savigny sur le *Droit des obligations* peint à merveille l'embarras inextricable des romanistes devant les innovations dont il s'agit. Plus logique que

7.

la plupart de ses collègues, cet auteur avoue qu'il est impossible de faire rentrer ces nouvelles espèces dans les cadres classiques. « On a bien essayé, dit-il, de faire intervenir dans cette étude (celle des titres au porteur, sur lesquels il s'étend longuement) le Droit romain ; et, quoiqu'il soit certain que les Romains n'aient point connu les titres au porteur, on pourrait croire, cependant, que quelques principes de Droit romain sont applicables à l'institution en question. Mais les principes de la représentation ou de la créance à acquérir par une tierce personne ne peuvent s'appliquer ici que d'une manière arbitraire et forcée, puisque chez les Romains, ces principes avaient constamment trait à des personnes déterminées. » Aussi, M. de Savigny conclut-il, — à regret, — comme il doit conclure d'après ses idées. Quand, dans un titre, « le débiteur s'oblige à payer au porteur, quel qu'il soit », est-ce qu'une telle opération juridique est valable ? se demande-t-il. « Plusieurs auteurs la déclarent valable ; d'autres, au contraire, *et des plus autorisés*, la tiennent pour nulle ; et moi-même, d'après la règle établie ci-dessus, *je dois pareillement me prononcer pour la nullité.* Ni la pratique de la jurisprudence, *ni l'intérêt des affaires, si considérable qu'il soit,* ne peuvent certainement faire déclarer valable, à un point de vue abstrait, cette opération. » (Tome II, page 230 de la traduction française. Voir aussi pages 238, 274, 277, etc.) Quand on voit un juriste de cette envergure réduit à de telles extrémités par sa logique même, on n'a plus de doute sur l'insuffisance des principes qui l'y ont conduit.

Aussi faut-il reconnaître au moins un mérite d'à propos à une nouvelle théorie philosophique du Droit, qui fait son chemin en Allemagne[1]. Ce n'est pas, d'après elle, la ren-

---

1. Elle est exposée et discutée avec une sympathique indépendance par M. René Worms, dans sa thèse sur la *Volonté unilatérale considérée comme source d'obligation* (Giard, 1891). Il y montre que, soit en Droit romain, soit dans les législations modernes, on a dû faire une place inavouée, mais réelle, aux obligations nées d'une volonté unilatérale : en droit romain, promesses de dons à des cités, à des personnes mo-

contre de deux volontés qui est créatrice d'obligation : c'est
l'émission d'une volonté unique, même avant qu'on en ait
pris acte. Et, dans le contrat même, si on l'analyse à fond,
ne trouve-t-on pas deux *objets* parfaitement distincts, et non
un seul, comme on le dit à tort ? Et n'y a-t-il pas là deux
volontés qui, pour s'être enlacées, ne laissent pas de produire
des effets juridiques jusqu'à un certain point indépendants
l'un de l'autre ? Dans le contrat épistolaire, de plus en plus
fréquent, « il est chimérique, dit M. René Worms, de chercher le moment où les deux volontés se rencontrent, vu
que, une fois que l'offrant a fait son offre, il n'y songe plus :
sa volition continue à porter effet, mais, en tant que fait
psychologique, elle cesse d'exister. D'autre part, quand
l'autre partie a écrit sa lettre d'acceptation, elle l'oublie
aussi ; et, au moment où cette lettre est reçue, elle lie
« l'offrant qui n'a plus l'intention expresse d'offrir, qui, peut-
être même, a le regret formel de son offre », et elle lie l'ac-
cepteur qui, peut-être aussi, regrette déjà d'avoir accepté. La
simultanéité des deux volontés, condition nécessaire de leur
rencontre, n'existe donc pas ou n'existe que par une fiction
de juriste subtil [1], dans le cas du contrat par correspon-

rales, *vœux aux dieux* (devenus *legs pieux* du droit canonique) ; en droit
français, *stipulation pour autrui*, contrats d'assurances sur la vie en
faveur d'enfants non intervenants au contrat, titres à ordre ou au porteur, offres des négociants, etc.

1. Il est curieux de noter ici la faiblesse philosophique de l'un des
plus illustres commentateurs de nos Codes. Voici comment il essaie de
sauver la vieille théorie, ébranlée par des objections analogues à la précédente. « L'auteur de l'offre, dit M. Demolombe, en l'émettant, a émis
la volonté de former le contrat quand l'autre partie aurait accepté. Par
son acceptation, l'autre partie émet une volonté analogue. Les deux
volontés se rencontrent, et le contrat est formé. » M. Worms signale le
vice de ce raisonnement. « Le contrat ne peut se former que si la volonté
actuelle de l'offrant concourt avec celle de l'acceptant. L'offrant a, par
son offre, manifesté sa volonté de maintenir, jusqu'à l'acceptation, sa
volonté de contracter. Mais si sa volonté de contracter a disparu au moment de l'acceptation, par quoi sera-t-il tenu ? Par sa première volonté
qui l'obligeait à ne pas changer d'intention. *Donc c'est toujours et uniquement par sa première déclaration, par sa déclaration de volonté unilatérale qu'il est lié.* »

dance. En fait, elle n'existe presque jamais ; elle devient de plus en plus fictive et irréalisable avec la facilité croissante de contracter à de plus grandes distances. — On ne saurait dire combien ce vieux préjugé du contrat, considéré comme la vraie source des obligations, a entravé la marche du Droit.

La vérité est que toute obligation, contractuelle ou non, découle, avant tout, d'une haute et profonde volonté unilatérale, celle du Maître, soit du Maître héréditaire et demi-divin, soit du Maître élu et profane, qui légifère comme bon lui semble. C'est là l'unique origine des obligations formées sans contrat. Quant aux obligations conventionnelles, elles dérivent d'abord de cette grande volonté unilatérale, qui se nomme l'autorité publique, et ensuite de la petite volonté unilatérale de chacun des contractants qui, à l'image de ce commandement extérieur et supérieur, et d'ailleurs conformément à la latitude qu'il leur laisse, *se commande à elle-même*, à la fois maîtresse et sujette, *et se commande l'obéissance au commandement de l'autre*. C'est là toute la singularité du contrat : il est le *goût de se commander* né, par imitation, de l'habitude *d'être commandé* ; et il est, non seulement le *commandement réfléchi*, mais le *commandement réciproque*[1], volontairement subi en conformité avec une volonté extérieure subie involontairement[2].

1. On pourrait remarquer aussi que, au début des sociétés, les engagements unilatéraux précèdent en général les engagements réciproques. Le *don* a précédé le *troc* ; don au maître, don aux dieux, devenu bientôt impôt obligatoire. Spencer a bien démontré cela. — L'engagement de la femme envers le mari a précédé celui du mari envers elle ; le mariage n'a pas commencé par être un contrat. — Ainsi, par le développement qu'elles prêtent aux promesses unilatérales, les sociétés vieillies reviennent, mais en un tout autre sens, à l'un des caractères de leur enfance.

2. C'est la volonté unilatérale de *prendre* (*capere, prehendere*), qui, à l'origine, a fondé le droit de propriété et aussi bien le droit autoritaire de la famille ou de la cité. Cela signifie que la *vue* d'un homme résolu à prendre et à garder un objet fait naître dans l'âme de celui qui regarde une sorte de *respect* naturel pour l'exercice de cette volonté, dont ce respect est le *reflet*. — Il en est ainsi de nos jours

Mais, j'en conviens, tout cela ne nous explique guère l'idée d'obligation. Il faut descendre plus bas pour trouver ses racines. D'où vient au commandement, extérieur ou intérieur, la vertu obligatoire qu'il revêt à nos yeux dans certains cas et non dans tous les cas? L'idée de la volonté unilatérale n'est pas plus explicative, au fond que la vieille notion du contrat. Au moment où l'on dit que ma propre volonté m'oblige, cette volonté n'est plus; elle m'est devenue étrangère; en sorte que c'est exactement comme si je recevais un ordre d'autrui. Recevoir du *pater familias*, du consul, d'un ministre, d'un garde-champêtre, un ordre qui me déplaît, ou recevoir de mon moi passé un ordre qui ne me déplaît pas moins, où est la différence en ce qui concerne mon intérêt actuel? Mon vouloir passé, qui n'est plus, mais qui pourtant s'impose à moi, et qu'on peut m'opposer, est comparable à la volonté des aïeux qui dirige les vivants. Or, quand *doit*-on et pourquoi *doit*-on obéir à un commandement soit interne, soit externe? Voilà, je le répète, la question.

IV

On ne la résoudra jamais, si l'on ne veut voir ici que des désirs, des volontés en présence. Il y a autre chose, des croyances, des jugements. Et c'est, non d'une volonté, non de la rencontre de deux volontés, mais bien de la combinaison d'une volonté avec un jugement, d'un désir avec une

même en ce qui concerne la prise de possession d'une île nouvellement découverte : l'État qui a *manifesté l'intention* de s'y établir en est réputé propriétaire aux yeux de tous les États civilisés.

S'il en est ainsi, *pourquoi la volonté unilatérale de faire et de donner* n'aurait-elle pas la vertu d'engendrer l'obligation, le devoir? L'un de ces faits est exactement le pendant de l'autre. La *vue* d'un homme qui a manifesté la volonté de faire ou donner quelque chose fait naître chez celui qui regarde l'*attente juridique* de cette action ou de cette donation.

croyance, que naît l'idée du devoir d'action, germe essentiel de l'idée d'obligation. Cette combinaison s'opère par la
vertu d'un syllogisme inaperçu de tous, tant il nous est
familier à tous, et qu'on peut appeler le syllogisme moral. On nous permettra d'entrer ici dans quelques brefs
développements. La théorie des obligations est en jurisprudence ce que la théorie de la valeur est en économie
politique : le problème central où l'on est ramené par toutes
les pentes des discussions, ce qui ne veut pas dire le point
de convergence nécessaire et inévitable de toutes les évolutions. Les obligations sont conçues par les jurisconsultes
arabes [1] d'une toute autre manière que par les jurisconsultes
romains, en dépit de l'influence même exercée par ceux-ci
sur ceux-là, en Asie mineure ; et rien n'autorise à affirmer
que l'élaboration juridique des premiers, si elle s'était prolongée, si elle n'avait pas été jugée close, achevée et parfaite, à partir du IIᵉ siècle de l'hégire, se serait rapprochée
davantage de la pensée des seconds. Il n'est pas plus certain,
sinon probable, que si les spéculations embryonnaires de
Xénophon et d'autres philosophes grecs sur la « Mesnage-
rie » s'étaient développées au point de fonder une science de
l'Économie politique aussi élaborée que la nôtre, ils auraient
été conduits, par les méandres de leur pensée subtile, à une
notion de la valeur identique à celle d'Adam Smith ou de
Bastiat. Mais il n'en est pas moins exact de prétendre qu'il
n'y a, qu'il ne peut y avoir, en un sens très général, qu'une
seule et même théorie vraie des obligations, qu'une
seule et même théorie vraie de la valeur, comme il n'y a de
possible qu'une seule vraie formule de l'attraction astronomique. On ne se trompe pas en supposant que le caractère
essentiel d'une théorie physique, si elle est véritable, est de
s'appliquer identiquement à toutes les évolutions astronomiques ou géologiques les plus dissemblables ; et on ne se

1. Voir à ce sujet l'ouvrage déjà cité de Savvas-Pacha et le Code musulman de Khâlil traduit par Seignette.

trompe pas non plus en pensant que le caractère essentiel
d'une théorie philosophique des obligations ou d'une théorie
philosophique de la valeur, si elles sont justes, est de s'appliquer à toutes les évolutions sociales, quelles qu'elles
soient [1].

Il y a, en effet, deux sortes de lois que l'on est trop porté
à confondre de nos jours : les lois de causation et les pré-
tendues lois d'évolution. Les premières sont à la fois précises
et sans exception ; vérifiables en tout temps et en tout lieu,
elles ont trait à des similitudes rigoureuses de production,
les mêmes phénomènes se reproduisant quand les mêmes
conditions se reproduisent. Les secondes sont toujours très
vagues si l'on veut qu'elles s'adaptent à la totalité ou à la
presque totalité des cas, ou, si l'on veut les préciser tant soit
peu, elles sont rongées d'exceptions. Le malheur est que la
confusion de ces deux espèces de règles si différentes est
favorisée par l'ambiguïté abusive du mot loi. En sorte que,
de peur de révoquer en doute la portée universelle des pre-

1. Quant aux dispositions légales relatives aux obligations, c'est abusivement qu'elles prétendent au nom de théorie ; et, bien qu'elles soient
douées, grâce à leur généralité, d'une longévité spéciale qui leur permet de survivre à d'autres parties de leurs Codes, elles ne sont susceptibles elles-mêmes que d'applications circonscrites et temporaires. Leur
survivance est d'ailleurs plus apparente que réelle, et la permanence
trompeuse du Droit formel dissimule ici les mutations du Droit vivant.
La « théorie » légale des obligations semble être restée à peu près la
même de l'Empire romain à nous. Mais la substance de ces formes, le
contenu de ces formules, a changé du tout au tout. C'est la même grammaire, c'est le même dictionnaire ; seulement telle règle ou tel mot,
jadis très usités, sont tombés en désuétude, et vice versa. Non seulement tel genre de contrat, par exemple la vente à réméré ou le contrat
à cheptel, usuel autrefois, au moyen âge, est maintenant exceptionnel,
ou tel autre, le bail à ferme, jadis très rare, s'est généralisé ; mais
encore les conditions dans lesquelles ces contrats s'opèrent ont été bou-
leversées. Les prix de vente, les prix de ferme ont perdu leurs anciennes
proportions. Contrats de vente, baux, locations de domestiques, contrats
de mariage même ; toutes ces conventions ont gardé leur nom, mais la
chose est profondément transformée. Peut-on dire après cela que le Droit
relatif aux obligations est resté le même ? — Et, pareillement, peut-on
dire qu'il est identique chez deux peuples, parce que l'un a emprunté à
l'autre ses formules ou en a spontanément imaginé de semblables ?

mières, on se croit obligé souvent d'universaliser à faux la portée des secondes, ou bien *vice versa*. Pourtant, fût-il prouvé que les systèmes solaires épars dans le ciel, depuis leur nébuleuse initiale jusqu'à leur terme ignoré, évoluent très diversement, et que la formule générale de leur évolution est tenue à rester extrêmement lâche et presque insignifiante, cela ébranlerait-il le moins du monde la vérité des lois mécaniques et de la loi newtonienne ? Et les lois physiques et chimiques ne sont-elles pas réputées immuables, bien que l'évolution des êtres vivants, régis par elles, soit ce qu'il y a de plus varié, d'espèce à espèce, et même d'individu à individu ? Il est fâcheux que dans les sciences sociales on n'ait pas eu égard à cette distinction ; en économie politique surtout. Ce n'est pas à tort que les fondateurs de cette science ont cherché, dans cet ordre de faits, des règles comparables aux lois physiques par leur constance et leur universalité. Ne l'a-t-on pas appelée, à ce point de vue, « la physique sociale » ? La théorie de la valeur, si elle était formulée en termes psychologiques, — car la psychologie est aux sociétés ce que la chimie est aux êtres vivants, — aurait le caractère des lois de causation. Mais, pêle-mêle avec celles-ci, les économistes en émettent d'autres qui n'ont qu'une vérité de circonstance. De nos jours, par suite de la mode darwinienne et spencérienne, on s'est évertué à donner une couleur exclusivement évolutionniste aux lois économiques ; et l'on ne s'est pas aperçu qu'on faussait de la sorte le sens essentiel de quelques-unes d'entr'elles ; elles cessent d'avoir une signification quelconque, si elles n'ont pas une signification universelle. Les transformations industrielles et commerciales, comme les transformations religieuses, poétiques, artistiques, linguistiques, se conforment à certains types, vaguement formulables, d'évolution, mais en même temps, il y a en tout ceci autre chose de formulable et avec plus de précision.

Pareillement, n'y a-t-il pas, sous les transformations juridiques changeantes, des vérités juridiques stables ? Je le

crois, et qu'il appartient à la théorie des obligations de les
formuler. Mais, à vrai dire, en les formulant, on s'écarterait
fort des habitudes de langage et de pensée particulières aux
juristes. C'est aux logiciens plutôt, si je ne me trompe, qu'il
faut les demander. Leur antique et toujours vraie théorie du
syllogisme pourrait, ce me semble, être étendue et complé-
tée d'une certaine manière qui permettrait d'y faire rentrer,
comme des corollaires, la théorie de la valeur, la théorie des
obligations, et peut-être même d'autres théories de ce genre
applicables à d'autres aspects des sociétés.

Le syllogisme, procédé logique par excellence, ne sert pas
seulement de règle au jugement ; il sert aussi de règle à la
volonté. Il y a le syllogisme *intellectuel*, le seul dont on se
soit occupé, celui qui combine, non pas deux *propositions*,
comme on le dit trop vaguement, mais deux *croyances*, variables d'intensité, et dont le degré d'intensité importe à
considérer. Et il y a le syllogisme *moral*, qui combine une
croyance avec un désir. — Or l'un et l'autre aboutissent à
édicter, comme conclusion, un devoir, dans le sens le plus
large et le plus compréhensif du mot ; devoir d'affirmation
dans un cas, devoir d'action dans l'autre cas. Je crois que le
Coran est infaillible : or, je crois que, d'après le Coran, le
soleil tourne autour de la terre ; donc, je dois affirmer, c'est-
à-dire m'efforcer de croire que la terre ne tourne pas autour
du soleil. Voilà le syllogisme intellectuel des fidèles. Je
crois qu'il y a une telle liaison mathématique entre la pa-
rallaxe d'un objet et sa distance ; or, je crois que la paral-
laxe du soleil est telle ; donc, je dois affirmer, m'efforcer de
croire, que la distance du soleil est celle qu'indique la liaison mathématique en question. Voilà le syllogisme intellectuel des savants et aussi bien des illettrés dans tout le
courant de la vie. — Je désire faire mon salut ; or, je crois
que, si je ne jeûne pas en Carême, je ne me sauverai pas ;
donc, je dois jeûner en Carême, c'est-à-dire tâcher de le
vouloir. Je désire avoir dans mon jardin une source qui me
manque ; or, je crois qu'il y a à tel endroit une nappe d'eau

souterraine ; donc, je dois y creuser un puits, me contraindre
à prendre cette décision. Voilà le syllogisme moral, sous sa
forme religieuse ou profane.

Mais, tant qu'on ne tient pas compte des degrés de
croyance ou des degrés de désir combinés ainsi, la conclusion de ces raisonnements élémentaires, inconscients le plus
souvent, semble être presque aussi insignifiante que celle du
syllogisme des écoles. Elle n'acquiert son relief vraiment
instructif que si l'on a égard à ces degrés essentiellement
inégaux, variables d'infini à zéro, de la certitude au doute
complet, de la passion à l'indifférence absolue. Car, c'est
seulement à raison de cette inégalité extrême que la
rencontre si fréquente, si habituelle de deux syllogismes
intellectuels ou moraux dans l'âme d'un homme, où leurs
conclusions, amenées par des chemins différents, tantôt se
contredisent, tantôt se confirment, n'est point toujours un
choc destructeur dans le premier cas, ni un accouplement
stérile dans le second. La logique classique ne nous dit
rien de ces combats ou de ces unions de syllogismes; et elle
fait bien, car elle est impuissante à rien tirer de ces chocs
intimes, si ce n'est la mutuelle destruction des deux conclusions contradictoires, supposées toutes deux de force
égale. Quant aux deux conclusions, conformes l'une à
l'autre, leur mutuelle confirmation n'a rien non plus d'intéressant, si l'on suppose, comme on le fait implicitement dans
les écoles, que l'une et l'autre sont absolument certaines.
L'infini, multiplié par lui-même, n'augmente pas. — Au
contraire, prenons la peine de remarquer que l'intensité des
devoirs d'affirmation et d'action, déduits de nos croyances et
de nos désirs, participe à leur inégalité, qu'elle augmente ou
diminue, comme ces deux qualités mentales, en continuel
mouvement de hausse ou de baisse, et qu'elle est rigoureusement déterminée par le degré de celles-ci. Dès lors, il
nous sera facile de comprendre que, lorsque deux conclusions, deux devoirs se heurtent, le devoir le moins intense,
le moins fortement ressenti, est seul détruit ou paralysé,

l'autre lui survivant, quoique amoindri; et que, lorsque
deux devoirs se confirment, l'intensité de chacun d'eux est
multipliée par celle de l'autre. Je n'ai pas à entrer ici dans
le détail sans fin des annexes que l'introduction de ce point
de vue ajoute au syllogisme ordinaire; nécessaires complica-
tions qui ont pour effet de révéler l'utilité pratique,
l'usage habituel et constant de ce prétendu instrument
d'école. Il me suffira de dire pour le moment que tout ce
qui tend à faire hausser ou baisser le niveau de la croyance
ou du désir dans la majeure ou la mineure, influe sur l'intensité du devoir conclu. Si, pour reprendre l'un des
exemples indiqués plus haut, mon désir d'avoir de l'eau
dans mon jardin s'avive (à la suite d'une longue sécheresse,
de conversations avec des agronomes, etc.), et que ma
croyance en l'existence d'une nappe d'eau souterraine dans
mon jardin vienne à grandir aussi (par la visite de quelque
hydrologue ou la lecture de certains ouvrages), je ressentirai plus fortement mon devoir de faire creuser un puits. Il
peut arriver que ce désir faiblisse pendant que cette croyance
se fortifiera, ou qu'il se fortifie pendant qu'elle s'affaiblira ; et, s'il y a compensation entre ces variations de sens
inverse, je ressentirai le devoir dont il s'agit avec une intensité qui ne variera guère.

Mais, un cas singulier est à noter. C'est celui où, dans
le syllogisme de l'activité, la majeure est représentée par
un désir d'une intensité si supérieure à toute autre, si souverain, si établi à demeure dans le cœur, qu'il est devenu
presque inconscient et agit sans se montrer, d'autant plus
irrésistiblement, à la façon d'un despote invisible. Tel est
le désir du salut chez le chrétien, de la gloire chez le Grec
de Périclès, de la richesse chez beaucoup de modernes, le
souci de l'honneur chez les honnêtes gens. Dans ce cas,
conformément au principe posé plus haut, le devoir d'action est ressenti en quelque sorte infiniment, il revêt un
air absolu, impérieusement dominateur. C'est là le devoir
moral proprement dit, devoir pur et simple qui a perdu

le sentiment de sa parenté avec le rapport de finalité,
d'où pourtant il dérive. — Et ce n'est pas seulement dans
le syllogisme de l'activité, c'est dans le syllogisme de la
pensée que ce cas spécial se réalise à peu près. Soit chez le
fidèle, soit chez l'homme détaché des dogmes, il est des
croyances infinies et indéracinables, la foi aux Saintes-
Écritures chez l'un, la foi au témoignage des sens chez
l'autre. De là, pour le premier, quand il a déduit des
Livres saints une conséquence, le devoir absolu de l'affirmer, ou, quand il a reconnu qu'un principe est contraire
aux Livres saints, le devoir absolu de le nier. De là aussi,
pour le second, quand une idée se présente à lui comme
la conclusion d'une expérience faite sous ses yeux, le devoir impérieux de l'adopter. — L'analogie de ces deux sin-
gularités remarquables dans les deux syllogismes comparés
est telle qu'on ne doit pas s'étonner de voir les jurisconsultes arabes inscrire en tête de leur liste des obligations humaines, l'obligation de croire à tout ce qui se déduit de la parole du Prophète. La principale obligation
canonique des sectateurs d'une religion quelconque, d'un
parti politique quelconque, n'est-ce pas de même l'adhésion
à certaines idées ? Seulement, on n'a plus la franchise de
faire figurer dans les Codes la foi obligatoire ou interdite à
côté de l'action commandée ou prohibée [1].

---

1. Cette différence peut tenir en partie à ce que, dans le syllogisme
intellectuel, si profond et si infini que soit la croyance contenue dans la
majeure, jamais celle-ci ne devient inconsciente et n'opère invisiblement. Sa majesté en reste toujours amoindrie en comparaison de la
majeure également infinie du syllogisme moral. Celle-ci peut continuer
d'agir longtemps encore après sa disparition et sa mort, dont on ne
s'aperçoit pas. Combien de devoirs moraux survivent aux désirs et aux
espoirs religieux qui les ont fait naître ! Mais, quand un dogme est
ébranlé ou abattu dans un esprit, tous les principes qui en découlent
ne tardent pas à tomber avec lui.

V

Nous voici revenu à notre sujet. L'obligation juridique
n'est qu'une espèce dont le genre est l'obligation morale,
espèce elle-même d'un genre plus vaste, formé, avons-nous
dit, par les devoirs de finalité. Quand je me sens obligé à quelque chose, c'est toujours parce que je désire obtenir un avantage ou éviter un préjudice, et que je crois atteindre ce but
en faisant quelque chose : mais cette obligation morale n'est
juridique que si elle rentre dans les catégories de devoirs
que le législateur anonyme ou nommable, coutume ou roi,
tradition ou majorité parlementaire, s'est senti, plus ou
moins, obligé à sanctionner, parce qu'il désire telle ou telle
fin désignée par la volonté générale, et qu'il croit utile à ce
point de vue, de consacrer cette nature de devoirs, de tenir
la main à leur exécution.

Cette explication a l'avantage de s'appliquer également à
toutes les espèces d'obligations juridiques, qu'elles soient
involontaires et formées sans contrat, ou volontaires et contractuelles, ou volontaires et unilatérales. Par exemple,
mon obligation de servir sous les drapeaux et de payer
mes contributions, charges imposées par ma naissance
même et sans mon consentement, se fonde sur ces deux
syllogismes, l'un fait par moi : « Je veux le bien de mon
pays, or, je crois lui être utile ainsi, donc, je dois agir
ainsi », ou bien « je désire n'être pas flétri par une con-
damnation judiciaire, or, je crois que je serais poursuivi
correctionnellement si je ne m'acquittais pas de ces pa-
triotiques corvées, donc, je dois m'en acquitter » ; l'autre,
fait par l'État : « Je veux être armé pour me faire respecter
de mes voisins; or, je crois que, sans la conscription militaire et sans les impôts actuels je serais désarmé ; donc, je
dois contraindre les citoyens au service militaire et au paiement des impôts. »

Par exemple, encore, une maison est vendue dix mille
francs à crédit. Avant la conclusion de ce contrat, chacune
des parties s'est senti le devoir de le conclure, parce que
chacune d'elles s'est dit : Je *désire* plus acquérir dix mille
francs (ou cette maison) que je ne regrette de me dépouiller
de cette maison (ou de dix mille francs) ; or, je crois que
moyennant la cession de cette maison (ou de cet argent),
j'aurai cet argent (ou cette maison) ; donc, je dois faire ce
marché. — Mais, une fois le contrat formé par l'accord de
ces deux conclusions syllogistiques, l'obligation morale de
l'exécuter, pour l'acheteur comme pour le vendeur, se fonde
sur un syllogisme différent : « Je veux n'être pas déshonoré
aux yeux de mes semblables ou à mes propres yeux ; or, je
crois que je le serais en ne tenant pas mes engagements ;
donc je dois les tenir (c'est-à-dire livrer la maison ou payer
le prix). » Et cette obligation est juridique, parce que l'accord de ces conclusions est lui-même d'accord avec la conclusion suivante, tirée par le législateur : « Je veux la paix
publique, je veux la prospérité générale ; or, je crois que le
maintien forcé des conventions de ce genre (accomplies dans
certaines conditions, comme il sera dit plus loin) peut seul
éviter des conflits entre les citoyens, et qu'il assure, dans la
moyenne des cas, le plus grand avantage de tous ; donc, je
dois imposer de force leur accomplissement. »

Même explication pour les obligations nées d'une promesse
non encore acceptée, soit parce qu'elle s'adresse au public,
soit parce qu'elle s'adresse à un dieu, à un mort, à un être
imaginaire ou relégué dans une majesté silencieuse, dans
une mystérieuse obscurité. L'industriel qui a lancé des
prospectus où il offre sa marchandise au rabais, a beau s'en
repentir ensuite, il se dit : « Je veux ne pas nuire à mon
crédit ; or, je crois que je le diminuerais en n'exécutant pas
ma promesse ; donc, je dois la tenir. » Et le législateur, dans
le cas où, sous une forme plus ou moins détournée, il transforme cette obligation morale en obligation juridique, s'est
dit : « Je veux ne pas nuire au crédit public, condition de la

prospérité générale ; or, je crois qu'il serait ébranlé par l'inexécution impunie de ces offres commerciales ; donc, je dois les sanctionner. » Sous les empereurs romains, sous les Sévères, par exemple, un armateur fait vœu à Mercure de lui élever un petit temple au bord de la mer, si son vaisseau revient à bon port. Ce vœu crée, aux yeux des païens, une obligation, qui, après n'avoir longtemps été qu'une obligation morale, dont la violation déshonorait son auteur, a fini par recevoir la consécration de la loi civile. Bien mieux, cette obligation passe aux héritiers de celui qui s'est engagé de la sorte. Dira-t-on sérieusement, — comme on l'a osé, — que la force obligatoire du vœu lui vient de ce qu'il est « réputé être un contrat avec les dieux » ? Mais aux yeux des païens eux-mêmes, il n'est pas vrai que les dieux y aient nécessairement donné leur consentement ; et, aux yeux des chrétiens, eût-il été démontré que les dieux, ces démons impurs, avaient donné et fait connaître leur adhésion à cette promesse, qu'il y avait bel et bien contrat lié avec eux, le vœu ne serait pas obligatoire moralement, le législateur sectateur du Christ n'aurait pas l'idée de le sanctionner civilement. Non, si notre armateur se sent obligé, c'est parce qu'il veut le retour de son vaisseau et qu'il croit à la puissance de Mercure, au bon vouloir de Mercure par l'effet de son vœu ; et si son engagement a des effets juridiques, c'est que le législateur païen, désireux de la sécurité publique, et persuadé, comme presque tout le monde autour de lui, qu'un vœu pieux, s'il était violé, attirerait la colère des dieux sur tout l'empire, s'est senti le devoir d'empêcher cette calamité.

Cela est si vrai que si, avant le retour de son navire, l'armateur en question se convertit au christianisme et cesse de croire à l'existence ou à la puissance de Mercure, il cessera d'être moralement obligé. Il se produira alors cette grave anomalie, qu'il restera juridiquement obligé à faire ce que sa conscience lui interdira d'accomplir. Mais, quand l'inconvénient social de ces conflits entre la Morale et le Droit, fléau

réservé aux temps de crise religieuse, aura attiré l'attention
du législateur lui-même, il ne manquera pas de les dissiper
en subordonnant ici et partout la consécration civile des
obligations à leur valeur morale. — Dans l'hypothèse inverse de la précédente, c'est-à-dire au cas où le public, et le
législateur aussi, se sont convertis à la religion nouvelle, ou
à de nouvelles idées philosophiques, l'obligation morale
d'accomplir son vœu subsistera pour le fidèle resté attaché
aux vieilles croyances, mais la force juridique ne s'y joindra
plus. Tout cela s'explique le plus naturellement du monde,
ainsi que bien d'autres difficultés du même ordre, dans notre
manière de voir.

On s'explique de même, par la nature et l'énergie variables
du but général que le législateur poursuit, et par la nature
et l'énergie non moins variables des opinions qui lui servent
de guide, la diversité des législations relativement à la
proportion des obligations morales consacrées en liens de
Droit. On s'explique pareillement leur diversité moindre,
leur relative uniformité en ce qui concerne les causes de
nullité des engagements civils. Les vices qui les atteignent
sont de deux sortes : ceux qui ont trait à la *majeure* et ceux
qui ont trait à la *mineure* du syllogisme moral de l'obligé.
La majeure est viciée quand le désir qu'elle exprime
n'émane pas de la personne même qui s'oblige, de son caractère, de ses caprices mêmes spontanément éclos de son fonds
d'idées et de tendances habituelles et normales, mais a été
suggéré du dehors par captation, par abus d'autorité, ou par
un accès de folie. La mineure est viciée, quand la croyance
qu'elle contient est, non le résultat des expériences, des lec-
tures, des voyages, des circonstances morales où s'est formée
l'intelligence de l'individu qui s'oblige, mais l'effet d'un
mensonge intéressé, ou d'une erreur due à une cause mala-
dive, telle qu'une absence de mémoire à la suite d'une fièvre
typhoïde ou d'un ramollissement sénile. Il est évident que
ces altérations psychologiques de l'engagement — toujours à
peu près les mêmes chez tous les hommes et faciles à prévoir

par le législateur de tout pays, — enlèvent à l'engagement ainsi formé, dans la moyenne des cas, l'avantage social que présente l'ensemble des engagements normaux.

Nous voyons aussi force obligations morales, ou plutôt en général immorales, prohibées par la législation, telles que les dettes de jeu parfois, les statuts des associations criminelles, etc. La loi s'oppose alors de toute sa force à l'exécution de ces engagements jugés par elle contraires à l'intérêt public. C'est qu'il y a eu, dans ce cas, précisément inverse de la consécration juridique, *conflit* et non *accord* de conclusions entre le syllogisme moral de l'obligé et celui du législateur.

VI

Mais, en réalité, le travail mental qui s'est opéré soit chez l'obligé, soit chez le législateur, est plus compliqué que nous ne venons de le dire. Dans l'esprit soit de l'un soit de l'autre, il y a eu, d'ordinaire, non pas un seul syllogisme de formé, mais un combat ou un concours de syllogismes. Et c'est ici que va se montrer l'intime relation de la théorie juridique des Obligations avec la théorie économique de la valeur. — D'une part, ce n'est jamais sans hésitation, sans oscillations intimes, que l'obligé s'est décidé à contracter ou s'est résigné à accepter son obligation. Il a dû rapidement ou longtemps peser dans les balances de sa délibération, les avantages que lui procurera son obligation avec les sacrifices qu'elle lui coûtera, c'est-à-dire confronter des désirs avec des désirs, des croyances avec des croyances. Un homme qui hésite à échanger un cheval contre un tableau, se fait de petits raisonnements intérieurs d'où il conclut tantôt qu'il doit faire, tantôt qu'il ne doit pas faire cet échange ; c'est-à-dire tantôt que son cheval vaut moins que ce tableau, tantôt qu'il vaut plus. « J'aime beaucoup l'équitation, et je crois que je remplacerais difficilement ce cheval ; donc, je dois ne pas l'échanger. — J'aime beaucoup les toiles de ce maître, et je crois que si je perds cette occasion d'en avoir une, je ne la retrouverai plus, donc je dois échanger mon cheval contre lui. » La lutte s'engage entre ces deux conclusions opposées, engendrées par ces prémisses ou par d'autres ; et toute idée, toute influence survenante, qui aura pour effet de faire élever ou abaisser le niveau du désir ou de la croyance dans la majeure et la mineure de chacun de ces syllogismes, fortifiera ou affaiblira telle conclusion, élèvera ou abaissera la valeur apparente de tel objet, décidera, enfin, du résultat de la bataille.

D'autre part, le législateur, quand il consacre une obligation, quand il édicte une disposition quelconque qui crée une obligation de faire ou de ne pas faire, sait très bien qu'il intervient dans la mêlée des intérêts opposés pour favoriser les uns aux dépens des autres. Il a donc, lui aussi, choisi et sacrifié, pesé des valeurs relatives, en donnant ici au mot de valeur un sens, non pas individuel, comme tout à l'heure, mais général et en apparence impersonnel, quoique la valeur en ce sens supérieur, ne soit, au fond, que la résultante d'innombrables évaluations personnelles, syllogistiquement conclues. — S'agit-il de contrats ? Il désire autant que possible, et sauf les cas où l'État est ou se croit intéressé à protéger l'une des parties contre l'autre, par exemple pour le mariage, l'égalité des avantages obtenus et des sacrifices consentis par les deux dans l'ensemble des conventions ; et s'il croit qu'une clause, qu'une particularité quelconque fait généralement, et avec excès, pencher la balance d'un seul côté, il doit annuler le contrat entaché de ce vice. Il y a, dans sa consécration des conventions librement formées, une présomption d'équivalence d'avantages, d'*équation de valeurs* ; c'est la raison pour laquelle il donne force de loi à ces ordres réciproques que s'adressent les parties contractantes, comme si ces ordres émanaient de lui. Et la preuve que cette présomption est bien au fond de sa pensée, c'est que, lorsqu'elle est formellement contredite

par certains faits, il annule, en fait, le contrat. Ou bien,
d'avance, il pose des règles auxquelles il faudra que les contractants se conforment ; et ces règles sont celles qui, à leur
date, lui paraissent les plus propres à empêcher l'exploitation
de l'une des parties par l'autre. C'est dans les contrats spéciaux, — vente, louage, prêt à intérêt, etc. ; — que ces règles
se multiplient et ont manifestement ce but (par exemple,
limitation légale du taux de l'intérêt). — La convention particulière qui a nom mariage est consacrée par le législateur
avec des restrictions qui, en général, ont une autre visée. Ici,
il ne songe que très secondairement à l'égalité d'avantages
qu'y peuvent trouver les époux. Sa préoccupation majeure est
l'intérêt de l'État qui exige à tout prix, même au prix de l'asservissement de la femme ou de l'indissolubilité tyrannique
du lien matrimonial, la procréation de nouveaux citoyens. —
Il laissera d'ailleurs, et devra laisser une marge de liberté
plus ou moins large à la volonté des contractants, suivant
les aspirations et les opinions plus ou moins libérales de son
pays et de son temps, partagées toujours par lui-même. En
Droit israélite, une vente de meubles était rescindée pour
cause de lésion d'*un sixième* du prix ; chez nous, cette cause
de nullité n'existe pas pour les ventes de meubles, parce
qu'elle serait une entrave fâcheuse à notre grande activité
commerciale ; et, pour les immeubles, la lésion qui donne
ouverture au droit de rescision doit dépasser les *sept*
douzièmes du prix de vente. En somme, dans ses règles sur
les contrats, le législateur ne perd jamais de vue le tableau
des diverses valeurs, tel qu'il se présente à un moment et en
un lieu donnés, et il doit l'avoir toujours présent pour empêcher que l'un des contractants n'exploite l'autre au-delà
d'une certaine mesure, déterminée elle-même par l'état de
l'opinion. Il ne fait que peser sciemment ou inconsciemment,
des utilités et des privations, assigner des limites au jeu des
volontés, qui, pour acquérir des utilités espérées, consentent
à des privations souvent disproportionnées. — S'agit-il
d'obligations formées sans contrat ? C'est le même problème.

Il n'y a encore pour l'autorité législative que des intérêts indifférents à évaluer.

De même donc que les modifications apportées dans le système des valeurs ont pour effet, nous l'avons vu, de modifier l'échelle des délits et des peines, de transformer le Droit criminel ; de même, elles ont pour conséquence, à la longue, la réforme de la législation civile. Elles commandent de faire interdire certaines choses permises auparavant, ou de faire permettre certaines autres choses défendues naguère. Les prohibitions ou les entraves longtemps apportées aux ventes de biens ruraux, ont été levées dans notre régime moderne et ont été même remplacées, de nos jours, par des lois telles que l'*Act Torrens*, qui favorisent les aliénations d'immeubles : c'est que la fixité héréditaire des propriétés dans chaque famille avait, aux yeux de nos ancêtres, une valeur de premier ordre, peu à peu diminuée, et qu'aujourd'hui la mobilisation des immeubles, pour ainsi dire, semble être devenue, au contraire, un avantage éminent. C'est aussi que l'étranger, l'acquéreur venu du dehors, était réputé l'ennemi et que maintenant l'étranger est l'hôte aimé et choyé, le modèle copié. — Entre l'intérêt du créancier à faire saisir tous les biens mobiliers ou immobiliers du débiteur, et l'intérêt du débiteur à les rendre tous insaisissables, que fera la loi ? Cela dépendra de celui des deux qui lui paraîtra valoir davantage, à raison des besoins sentis de son époque et des jugements accrédités sur les meilleurs moyens de les satisfaire. Chez les Géorgiens, d'après leur vieux droit, et aussi chez beaucoup d'autres peuples barbares [1], la saisie pouvait frapper tous les meubles, et, à leur défaut, la personne même du débiteur. Mais les immeubles de famille étaient insaisissables. Chez nous, où la société est devenue plus ambitieuse de progrès que de durée, et se persuade atteindre mieux son but par la protection de l'individu, des ressources et des activités individuelles, que par la conservation de la famille,

---

1. M. Dareste, p. 132.

tous les immeubles peuvent être saisis, mais non tous les
meubles : les outils professionnels sont exceptés et quelques
meubles indispensables ; et la personne du débiteur la plus
insolvable est affranchie de toute contrainte. — Chez les
Ossètes du Caucase, tout peut être vendu dans la grande maison commune, sauf le chaudron de cuivre et la chaîne de fer
qui le suspend au foyer, objets sacrés, sortes de fétiches
domestiques auxquels s'attache la plus haute valeur sociale,
parce qu'ils sont réputés nécessaires à la perpétuité des communautés familiales, rêve suprême de ces cœurs simples.

Il suit de là que, si une bonne théorie de la valeur nous
apprenait les causes générales qui font varier continuellement le système des valeurs, l'économiste indiquerait par là
au législateur dans quel sens, quand ces causes fonction-
nent, doit être remaniée la législation [1]. Or, n'est-il pas manifeste, d'après ce qui précède, que ces causes en dernière analyse, sont des inventions, des découvertes, des
innovations individuelles propagées par imitation aveugle
ou raisonnée, inconsciente ou réfléchie ? En définitive, un
objet *vaut* d'autant plus qu'on désire davantage un certain
bien, et que l'on croit davantage cet objet capable de pro-
curer ce bien [2]. Mais qu'est-ce donc qui fortifie et généralise

1. Mais, bien entendu, le système des droits et des obligations, ossa-
ture du corps social, ne saurait correspondre que très inexactement ni
s'adapter que très lentement au système des valeurs, chose plastique en
continuelle mutation, comme la chair vivante.

2. Je voudrais bien que l'on se gardât de juger sur ce simple énoncé
notre théorie de la valeur. Je me borne à l'indiquer ici. Ailleurs (dans
la *Revue philosophique*, dans la *Revue d'économie politique*), j'ai essayé
de l'esquisser plus complètement. J'ai eu le plaisir de voir M. Gide,
dans son *Traité d'économie politique*, faire bon accueil à une partie de
ces idées et notamment à celle-ci, que la *croyance*, non moins que le
désir (expression du besoin) est un facteur essentiel de la valeur. — Il
y a à tenir compte aussi de la répartition plus ou moins égale ou inégale des fortunes. — J'ai cru montrer que la valeur a deux sens inverses et complémentaires, le premier exprimant le résultat de la lutte
engagée dans chaque individu entre les désirs et les croyances qu'il
s'agit de sacrifier les uns aux autres, le second exprimant le résultat
du concours de désirs et de croyances qui s'entr'aident ou s'entre-
confirment.

8.

un désir, qu'est-ce qui le surexcite et le répand, si ce n'est
ce qui le satisfait plus abondamment, ce qui met sa satisfaction à la portée d'un plus grand nombre d'hommes autrement dit une idée d'inventeur ? L'invention de la poudre a
fortifié et répandu la soif de conquêtes militaires ; l'invention de l'imprimerie, la passion de la lecture ; l'invention
des chemins de fer, la fièvre de locomotion. Et qu'est-ce qui
accroît et répand une croyance, si ce n'est l'action prestigieuse d'un apôtre original, ou la magie de style d'un écrivain supérieur, ou l'enseignement d'un savant éclairé par
des découvertes de faits ? Sans l'invention des chemins de
fer, le législateur français du xixᵉ siècle n'aurait sans doute
pas édicté l'expropriation pour cause d'utilité publique. Il y
a cent ans, il eût jugé le droit de propriété plus respectable
que le besoin de déplacement rapide, et ⁓⁓rifié celui-ci à
celui-là. A présent, il a fait le sacrifice contraire parce que
la manie de la locomotion, grâce à l'invention de la locomotive, a été décuplée, centuplée, et que des statistiques ha-
bilement imaginées sur la comparaison des accidents en
diligence et en chemins de fer ont accru et vulgarisé la
confiance du public dans la sécurité de ce dernier mode de
transport : d'où la conclusion que la loi devait autoriser la
trouée des voies ferrées à travers les domaines des propriétaires qui seraient tentés d'être récalcitrants. — Ce qu'il
importe surtout de remarquer, ce sont les variations d'intensité ou de direction apportées par une suite de grands
hommes au grand désir collectif d'une nation, à sa passion
nationale, qui se subordonne naturellement toutes les fins
individuelles, et les broie, les plie ou les emploie. Depuis
Mahomet, qui a suscité dans tout son peuple le rêve ardent
de la propagande religieuse à main armée et la foi dans la
victoire, ce fanatisme et cette foi ont décliné sous certains
khalifes, se sont rallumés sous d'autres, grâce à des réformateurs inspirés ; et, suivant ces vicissitudes des âmes,
l'obligation juridique de participer à la guerre sainte, d'accomplir le pèlerinage à la Mecque, de jeûner pendant le

Rhamadan, était inscrite au premier ou au second rang, mais bien rarement au dernier, sur la liste des devoirs les plus sacrés.

Il serait aisé, mais inutile, de multiplier les exemples. J'en ai assez dit pour justifier ma proposition, que la théorie des obligations et la théorie des valeurs, en corrélation intime l'une avec l'autre, se rattachent ensemble et avec plusieurs autres à la théorie du syllogisme dûment renouvelée. La logique, on le voit, une logique rigoureuse, gouverne les phénomènes psychologiques et les phénomènes sociaux vus sous un certain angle, comme la mécanique régit les mouvements physiques. Et même, à proprement parler, la logique ainsi entendue n'est autre chose qu'une mécanique mentale et sociale, dont les règles, aussi rigoureuses qu'universelles et permanentes, régissent les rencontres de ces forces concourantes ou opposées que j'ai appelées croyances et désirs [1], véritables quantités intimes susceptibles de croître et de diminuer indéfiniment sans changer de nature, même en changeant d'objet, et qui, additionnées les unes aux autres, soustraites les unes des autres, combinées les unes avec les autres, expliquent toutes les révolutions morales, partant politiques et juridiques, de l'humanité.

On le voit, l'histoire des sociétés nous paraît, à nous-même, soumise à des lois, et à des lois très précises. Mais, on le voit aussi, ces lois ne gênent en rien la riche diversité des évolutions sociales, comme certaines formules étroites qui ont la prétention de canaliser ces grands fleuves, ces Rhins, ces Nils, ces Mississipis capricieux et sauvages. Nos lois, au contraire, affirment la nécessité de ce caprice et de cette exubérance, la nécessité, pour ainsi dire, de cette liberté. Car on n'a pu ne pas remarquer l'importance capitale

---

1. Je me permets de renvoyer le lecteur, curieux d'éclaircissements, à un chapitre de mes *Lois de l'imitation*, sur ce que j'ai appelé le *duel logique* ou *l'accouplement logique* des innovations successives, conformes ou contradictoires, ou tout ordre de faits sociaux, en linguistique, en mythologie, en politique, en législation, en industrie, en art.

accordée plus haut, dans la production des forces justiciables
de ces règles, à l'accident individuel du génie, à l'initiative
personnelle. Je n'ai pu citer que peu de noms d'inventeurs
illustres. Mais qui de nous n'invente et n'innove à quelque
degré, et n'est initiateur obscur, par quelque côté, en même
temps qu'imitateur dans tout le reste de sa conduite ? Qui ne
laisse après soi, dans un cercle plus ou moins large ou restreint, un pli nouveau à ce qu'il a touché, une modification
inaperçue du langage, des manières, des idées, des sentiments ? Rien n'est perdu de tout ce qui jaillit de notre cœur
un jour, et dont la mystérieuse source, cachée dans les profondeurs de notre originalité irréductible, échappe à la sonde
du psychologue. L'accent parisien, à l'heure actuelle, est
l'écho synthétique de tous les timbres de voix qui ont caractérisé chacun des habitants de Paris depuis d'innombrables générations ; notre tournure française d'esprit, à notre
époque, est la synthèse d'incalculables genres d'esprit, tous
inattendus à leur apparition et doués d'un charme tout à
fait propre ; notre peinture française, notre poésie française
contemporaine, sont un *beau nouveau* où se condensent tous
les *beaux nouveaux* successivement découverts par des générations de poètes et d'artistes ; notre idéal national ou
humanitaire, la couleur de notre patriotisme ou de notre
philanthropie, de notre pessimisme même ou de notre mys-
ticisme, sont l'héritage accumulé d'innombrables formes de
dévoûment, de souffrance ou d'amour, inventées par quelque
âme particulière, réputée passagère, et propagées chacune à
son tour. Chaque aspect social, chaque état social, n'est en
quelque sorte que l'*intégration* d'infinitésimales inventions,
d'infinitésimales nouveautés apportées par des êtres dont
chacun, en vérité, a été unique en soi, sans parler des grands
personnages ; et voilà pourquoi cet état ou cet aspect lui-
même n'a été qu'une fois et ne se reverra plus ; et pourquoi
il n'est pas permis de parler d'une succession de ces états ou
de ces aspects qui serait coulée dans une rigole banale. Nul
sociologue d'il y a deux mille ans, si éclairé qu'on le sup-

pose, n'aurait pu prévoir la physionomie de notre époque,
le génie de la France ou de l'Allemagne actuelles. Et toute
époque a sa physionomie, parce que nous avons tous la
nôtre ; et toute nation a son génie parce que des millions
d'hommes ont eu le leur, humble ou illustre, latent ou pa-
tent. Exister, c'est différer ; nos ressemblances, que le savant
étudie, nos mutuelles imitations, ne sont qu'un moyen de
mettre en relief notre différence essentielle, délices de l'artiste, seule raison d'être de notre être. Et c'est là ce qu'il
appartient au philosophe de montrer, s'il veut remplir sa
mission tout entière, qui n'est pas seulement de sublimer la
science et de distiller l'art, mais de combiner dans ses formules tout le suc de l'une avec l'essence de l'autre. Pour
rendre compte de l'évolution organique même, Darwin a dû
postuler cette floraison spontanée et incessante de variations
individuelles, inexplicable fondement de ses explications. A
fortiori, toute interprétation de l'histoire humaine requiert
ce postulat, plein d'inconnu et d'espérance. Seul, il justifie
notre intérêt passionné pour ce drame sans fin, quotidiennement renouvelé, et nos sacrifices et nos efforts infati-
gables pour préparer son acte futur, qui reste toujours une
énigme...

CHAPITRE VI

LE DROIT NATUREL.

Pendant que s'élaborent les législations positives, dont il a été question exclusivement jusqu'ici, le rêve d'une justice plus haute, idéale à la fois et destinée à être réalisée ou présumée réalisée déjà dans un lointain passé, sorte de paradis terrestre juridique à découvrir ou à retrouver, ne cesse de hanter le cœur de l'homme. Et ce beau songe, plein d'un pressentiment vrai, a exercé une action si puissante, cette *idée* a été par elle-même une *force* si considérable parmi celles qui ont concouru à l'amélioration législative, qu'il ne nous est point permis de passer sans en rien dire.

Nous le pouvons d'autant moins que la préoccupation du « Droit naturel » ou de « l'équité » peut être aussi bien considérée, quand elle atteint un certain degré d'acuité, comme une des phases les plus régulières, les plus constantes à son rang et à son heure, des transformations du Droit. En toute civilisation qui arrive à son âge *classique*, la conception du droit naturel, sous des noms différents, se formule avec plus ou moins de netteté. A Rome, déjà sous Auguste, mais surtout sous les Antonins. A Athènes, du temps de Platon (les *Lois*) et des Stoïciens, dont l'adage était, on le sait, de « suivre la nature ». En Angleterre, au xviiie siècle. En France, sous Louis XIV, quand Domat écrit son « Droit civil dans son ordre naturel », comparé par M. Viollet, à l'un de ces froids et symétriques monuments de la même époque ou aux tra-

gédies de Racine. Chez les Anglais, le Droit naturel, ou ce
qu'on peut appeler ainsi, a eu pour expression la jurisprudence de la Chancellerie, qui, d'après Sumner - Maine [1],
« porta le nom d'*équité* ». Elle repose sur des principes relativement nouveaux « qui tendent à supplanter la vieille
jurisprudence du pays en vertu d'une supériorité morale
intrinsèque », à peu près comme la jurisprudence prétorienne
à Rome.

Mais les éléments de cette « équité » sont très complexes :
droit canonique (rien de moins *naturel* pourtant, en un certain sens, que l'esprit chrétien), droit romain, et, à partir
du xviiie siècle, « systèmes mêlés de jurisprudence et de morale empruntés aux publicistes des Pays-Bas ». Les sources
du *jus naturale* conçu par les préteurs et les grands jurisconsultes de Rome sont-elles moins mélangées ? Non. Il y a
d'abord le *jus gentium*, le droit supposé commun à toutes
les nations étrangères, avec lesquelles Rome, en s'étendant,
fut forcée d'entrer en relations. A chaque extension de ces
rapports internationaux, correspond une modification ou
une complication de l'idée qu'on se faisait de ce Droit, sorte
de terrain sédimentaire formé au pied de l'abrupte Droit
quiritaire par une suite de strates superposées, d'alluvions
juridiques, dues aux flux successifs de l'imitation étrangère.
Mais il y a aussi, et surtout, la philosophie et la morale stoï-
ciennes dont tous les grands jurisconsultes romains de
l'époque où fleurit la théorie du Droit naturel étaient im-
prégnés.

Or, de ces deux inspirations si diverses, et même, en un sens,
opposées, qui se sont combinées dans cette théorie, laquelle
a eu la part la plus active ? On a beaucoup exagéré, je crois,
l'importance de la première aux dépens de la seconde, ou
plutôt aux dépens des causes qui ont favorisé celle-ci. On a
vu dans le commerce extérieur l'âme de la régénération du
Droit civil, en sorte que le progrès de ce dernier eût consisté

---

1. *Ancien droit*, p. 43, et s. de la trad. franç.

à étendre, peu à peu, aux rapports des citoyens entre eux, grâce aux innovations prétoriennes, les règles juridiques puisées dans les rapports des citoyens avec les étrangers. Ce serait précisément l'inverse du véritable progrès moral et juridique qui consiste, nous le savons, à traiter les étrangers, dans un rayon sans cesse agrandi, comme on traitait primitivement ses parents. Mais, avant d'admettre à la légère que le progrès du Droit romain a fait exception à une loi si générale, demandons-nous si c'est bien vraiment dans leurs contacts avec des peuples exotiques, ou si ce n'est pas plutôt dans l'assimilation, l'unification, d'innombrables peuples par la conquête romaine, devenue la paix romaine, que les jurisconsultes de Rome ont puisé l'idée du *jus gentium* lui-même. A coup sûr, c'est l'unité du grand empire, assis dans son repos bienfaisant, qui a permis à l'idéal de la cité universelle, conçu quelques siècles auparavant par de grands philosophes, au temps d'Alexandre, de renaître plus brillant après César. Le stoïcisme d'Epictète et de Marc-Aurèle était, comme l'Evangile, mais sous une forme plus froide et moins entraînante, l'extension du sentiment de la fraternité à tout le genre humain. C'était là son caractère éminent aux yeux de tous ; et c'est ce qui explique son éclipse en de longues périodes de guerres, de bouleversement, de morcellement politique et social, son retour d'éclat à chaque moment historique de grandeur et de paix. Si les moralistes stoïciens ou cyniques à longue barbe ont eu presque le même succès dans la Rome impériale, parmi les classes éclairées, qu'auront plus tard, parmi toutes les classes, aux beaux siècles du moyen âge, les moines mendiants, prêcheurs d'un autre communisme fraternel, c'est que déjà le monde romain commençait à former, comme plus tard l'Europe chrétienne, une vaste famille ouverte. Or c'est sous l'influence dominante de ce grand fait et de cette grande doctrine ressuscitée par lui, que le Droit naturel s'est précisé et transfiguré, au point de devenir, en réalité, le contraire du *jus gentium*, d'où il est réputé issu.

Si, en effet, on eût posé en principe que le Droit naturel, de même que le *jus gentium*, comprend toutes les dispositions légales communes à toutes les nations et ne comprend que celles-là, les jurisconsultes de l'Empire auraient dû dire que l'esclavage était essentiellement de Droit naturel. Tous les peuples d'alors, quelle que fût leur diversité à d'autres égards, avaient des esclaves; rien en eux n'était plus frappant que cette similitude. Cependant, il est remarquable que les jurisconsultes impériaux, s'inspirant des sentiments stoïciens d'abord, chrétiens ensuite, faisaient bien rentrer l'esclavage dans le *jus gentium*, mais l'excluaient du *jus naturale*. A leurs yeux donc, celui-ci différait profondément de celui-là. Il avait, par suite, une autre origine que celui-là.

Il n'en est pas moins vrai que les contrats commerciaux avec le dehors ont grandement favorisé en tout pays prospère l'idée et le vœu d'un Droit plus large que le Droit national. A Rome, à Athènes, à Babylone même, il en a été ainsi. Mais pourquoi? Parce que ces échanges ont partout fait naître la sympathie pour l'étranger, le goût de prendre exemple sur lui et le désir enfin de vivre avec lui en communauté sociale [1]. Et c'est seulement dans la mesure où ces

---

1. Il y a aussi une autre raison; car le problème est complexe et ardu. Comment, encore une fois, a-t-il pu se faire que les relations avec l'étranger, qu'on haïssait ou du moins qu'on n'aimait pas, aient donné naissance, directement ou indirectement, à un Droit qui, comparé au Droit né des rapports avec le compatriote, seul objet des affections du cœur, constitue un réel adoucissement des rigueurs juridiques, un pas décisif vers l'ère de l'*équité* ? La chose s'explique, en outre des considérations ci-dessus, si l'on remarque que, vu le caractère éminemment hiérarchique, *inégalitaire* et autoritaire, d'une Nation primitive, — et même d'une Nation quelconque —, le Droit national, en dépit de la sympathie mutuelle des citoyens, doit être fondé sur l'*autorité*, sur l'*inégalité*, et appuyer surtout sur le *pouvoir* du père, du magistrat, du mari, du prêtre ou de l'augure, du patricien, du chef militaire. Au contraire, *précisément parce que le romain et l'étranger ne font point partie de la même nation*, ils se sentent égaux, entre eux, sans pouvoir *légitime* l'un sur l'autre. C'est donc sur ce pied d'égalité — c'est-à-dire sur la relation que tend à établir, dans le sein même de la nation, le progrès de la civilisation, *mais à la longue et plus en apparence qu'en réalité* — que, de prime abord, et très réellement, se sont fondées les

sentiments assimilateurs ont été éprouvés que le *jus gentium* s'est rapproché du *jus naturale*, au point de finir par paraître ne faire qu'un avec lui. Mais, au fond, et malgré tout, leur dualité est si réelle, elle est fondée sur une distinction si profonde, que les développements posthumes du Droit romain, durant l'ère moderne, ont fait éclater leur dissemblance et produit leur divergence. Pendant que le *jus naturale*, d'une part, passait dans les meilleures dispositions du Droit canonique, inspirait le *C‑·trat social* de Rousseau et les *Droits de l'homme*, tous les essais ou tous les projets de législation *humanitaire*, le *jus gentium*, proprement dit, d'autre part, suscitait aux xvıe et xvııe siècles, ce que les modernes appellent aussi le *Droit des gens*, et qui, en réalité, a plus qu'une parenté nominale avec son synonyme latin. Quand les principaux États centralisés de l'Europe ont eu le sentiment de leur nationalité distincte et perdu celui de leur solidarité commune, sous le sceptre d'un même pape ou d'un même empereur, le besoin s'est fait sentir de donner une couleur juridique aux rapports anarchiques de ces grands individus collectifs, de ces souverains indépendants, rivaux et hostiles les uns aux autres. Il n'est pas surprenant qu'on ait alors songé à leur appliquer les règles relatives aux rapports entre deux individus de nationalité différente. Et, fort heureusement, le *jus gentium*, qui réglait ceux-ci, avait été formé à une époque où *étranger* avait cessé de signifier *ennemi*. De là, le caractère élevé de notre Droit international, en théorie, il est vrai, beaucoup plus qu'en fait. Car, en pratique, il est féroce de cruauté, odieux de mauvaise foi et de cynisme, et rien ne ressemble moins aux *Droits de l'homme*.

On s'explique maintenant pourquoi, malgré l'intime con-

---

règles du Droit avec l'étranger, du *jus gentium*. Et voilà pourquoi le *jus gentium* ressemble si fort au *jus naturale*, qu'il a été pris souvent pour celui-ci. Il n'en est pas moins vrai que la *sympathie* est, non moins que l'*autorité* (au fond de laquelle la sympathie se cache) la source du Droit.

nexion historique du droit naturel et du droit des gens,
ils n'ont pu se fusionner complètement. Sumner-Maine a signalé le fait sans en donner la raison [1]. La vérité est que le
Droit naturel, si l'on entend par là l'équité, la justice égale,
indulgente et douce, est la généralisation d'un type de relations emprunté aux rapports intérieurs des membres du
groupe social primitif, aux droits et aux obligations réciproques des frères, des confrères, des concitoyens étroitement liés, tandis que le *jus gentium* est, ou du moins a la
prétention d'être la formule des rapports entre des hommes
appartenant à des groupes différents. D'ailleurs, c'est seulement quand les similitudes imitatives, quand les traits de
parenté sociale se multiplient entre deux peuples qu'ils ont
l'idée de formuler un droit international à leur usage. Le
seul fait de reconnaître un droit à des étrangers et de com-
mercer avec eux, dénote qu'ils le sont devenus moins. —
C'est donc, je le répète, une grande erreur, mais c'est une
erreur explicable et excusable, de faire honneur au commerce et au *jus gentium* de la noble et haute conception du
droit naturel telle que les Romains nous l'ont laissée. Elle
leur a été suggérée, qu'ils en aient eu ou non conscience, par
le *dedans* et non par le *dehors* du groupe social, famille,
tribu ou cité. Nous retrouvons encore ici le faux point de
vue que nous avons combattu plus haut, sous tant d'autres
formes, et notamment dans l'explication historique de la
pénalité.

Mais il faut convenir que l'expression de Droit *naturel* se
prêtait à cette équivoque, car l'idée de *nature* est ambiguë. Ce
qui est naturel, est-ce le rapport extérieur des organismes,
— concurrence et sélection « naturelles », — ou n'est-ce pas
plutôt le rapport intérieur, harmonie, hiérarchie, finalité des
organes d'un même corps? Ne confondons pas l'association
vitale avec la bataille vitale. Il faut opter. Malheureusement,

1. « Il semble étrange à première vue, dit-il, dans l'*Ancien Droit*,
de rencontrer, dans l'histoire entière du Droit, le *jus naturæ* et le *jus
gentium* toujours mêlés et jamais confondus. »

on n'a pas opté, on a tout brouillé [1]. De là cet hybride
qui porte le nom de Droit naturel et qui, par ses incons-
cientes inconséquences, encore plus que par sa grandeur,
était si bien fait pour plaire à l'éclectisme français, soi-
disant spiritualiste, de la première moitié de ce siècle. Le
caractère tout à fait remarquable de ce Droit qui lui est si
cher, est de n'en avoir aucun, d'être quelque chose d'absolument insipide et décoloré, dépourvu du moindre atome
d'originalité, c'est-à-dire de ce qu'il y a précisément de plus
naturel à l'homme et aux choses humaines.

Certes, il est dans la nature d'un peuple petit ou grand,
petit comme une famille ou grand comme l'Empire romain, d'avoir son cachet original; et à ce titre, le *droit
quiritaire*, le *jus quiritium*, malgré ses aspérités, ou, pour
mieux dire, à raison de son pittoresque même, était infiniment plus naturel que le *jus gentium* et même que le *jus
naturæ*. Il l'était, du moins, aussi longtemps qu'ont persisté les conditions sociales, étroites et rigoureusement circonscrites, qui lui avaient donné naissance. Mais, plus tard,
quand les circonstances ont changé, grâce à l'expansion de
Rome au dehors, il a cessé de l'être. Il s'est produit alors un
phénomène qui n'a pas échappé à la sagacité de Sumner-

1. Par exemple, en quel sens est-il vrai que les fondateurs théoriques
du Droit des gens modernes aient appliqué le droit naturel aux relations
des États? Ils ont cru devoir considérer ces États comme égaux entre
eux, égaux en droit malgré leur extrême inégalité de puissance, et il
s'est agi de concilier juridiquement ces souverainetés inégales. Problème
insoluble, à vrai dire. Qui dit *souveraineté,* pouvoir suprême, dit pouvoir sans limite territoriale. Cette idée d'une multiplicité de souverains,
supposés maîtres absolus chacun sur son domaine petit ou grand, et en
cela égaux, est ce qu'il y a de plus anarchique au fond et même de
contradictoire. La conception qui régnait dans le monde romano-chré-
tien après la chute même de l'Empire, d'après laquelle il n'y avait ni
ne pouvait y avoir qu'une seule souveraineté dans le monde, divisée
d'ailleurs en deux ou plusieurs personnes, — comme la divinité *triple
et une,* dont l'idée a peut-être été suggérée par la division du pouvoir
impérial? — était tout autrement *naturelle,* si l'on qualifie ainsi toute
idée propre à établir l'ordre, l'équilibre et la paix du monde, et à produire le plus logique des arrangements.

Maine. Les Romains, au début, méprisaient le *jus gentium*
naissant, malgré l'ampleur de généralité internationale qu'ils
attribuaient dès lors à ses dispositions ; et ils étaient tout
fiers des particularités les plus puériles de leur Droit propre.
Mais peu à peu il leur est venu de l'admiration pour des
règles jugées communes aux lois de tous les peuples, et
quelque penchant à se moquer de leur vieux Droit quiritaire.
Comment a pu s'opérer cette véritable révolution morale?
Nous le savons déjà. L'assimilation graduelle des peuples,
leur uniformité hâtée par la conquête et la mutuelle sympathie, a fait cela. Le caractère *général* — ou supposé tel — de
certaines institutions les faisait mépriser au début parce que
général y signifiait *banal* et vulgaire, tant que la généralité
des peuples étrangers passait pour une barbarie ambiante.
Mais, avec la disparition de ce préjugé *chauvin*, on s'habitua
à penser qu'un peuple en vaut un autre, et, par suite, que,
plusieurs peuples valent plus qu'un ; que les institutions de
tous les peuples valent mieux que celles d'un seul ; l'autorité, la supériorité, la souveraineté du nombre commencè-
rent à s'imposer dans les esprits. Car le prestige du nombre
est un effet de l'assimilation sociale qui substitue à l'aspect
qualitatif des individus ou des peuples non encore assimilés, leur aspect *quantitatif*, propre à éblouir les sages
mêmes avant de permettre un jour aux politiques l'application de la statistique et du suffrage universel. Quoi qu'il en
soit, est-ce à dire que le monde romain, même à l'époque
classique, se soit jamais engoué d'un Droit sans saveur et
sans marque propre? Nullement. Le banal, le non original,
n'avait pas cessé de lui répugner, comme à toute nation vi-
vace encore ; et c'est à titre de Droit universel et romain à
la fois, — comme on a dit plus tard « l'Église catholique et
romaine », et certes, « catholicité » n'a jamais signifié bana-
lité — c'est à ce titre uniquement que le Droit naturel a été
cultivé avec amour par les jurisconsultes et les magistrats
de Rome. On ne dira pas, je pense, que le *Corpus juris*, leur
œuvre séculaire, est un monument sans style. C'est l'œuvre

d'un génie énergiquement autoritaire, hiérarchique, organi-
sateur, qui aspire et qui excelle à universaliser ses particularités distinctives. On y sent partout la griffe du lion, et on
la sent aussi dans tous les grands corps de Droit, tels que le
Droit canonique et les lois de Napoléon, où s'est incarnée
la même prétention d'être à leur tour la *raison écrite*. On ne
la sent pas moins dans les systèmes des grands écrivains,
Contrat social ou *Arithmétique morale* de Bentham, qui ont
cru dogmatiser le Droit rationnel, autre expression du Droit
naturel.

Je viens de comparer Bentham à Rousseau ; je ne voudrais pas qu'on se méprît sur la portée de ce rapprochement. Évidemment, le Droit naturel tel que le concevait le
grand Génevois, comme le retour à un *état de nature* imaginaire, à un chimérique âge d'or, est une erreur pure et
simple. Mais il faut y voir aussi la visée inconsciente d'un
idéal de législation future fondée sur la préoccupation exclusive du bien public, sur une sorte de *benthamisme anticipé*,
comme dit Sumner-Maine. Or, à ce point de vue, on peut
dire que l'*utilitarisme* collectif, dont le benthamisme a été
une forme particulière et assez étroite, est destiné à servir
de fondement commun aux législations futures, puisque,
inévitablement, le progrès des relations sociales doit finir par
donner le sentiment et stimuler le besoin du bien public. En
ce sens, le songe du Droit naturel pourrait bien être prophé-
tique. Mais en même temps, on doit ajouter que ce bien
public, dépendant du but général et des idées en vogue,
sera toujours assez diversement poursuivi par les différentes
sociétés. Et il ne faut pas oublier que la construction d'un
Droit n'est point seulement une œuvre de *téléologie sociale,* une conciliation difficile de désirs, de volontés,
d'intérêts, mais aussi une opération de *logique sociale*,
un accord tout aussi malaisé de jugements, d'idées, de
croyances. Avant tout, l'élaboration juridique, soit chez le
juge et le commentateur, soit chez le législateur même, est
une systématisation ; ou, si l'on veut, c'est de la *téléologie*

présentée sous couleur logique. C'est assez dire que, le nombre des éléments à combiner étant infini, il serait insensé de se hasarder à prédire laquelle des innombrables combinaisons possibles est la plus légitime et destinée à prévaloir. En réalité, l'avenir juridique sera ce que le feront les inventions à naître, que nul ne saurait prévoir.

On voit, par ce qui précède, que je me refuse, comme Sumner-Maine, à expliquer tous les changements du Droit par la poursuite supposée de cette unique fin, l'utilité. A cette théorie trop répandue on a objecté avec raison que les croyances et les préjugés ont joué un plus grand rôle encore que les besoins dans les métamorphoses juridiques. Or, dans un intéressant travail sur Sumner-Maine [1], M. Icilio Vanni, professeur de Droit à Parme, répond que ces croyances et ces préjugés dont on parle, ont trait à des objets d'espérance et de crainte, imaginaire ou fondée, n'importe, et que, par exemple, si la foi en la divinité de l'ancêtre, le culte du foyer, a constitué la religion de la famille antique dans notre monde indo-européen, ce culte a été considéré comme un simple moyen d'éviter de grands maux ou d'obtenir de grands biens ; d'où l'on peut déduire qu'il rentre aussi dans la préoccupation utilitaire. En somme, la manière dont l'utilité est poursuivie est spécifiée par les croyances ; mais c'est toujours l'utilité qui est le but. — A cela je réplique deux choses. D'abord, cette spécification de l'utilité par la nature de la croyance est ce qui nous intéresse, car, jusqu'à elle, l'utilité reste vague et indéterminée ; et comment ce qui est indéterminé serait-il déterminant ? En spécifiant l'utilité, les croyances créent des besoins nouveaux, qui n'existeraient pas sans elles ; elles la suscitent plus qu'elles ne la précisent. Et ce n'est pas à charge de revanche ; car ce ne sont pas les besoins qui donnent aux croyances leur forme caractéristique ; ce sont des perceptions ou des hallucinations particulières. Il y a donc là deux sources distinctes. — En second lieu,

1. *Gli studi di Sumner-Maine,* par *Icilio Vanni.*

M. Vanni oublie de nous dire, non seulement de *quelle* utilité il veut parler, mais encore de l'utilité *de qui*. Autrement dit, quelles sont les parties du groupe social, quelle est la classe ou la caste, dont les besoins à satisfaire, créés ou spécifiés, comme il vient d'être dit, sont le but poursuivi par la législation ? Nous voyons varier, nous voyons grandir cette fraction dominante de la société au cours de la civilisation, et c'est là la cause la plus importante des variations juridiques. Mais pourquoi cette fraction change-t-elle et croit-elle ? Voilà la question, et nous nous sommes efforcé d'y répondre. Partout s'offre à nous, dans une société donnée, la distinction de la minorité gouvernante et de la majorité gouvernée. Et la minorité gouvernante, tantôt ne poursuit que sa propre utilité égoïste, à l'exclusion de celle de ses sujets, tantôt fait des concessions aux vœux de ceux-ci, mais dans une mesure très variable et qui varie d'après les principes moraux ayant cours, accrédités par une religion nouvelle ou par une philosophie en vogue. Il ne suffit donc pas de dire que les hommes ont des besoins et qu'ils cherchent à les satisfaire pour résoudre par cet axiome très simple, à la vérité, mais très stérile, les problèmes juridiques de tous les temps et de tous les lieux. Les besoins ne sont que la matière élaborée et transfigurée par les formes idéales de l'esprit.

— Revenons au Droit naturel. Aurait-on, malgré tout, la témérité de demander à l'idée de cette Équité fameuse, au sentiment confus que nous en avons et qui est l'écho de notre passé juridique, la solution des questions pratiques et précises qui se posent aux faiseurs de lois ? Quelques éclectiques l'ont essayé, et l'on sait la puérilité de leurs résultats. La moindre réflexion suffit à montrer le vague incurable et l'indétermination essentielle de cette idée. Me dira-t-on seulement quelle est la manière la plus « naturelle » de compter les degrés de parenté ? Si la *représentation* est « naturelle » ou non ? Si les collatéraux de la ligne paternelle doivent ou ne doivent pas « naturellement » être préférés à ceux de la ligne maternelle ? Il serait naturel, ce semble, de les préférer, et de donner partout, en général, le pas au masculin sur le féminin, puisqu'il n'y a rien de plus naturel au monde que le droit du plus fort. On adopte pourtant la négative.

En fait de procédure criminelle ou civile, qu'est-ce qui est conforme au Droit naturel ? Aujourd'hui, je vois bien qu'il serait « naturel » de remplacer dans un grand nombre de cas, les huissiers par les facteurs des postes, les exploits par des lettres chargées. Mais pourquoi et depuis quand cela commence-t-il à nous paraître naturel, autrement dit raisonnable ? Parce que et depuis que le progrès des communications, grâce à l'invention des chemins de fer, des postes, des timbres-poste, etc., est arrivé au point que nous savons. Il y a deux siècles, rien n'eût été moins naturel que l'idée d'une pareille réforme. Il était naturel, au temps où l'on croyait au surnaturel quotidien, de considérer les ordalies, le duel judiciaire, comme la procédure par excellence. Il y a quelques années encore, la plupart des juristes, si on les eût consultés, auraient été d'avis que le jury était de Droit naturel, qu'il devait être inscrit toujours en tête de la procédure criminelle idéale. A présent, quel changement à ce sujet !

Le Droit naturel comporte-t-il un titre relatif aux privilèges et hypothèques ? Impossible de répondre. Impossible de dire si ce sera un progrès pour la législation du xxᵉ ou xxiᵉ siècle d'effacer des Codes le privilège et l'hypothèque. Qui peut prédire quel sera le régime de la propriété dans un siècle ou deux, et s'il sera tel qu'il permettra encore la saisie immobilière ? Ne savons-nous pas que, chez beaucoup de peuples, les immeubles ont été ou sont encore insaisissables ? Autre question. Le testament fait-il ou non partie du Droit naturel ? Est-il naturel qu'un homme se survive en quelque sorte par la libre disposition de ses biens pour une époque qui suivra sa mort ? Est-ce la liberté absolue ou la liberté restreinte — et dans quelles proportions ? — du droit de tester, qui est le régime testamentaire le plus naturel ? —

9.

Je vois bien que le régime matrimonial de la communauté d'acquêts est plus juste que le régime dotal ; mais plus naturel, non. Car ce qui est naturel, encore une fois, c'est l'abus de la force. — Je constate aussi que le progrès de la civilisation fait prédominer de plus en plus les contrats écrits sur les contrats verbaux. Mais il est trop clair que, si cela nous semble naturel, c'est à cause de l'invention très artificielle et de la diffusion contagieuse de l'art d'écrire... Inutile d'insister.

— J'ai déjà dit un mot du Droit international ; mais j'y reviens, avant de finir, parce que cette branche du Droit nous fournit une excellente illustration de nos principes sur l'importance décisive de l'imitation et de l'invention dans toute l'étendue du domaine juridique. D'où vient à un texte de loi, en général, son pouvoir effectif ? Est-ce uniquement, est-ce avant tout de la force publique, du commandement législatif ? Maine a fort bien prouvé que ce n'est là qu'une des sources, et la plus récente, de l'autorité attachée aux prescriptions légales. Toutefois, si le Droit international n'existait pas, on pourrait refuser d'admettre l'avis du grand jurisconsulte anglais. Mais voici tout un corps de Droit qui s'impose en temps de guerre dans les relations des armées, en temps de paix dans les relations des diplomates, et qui, cependant, ne doit point sa force à un ordre législatif, puisqu'il n'y a point de législateur suprême des nations. La doit-il même toujours à un contrat par lequel, à défaut d'un ordre supérieur, les divers Etats égaux et souverains auraient convenu d'observer certaines règles ? Non. La plupart des lois de la guerre que reconnaissent les Etats civilisés, n'ont jamais été délibérées, ou n'ont pas été unanimement acceptées, dans des conventions internationales. Ce Droit semble être la réalisation éclatante de cette « morale sans obligation ni sanction » que rêvait Guyau. D'où procède donc, en réalité, sa puissance efficace ? C'est bien simple et bien connu : du succès qu'ont eu en leur temps les ouvrages de Grotius et de Vattel, c'est-à-dire de l'adhésion enthou-

siaste donnée à leurs formules par une foule d'esprits émi-
nents, puis d'hommes d'Etat, enfin d'esprits éclairés quelconques, qui ont subi successivement la contagion salutaire
de cet enthousiasme. Et ce succès lui-même, cet entraînement imitatif, qui s'est porté sur ces livres plutôt que sur
d'autres, s'explique lui-même par le degré de civilisation
commune où étaient parvenus, au xviiᵉ siècle, les peuples
européens, grâce à cette succession de grandes inondations
imitatives, la *romanisation*, la *christianisation*, la *féodalisa-
tion*, l' « humanisation » de la Renaissance, sans parler des
guerres qui ont contribué à la dissémination de tous ces
germes, à l'expansion de ces flots, au nivellement du sol de
l'Europe par ses bouleversements mêmes. Grotius et ses
successeurs ont, par l'accueil fait à leurs livres, suscité dans
le public « un sentiment intense d'approbation en faveur
d'un certain nombre de règles[1] », un sentiment intense de
« réprobation » contre ceux qui les violent. Telle est leur
seule sanction. Pour que cette intensité de sentiment ait été
atteinte, il a fallu que la propagation de ces idées ait été
rapide, et que les esprits se soient échauffés par sa vitesse
acquise. Il y a ici à tenir compte à la fois du nombre des
imitateurs et du degré de conviction passionnée excité dans
chacun d'eux. La puissance réelle d'une formule juridique
est égale, pour parler mathématiquement, au produit de ces
deux quantités multipliées l'une par l'autre.

On s'étonnerait moins de voir un traité de Grotius, d'une
« personnalité sans mandat », se faire obéir de tous les souverains en vertu de son autorité propre, c'est-à-dire par la
conformité de ses opinions aux idées que sa lecture a suggérées à la plupart des hommes, si l'on songeait que, après
tout, un livre quelconque, à mesure qu'il se fait lire avec
faveur par un public de plus en plus étendu et fervent, est en
train de devenir un Catéchisme ou un Code. Tout livre,

---

1. Ce sont les termes de Sumner-Maine dans son *Traité de Droit international*.

fût-ce un poème ou un roman, est un Catéchisme ou un
Code en projet. Il n'est pas de volume sur n'importe quel
sujet qui n'aspire à régler la conduite ou la pensée des
hommes, à leur apprendre quelque vérité ou à leur faire
quelque bien ; et, suivant que l'une ou l'autre de ces deux
tendances y est plus manifeste, on peut dire qu'il est un
Dogme ou une Loi embryonnaire. Du reste, il y a tous les
degrés intermédiaires possibles entre le Dogme ou la Loi qui,
dès sa promulgation, sont sûrs d'être crus ou obéis par la
presque unanimité de ceux à qui ils s'adressent, et le livre
qui, lors de sa publication, ne peut compter avec certitude
sur aucun lecteur favorable. Combien de Codes, depuis celui
de Manou jusqu'à la plupart des lois et des constitutions ré-
volutionnaires, sans compter beaucoup d'édits royaux, n'ont
jamais obtenu qu'une obéissance apparente, partielle et mo-
mentanée ! Combien de *Credos* ont inspiré moins de foi que
certains écrits de Platon ou d'Aristote ! — Est-il surprenant,
après cela, que le Droit international formulé par de grands
écrivains des trois derniers siècles soit pratiqué de nos jours,
comme l'a été le Droit romain pendant notre moyen-âge,
sans nul ordre législatif ?

Voyons maintenant l'action des inventions sur le développement de ce Droit. Le problème de savoir quel sera le mode
d'appropriation internationale des mers et des fleuves, si l'on
doit préférer le régime de la mer libre, indivise, ouverte à
tous les pavillons (*mare liberum*) ou de la mer fermée et
monopolisée (*mare clausum*), si la navigation d'un cours
d'eau doit exister pour tous les États riverains, soit seulement
dans les limites de leurs rives respectives, soit de la source à
l'embouchure ; le problème relatif, en temps de guerre, aux
droits des vaisseaux neutres, à savoir si leur cargaison peut
être ou non visitée par les vaisseaux belligérants, et si ceux-
ci, dans le cas de l'affirmative, ont le droit de faire main
basse sur la marchandise appelée *contrebande de guerre* que
portent les vaisseaux neutres ; ces problèmes, et bien d'autres,
sont susceptibles de solutions nombreuses, entre lesquelles

l'option est rarement exempte d'arbitraire. Il n'est même
pas aisé de décider si l'abolition du *droit de course* est sans
nulle contestation possible, préférable à son maintien, quoique tous les États civilisés, à l'exception des États-Unis, aient
été d'avis de l'abolir. Malgré ce qu'il y a de sauvage dans ce
droit d'armer et de lancer, en temps de guerre, des corsaires
pour capturer des vaisseaux marchands appartenant à l'ennemi, il faut convenir que la grande république transatlan-
tique ne saurait renoncer à ces permis de chasse humaine,
comme elle l'a fait observer, sans imiter le luxe ruineux et
désastreux de nos armements maritimes permanents; et l'on
peut hésiter à choisir entre ces deux maux. Il n'en est pas
moins vrai que, d'une période à l'autre, on voit la balance
des motifs en faveur de telle solution et au préjudice de telle
autre osciller aux yeux de tous et amener une modification
du droit des gens. Alors, si l'on cherche la cause profonde
de ce changement, on découvrira toujours quelque invention
industrielle ou militaire, ou quelque nouvelle idée théorique éclose dans les esprits.

Il est des inventions, à la vérité, qui ont simplement pour
effet de modifier les applications d'un principe et non le
principe même. Par exemple, le principe que la *contrebande
de guerre* peut être saisie étant reconnu, il s'agira de savoir
ce qu'il faut entendre par ces mots; avant l'invention des
navires à coque métallique, on n'aurait pas songé à y comprendre le fer, à côté du bois et du chanvre, tandis que, désormais, on devra ranger ce métal parmi les articles prohibés.
De même les règles sur le blocus des ports de mer doivent
se ressentir du fait que, depuis l'invention des chemins de fer,
les ports assiégés peuvent se ravitailler par terre, d'où il suit
que le blocus maritime devient chaque jour plus illusoire et
doit être tenu pour tel. Mais les inventions ont aussi le pouvoir de porter atteinte aux règles elles-mêmes et aux mieux
établies. Le système de la *mer close* pourrait-il être maintenu
après que les navires à vapeur ont été inventés? Un régime
qui convient au cabotage ne saurait résister aux progrès de

la grande navigation. — Et, à ce propos, observons qu'ici l'évolution du Droit maritime, en se prolongeant, a produit deux transformations inverses. La mer, d'après les jurisconsultes romains, était la propriété commune et indivise de toutes les nations riveraines. De cette indivision on a passé à l'individualisation de la propriété, ici comme en fait de terres ; de la *mer libre* à la *mer close*. Mais voici qu'on a repassé de la mer close à la mer libre. L'histoire est pleine de ces surprises.

On ne peut douter que l'ensemble des inventions civilisatrices d'où résulte l'accroissement de notre bien-être matériel ait puissamment contribué à l'adoucissement des lois de la guerre, à la prohibition du sac des villes, au traitement plus humain des prisonniers, primitivement asservis et rançonnés. Mais, en même temps que nous nous sommes humanisés de la sorte, nous sommes devenus plus barbares sur un point très important, et cette anomalie sert précisément de contre-épreuve à notre explication, car il est manifeste que, sans la fécondité inventive de notre âge et sa tendresse de cœur pour les inventeurs quelconques, cette exception à notre règle d'humanité n'existerait pas. L'habitude, en effet, de voir dans tout inventeur un bienfaiteur plus ou moins dissimulé, quels que soient les effets immédiats de sa trouvaille, explique seule notre attitude singulière à l'égard des terribles découvertes d'engins militaires, et même d'engins criminels, qui ont rendu la guerre si meurtrière et le crime si redoutable. Les hommes du moyen-âge, beaucoup plus rudes que nous cependant, faisaient un tout autre accueil aux nouveautés de ce genre. L'arbalète, à son apparition, fut anathèmatisée, notamment par le concile de Latran, en 1139 [1], comme une arme inhumaine et féroce. Partout elle fut de la part des populations l'objet d'une indignation qui mit plusieurs siècles à s'apaiser. Le même cri de réprobation salua plus tard l'arquebuse. Dans les com-

---

1. V. Sumner-Maine, *Traité de Droit international.*

bats, on ne faisait jamais quartier aux arbalétriers d'abord,
puis aux arquebusiers, que l'on considérait comme des bri-
gands. De nos jours, au contraire, c'est avec un calme parfait, admiratif, que nous accueillons nos nouvelles armes,
nos balles coniques aux blessures si douloureuses et presque
toujours mortelles, nos fusils à tir rapide, nos torpilles,
propres à faire sauter de gros vaisseaux avec tout leur équi-
page. On sait aussi avec quelle douceur ont été, à Paris, traités
les dynamiteurs, et combien, comparée à l'alarme publique
causée par leurs attentats effrayants, l'indignation publique
contre eux a été faible et courte. Je sais bien que, dans le
scandale causé au moyen-âge par les innovations militaires,
il entrait un peu de ce « misonéisme » qui faisait proscrire
alors les souliers à la poulaine ou le hennin, au moment de
leur venue, aussi bien que l'arbalète ou l'arquebuse. Je sais
bien pareillement que, dans notre complaisance à applaudir
ou à accepter toutes nos armes nouvelles, tous nos nouveaux
explosifs, il y a beaucoup de ce « philonéisme » qui nous
vaut les progrès de notre industrie. Mais cela prouve que le
misonéisme peut avoir du bon et le philonéisme du mauvais,
pour ne pas dire du détestable; et d'ailleurs, il est clair que
misonéisme ou philonéisme, penchant à se régler sur les
modèles anciens ou sur les modèles nouveaux, c'est toujours
de l'imitativité passive et aveugle — ou du moins myope.

Le Droit international s'est formé sous l'empire de l'idéal
actuel du Droit naturel. Mais la preuve que cet idéal est
transitoire et demande à être réformé, c'est que, appliqué à
la fois au Droit international et au Droit individuel, il en-
gendre à la longue entre les deux une contradiction inaperçue. On a considéré comme un grand progrès moderne
le respect croissant de la *souveraineté* des États petits ou
grands, comme, dans nos législations civiles, le respect
croissant de la *liberté* des individus. Car ce qu'on appelle
liberté pour les personnes, on l'appelle souveraineté pour
les nations. Un État est souverain quand on le juge libre de
choisir la constitution qui lui plaît, le régime commercial

qui lui convient, et de prendre toutes les mesures militaires
qui lui semblent utiles à sa défense ou à ses projets, à ses
ambitions coloniales par exemple. Mais on ne s'aperçoit
pas que, en respectant au delà d'un certain degré cet individualisme national, on s'expose à violer ou à laisser
violer gravement l'individualisme personnel, seul réel. En
effet, nous poussons maintenant si loin l'observation de la
règle relative à cette autonomie des États, que, lorsqu'il
plaît à l'un d'eux de s'armer jusqu'aux dents, d'enrégimenter
toute sa population valide, de se hérisser de forteresses, de
dépenser tous ses milliards en cuirassés ou en torpilleurs,
les autres États le laissent faire, tout en sachant que la tolé-
rance de cet abus les oblige à imiter tôt ou tard cet exemple,
à se ruiner aussi en budgets de guerre. Or, par suite de ces
armements exagérés et nécessairement contagieux, la liberté
des individus, dans chaque État, se trouve soumise à des
restrictions, à des impôts, à des réglementations de plus en
plus abusives et tyranniques qui la réduisent à fort peu de
chose, pendant que la liberté désastreuse de ces grands Lé-
viathans abstraits, les États, s'épanouit triomphalement. Il
est certain que la pratique un peu moins timorée du droit
incontestable d'intervention, limitation nécessaire de l'indépendance des États, aurait souvent des conséquences favorables à l'indépendance des individus, si menacés, d'autre
part, contraste étrange, par les progrès du socialisme d'État.
Supposons que, pour lutter contre une ligue commerciale
des nations américaines, les peuples d'Europe essaient d'or-
ganiser à leur tour un grand *zollverein* continental, et que
l'obstination d'un seul État européen à repousser ce régime,
avantageux pour tous, fasse échouer la réalisation de ce
vaste plan. On maudirait cet État, mais personne lui contes-
terait-il le droit de s'isoler ainsi, au préjudice énorme de tout
notre continent? C'est douteux. Après avoir regardé comme
un grand progrès l'expropriation des particuliers pour cause
d'utilité publique, on regarderait comme une rétrogradation
l'expropriation d'un Etat pour cause d'utilité européenne.

Mais, remarquons-le, ce n'est qu'entre peuples civilisés à notre manière que nous concevons et pratiquons ce respect scrupuleux de ce que nous jugeons être le Droit naturel des nations. Car nous ne nous faisons aucun scrupule d'exproprier, quand bon nous semble, les États barbares ou les tribus sauvages qui nous avoisinent. Les Indiens enclavés dans le territoire des États-Unis en savent quelque chose.

CHAPITRE VII

LE DROIT ET LA SOCIOLOGIE.

En résumé, les études qui précèdent nous ont permis de constater que, dans aucune des branches principales du Droit, ne s'applique la thèse de l'uniformité d'évolution ; et, en outre, elles nous ont fait apercevoir la voie où il faut chercher les lois générales qui déterminent les phases juridiques sans faire obstacle à la riche diversité de leur cours. Mais ces deux conclusions, l'une négative, l'autre positive, valent la peine d'un examen plus approfondi, et nous allons tacher de les fortifier par quelques considérations d'un ordre encore plus général, qui ont pour but de rattacher par un lien encore plus étroit le Droit à la Sociologie.

I

Commençons par formuler de nouvelles critiques contre l'idée que nous avons combattue. Les partisans de l'évolution uniforme, soit en Droit, soit en tout ordre de faits sociaux, linguistiques, religieux, politiques, économiques, esthétiques, moraux, sont les mêmes qui donnent pour premier caractère à l'évolution juridique, comme à toute autre, d'être une différenciation. Je sais bien qu'il n'y a pas là d'inconséquence, si l'on entend la formule en ce sens que la différenciation, chez chaque peuple en train d'évoluer juridique-

ment, s'opérerait de la même manière. Mais on lui prête
aussi, sans y prendre garde, une autre signification où la
contradiction est flagrante. Par exemple, en comparant
l'histoire du Droit français à celle du Droit allemand, on
fera voir, — avec la satisfaction évidente d'appliquer une
fois de plus la fameuse loi spencérienne —, que, partis
d'un même état juridique propre à l'empire franc, ces deux
Droits ont singulièrement divergé, sous l'influence notamment du Droit romain et du Droit canon infiltrés ici et là
à doses très inégales ; de telle sorte que sauf l'effort grandissant dans l'un et dans l'autre vers la centralisation législative, rien ne se ressemble dans leur marche. On montrera
aussi bien que, d'un point de départ commun au xii° siècle,
et même plus haut, l'Angleterre et la France sont arrivées à
des législations on ne peut plus dissemblables. De même, on
dira que le début de l'évolution en Suède et en Danemark
a été la communauté de village, mais que de ce communisme égalitaire sont issus, par des chemins divers, l'organisation aristocratique du Danemark et la démocratie suédoise.
— En politique, pareillement. A ce point de vue, dit M. Glasson [1], « le moyen âge se résume dans une lutte entre la
nation, l'Eglise, la monarchie et la féodalité ». Or, de ces
« quatre forces en état permanent de conflit pour arriver à
la suprématie », en Angleterre, c'est la première qui finit par
assujettir les autres ; en France, c'est la troisième ; en Allemagne, c'est la dernière. Rien de plus différent que ces trois
évolutions. — Après quoi on nous répètera que l'évolution
est nécessairement partout la même. Comment concilier la
nécessité de cette similitude avec la nécessité de ces différences ? Et si les différences sont telles entre peuples frères,
en continuel échange d'exemples et de modèles, que sera-ce
entre nations sans parenté ni contact ?

Cependant, la plupart des évolutionnistes sont trop sérieux

1. Voir sa très intéressante introduction à l'*Hist. du Droit de l'Allemagne*, par F. de Schulte.

et trop sagaces pour fermer les yeux sur les dissemblances profondes qui séparent les transformations des divers Droits. Mais ils se croient autorisés à n'y avoir que faiblement égard, sous prétexte que si, dans toutes les sociétés, l'évolution était abandonnée à elle-même, elle se conformerait à leur formule. Le malheur est que cette hypothèse est inadmissible : quel est donc le Droit qui, spontanément, sans influences extérieures et accidentelles, — emprunts à un Droit étranger ou innovations suscitées par des génies originaux, même indigènes, — se serait jamais transformé ? Le Droit romain serait indéfiniment resté le droit quiritaire, sans les guerres et les annexions qui ont mis Rome en communication féconde ou troublante avec tant de peuples étrangers, forcé le préteur à se pénétrer d'idées exotiques, suggéré l'idée du *jus gentium*, puis du *jus naturæ*, et, par cette série de transfusions de sangs divers, régénéré la vieille loi des Douze Tables. Une forme sociale quelconque, langue, religion, droit, quand elle est *fixée*, c'est-à-dire équilibrée à demeure, est susceptible d'une durée indéfinie, si elle reste localisée et close à l'abri des invasions, par exemple dans une île écartée. C'est ainsi que les Berbères des Canaries, les Guanches, avaient perpétué jusqu'au xvie siècle, époque où ils ont été découverts (ou redécouverts) l'état social des troglodytes de la pierre polie, contemporains de l'homme fossile de Cro-Magnon, dont on a lieu de penser qu'ils descendaient. Les Berbères africains, au contraire, inondés tant de fois par le débordement des civilisations égyptienne, phénicienne, romaine, arabe, ont été transformés du tout au tout [1]. Chez les Touareg, en particulier, la femme s'est émancipée au point de faire régner sous sa tente un despotisme égal à celui de la « dame » européenne dans sa maison ; tandis que, chez les Guanches, elle était restée asservie [2].

---

1. Voir à ce sujet le début d'un livre des plus instructifs pour qui s'intéresse à l'embryologie des sociétés, *La formation des cités chez les populations sédentaires de l'Algérie*, par Masqueray (Paris, Leroux, 1886).

2. Son asservissement ici, soit dit en passant, n'est guère propre à confirmer l'hypothèse du *matriarcat* primitif.

Le mot *évolution* est trompeur. Il est si doux à prononcer qu'il donne naturellement l'idée d'un écoulement sur du sable, sans obstacle ni arrêt. Mais, si l'on entre dans le détail, on s'aperçoit que la fluidité, la continuité apparente, prêtée ainsi aux séries de changements, est imaginaire. Prenez un Droit quelconque, vous verrez que son *évolution* soi-disant continue se décompose en insertions laborieuses et le plus souvent sanglantes de nouvelles idées apportées de temps en temps, d'un côté ou d'un autre, on ne sait pourquoi, à l'improviste. Elles ont été greffées sur lui, soit par une religion prosélytique (christianisme, islamisme, bouddhisme), soit par une conquête extérieure (Droit romain infusé plus qu'imposé aux vaincus, même aux Egyptiens et aux Grecs ; Droit anglais superposé aux lois hindoues ; Droit français islamisé en Algérie, etc.), soit par des révolutions intestines, qui font passer le pouvoir des patriciens aux plébéiens ou du Sénat à l'Empereur, ou de la Noblesse au Tiers-Etat, etc., soit par un engouement intermittent pour des institutions et des législations étrangères. Les exemples de cette dernière cause de rénovation juridique sont nombreux : qu'il nous suffise d'indiquer l'influence exercée par le Droit romain en dehors même de l'empire romain, par le Droit grec chez les Barbares, par le Droit chinois dans toute l'Asie orientale, — par le Droit canonique, en un autre sens, sur le Droit laïque du moyen âge et des temps modernes.

Or, dans l'intervalle de ces greffages douloureux, lents à se cicatriser, et pas toujours réussis, le Droit dit national paraît n'avoir pas la moindre tendance à « évoluer » ; il ne semble tendre qu'à s'asseoir. Chacun de ces progrès est un coup de fouet inattendu qui le réveille et le dévie. Peut-on sérieusement prétendre que le Droit romain classique s'attendait et aspirait à recevoir l'ébranlement qui lui a été communiqué par la propagation du christianisme et qui l'a si fortement byzantinisé dans son dernier état ? Qu'est-ce qui, dès sa naissance, le prédestinait à cette secousse régénératrice ? Et,

pour remonter plus haut, est-ce que les *actions de la loi*
tendaient d'elles-mêmes au *système formulaire?* Les édits
des préteurs, les lois votées, les édits royaux, etc. : autant
de fontaines intermittentes du Droit, qui ne coulent jamais
sans provocation. — Il en est de cette prétendue nécessité
d'évolution juridique comme de celle qui aurait contraint
le langage à passer par les trois phases successives du monosyllabisme, de l'agglutination et de la flexion. Les nouveaux linguistes savent à quoi s'en tenir sur la valeur de
cette formule.

Jetons un coup d'œil sur le Droit de l'Arménie, d'après
M. Dareste. Les Arméniens, mi-aryens, mi-sémites, avaient
primitivement un Droit caractérisé, nous dit-on, par la vengeance du sang et la constitution patriarcale de la famille.
Entre l'influence de l'Empire persan et celle de l'Empire
romain, leurs deux grands voisins, ils étaient oscillants.
Mais leur conversion au christianisme, puis les conquêtes de
Justinien, ont mis fin à leur hésitation, et, en 536, la législation de leurs conquérants s'est superposée à leur Droit
national, qui en est demeuré fortement romanisé. Plus tard,
les Croisés fondent un royaume féodal en Orient ; le Droit
arménien se *féodalise*. La preuve que, sans les hasards de la
guerre et les inspirations de l'apostolat, sans les victoires
byzantines et la propagation de la foi chrétienne, les Arméniens auraient gardé leur vieux Droit inaltéré, nous est
fournie par leurs voisins les Géorgiens. Ceux-ci, tout semblables à eux, mais restés indépendants, ont conservé leur
droit primitif ; incorporés maintenant à l'Empire russe, ils
sont encore régis par leurs lois propres. — Ainsi, côte à
côte, voici deux peuples frères, les Géorgiens et les Arméniens, dont l'un est toujours fidèle à la vengeance du sang
et au régime patriarcal, et dont l'autre présente le salmigondis législatif le plus complet. Mais ce salmigondis n'en
est pas moins un Droit national aussi, devenu tel, sans nulle
contestation possible, par l'intime fusion d'éléments empruntés aux sources les plus diverses, aux lois de Moïse, aux

constitutions des empereurs byzantins, aux conciles des premiers siècles, aux coutumes féodales [1]. Quant au Droit des Géorgiens, s'il nous paraît plus homogène et tout d'une pièce, n'est-ce pas peut-être parce que nous en ignorons presque entièrement la formation historique ? Le peu que nous en savons nous apprend, d'ailleurs, que les différentes ordalies admises en Géorgie ont des origines multiples.

De la tribu peau-rouge à l'empire aztèque, on suit les phases d'une transformation assez régulière [2]. Évidemment, cette série de progrès correspond à une série d'inventions militaires et agricoles [3]. Était-elle nécessaire, cette évolution ? L'exemple des nombreuses tribus indiennes, restées stationnaires, prouve le contraire. A-t-elle été uniforme en Amérique ? Nous pouvons répondre par le contraste des deux civilisations aztèque et péruvienne, qui sont parties du même état sauvage pour aboutir à des résultats opposés. L'empire mexicain a, presque partout, remplacé le communisme par l'individualisme, et son organisation, essentiellement aristocratique et militaire, a quelque chose de féodal. L'empire des Incas est un grand phalanstère pacifique et pieux, une théocratie égalitaire.

Beaucoup de savants, à la vérité, ne font nulle difficulté de reconnaître que le besoin de changement est faible ou nul chez les sauvages ; on va même jusqu'à leur prêter une

1. Quoi de plus national, de plus original, que le Droit égyptien ? Pourtant rien de plus composite. L'Égypte ancienne, on a lieu de le supposer, n'a été qu'une combinaison de races berbères et de races noires d'Afrique avec des sémites venus d'Asie. Qu'on songe aux suites incalculables du hasard historique ou préhistorique de cette rencontre.

2. Voir *Évolution de la propriété*, par Letourneau (p. 186).

3. Ajoutons que le caractère propre de cette civilisation, comme de toute autre, lui vient et de la nature des inventions qui l'ont faite et de la nature de celles qui lui manquent, non moins fortuitement. Par exemple, c'est parce qu'ils n'avaient pas de bétail, c'est parce qu'ils n'avaient pas eu l'idée de domestiquer quelques-unes des espèces animales de leur faune, que les Aztèques, quoique civilisés à tant d'autres égards, ont pratiqué l'anthropophagie. Observons combien d'inventions très simples faisaient défaut à ces peuples si ingénieux : chez eux, pas de balance ni de poids ; pas de monnaie ; pas de navires.

horreur naturelle du changement, qui serait, chose bien extraordinaire, la marque distinctive de ces grands enfants.
Mais, en revanche, on veut que le degré de civilisation se
mesure en quelque sorte à l'appétit de mutations. D'où la
conséquence que l'évolution sociale a dû être extrêmement
lente au début et qu'elle va s'accélérant à chaque pas. Cette
persuasion générale semble confirmée de prime abord par
l'esprit de routine inhérent à nombre de sauvages encore
existants. Cependant, si l'on applique cette proposition à
chacun des aspects de la vie sociale pris à part, en particulier aux évolutions linguistique et religieuse, on s'aperçoit
que la vérité est plutôt l'inverse de ce préjugé philosophique. En effet, les langues naissantes, — par exemple, le
français au x⁰ siècle, — sont ce qu'il y a de plus instable, de
plus continuellement changeant ; leur rapidité de croissance
ne se ralentit qu'à l'âge adulte où elle s'arrête. Le français
n'a-t-il pas beaucoup plus changé du x⁰ au xii⁰ siècle, en
deux cents ans, que du xiii⁰ au xix⁰ siècle ? Et, depuis deux
siècles et demi, quels changements tant soit peu importants
a subis sa grammaire, ossifiée, pour ainsi parler ? De même
le christianisme naissant s'est développé à vue d'œil jusqu'au concile de Nicée, depuis lors, il n'a presque pas
changé. — L'évolution d'un art nouveau, tel que la peinture
à l'huile du xv⁰ au xvi⁰ siècle, la tragédie grecque au v⁰ siècle
avant notre ère, la tragédie française de Rotrou à Racine,
etc., est fort rapide jusqu'au moment où l'art est formé ;
après quoi, il y a arrêt, équilibre mobile, piétinement sur
place ou bien progrès lent, insensible, pénible, comme celui
d'un fleuve épuisé qui se traîne en deltas marécageux vers
son embouchure. Pareillement, prenez une industrie quelconque, à partir de la date où elle s'est mise ou remise à progresser, vous verrez que chacune d'elles donne lieu à des
remarques pareilles. Notre temps ne fait pas même exception à la règle : le xix⁰ siècle a pour caractéristique d'avoir
tourné principalement vers l'industrie son génie inventif,
admirable, du reste, comme les âges antérieurs avaient de

préférence dirigé le leur vers la jurisprudence, vers la théologie, vers la poésie, vers l'architecture, vers la peinture,
vers la culture de la langue, — et de la sorte, il a inauguré,
dans presque toutes les branches de l'industrie, une ère
nouvelle de bourgeonnements merveilleux, qui sont un vrai
recommencement de l'h: toire pour chacune d'elles. Le spec-
tacle, donc, de cette féerie de transformations hâtives auxquelles il nous a fait assister jusqu'ici est lui-même une
vérification de notre loi. N'allons pas croire que cette fièvre
durera toujours. Déjà, dans beaucoup d'industries spéciales
parvenues à une perfection relative, impossible à dépasser
momentanément, on n'invente plus, on ne perfectionne
plus, on se contente de produire et de reproduire, et le succès n'en est que plus grand. Après une période très courte
d'essais, de créations, de métamorphoses très profondes et
très précipitées, l'industrie des chemins de fer, définitivement organisée, s'est lancée dans le monde, et ne reçoit désormais que des perfectionnements secondaires. Si elle était
plus « progressiste », elle ne serait probablement pas si
prospère.

Tout cela s'explique, si l'on veut bien reconnaître avec
nous que toute transformation est due à un afflux de petites
ou grandes inventions, à l'exploitation d'une nouvelle mine
de découvertes. Il en est de ces mines-là comme des autres,
qui ne sont jamais inépuisables, et où l'extraction du minerai,
abondante et facile au début, devient difficile et ingrate en
avançant. — Les pauvres petites carrières, d'ordre philolo-
gique et mythologique notamment, où il a été donné à la
courte imagination des sauvages, dans un lointain passé, de
puiser leur idiome, leur culte, leur bagage social, ont été,
depuis longtemps épuisées par leurs ancêtres; et de là leur
stagnation actuelle.

II

Il n'est pas une similitude dans l'Univers qui n'ait pour

cause l'une de ces trois grandes formes, superposées et en-
chevêtrées, de l'universelle répétition : l'ondulation pour les
phénomènes physiques, l'hérédité pour les phénomènes vivants, l'imitation pour les phénomènes sociaux proprement
dits. Je n'ai pas à redire ici [1] les relations mutuelles de ces
trois agents de l'universelle analogie. Il est clair qu'il faut
tenir compte des trois, et non pas seulement du dernier,
pour donner l'explication complète des analogies présentées
par le monde social, qui naît du monde vivant et se meut
dans le milieu physique. Il n'est donc pas douteux que l'influence des climats et celle des races ne donnent la clé d'un
certain nombre de ressemblances observées entre des sociétés de même sang ou qui ont fleuri sous la même latitude.
Mais on a beaucoup exagéré l'importance de ces deux influences en sociologie, parce qu'on a méconnu le rôle dominant de la troisième, qui finit toujours par employer les
autres ou les empreindre de son cachet. Ce qu'il y a de con-
tinu, ce qu'il y a de nécessaire, ce qu'il y a de soumis à des
lois scientifiquement formulables, dans les faits sociaux, c'est
le caractère qui est commun à eux tous, et qui est exclusivement propre à leur ensemble, d'être imitatifs ou imités [2].
Imitation consciente ou inconsciente, intelligente ou mou-
tonnière, instruction ou routine, n'importe. Parler, prier,
travailler, guerroyer, faire œuvre sociale quelconque, c'est
répéter ce qu'on a appris de quelqu'un qui l'avait appris de
quelqu'autre, et ainsi de suite jusqu'aux premiers éditeurs de
chacune des racines verbales qui se transmettent identiquement de bouche en bouche, depuis des milliers d'années,
comme les ondulations lumineuses ou sonores d'atome en

---

1. J'ai consacré à ce sujet mon livre sur les *Lois de l'imitation* (Alcan).
2. N'exceptons pas même les inventions et les découvertes en tant
qu'elles sont des faits sociaux. Non seulement elles sont toujours en
partie *imitatives*, formées par une intersection mentale d'imitations
diverses, mais encore, même en ce qu'elles ont de plus original, elles
doivent être *imitées* pour être des faits sociaux, non de simples faits
individuels. Une invention non propagée, une idée non adoptée, non
reflétée dans l'esprit d'autrui, est socialement comme n'existant pas.

atome, — ou jusqu'aux premiers auteurs de chacun des
rites, de chacun des procédés de travail, de chacun des procédés de guerre, bottes d'escrime, manœuvres, ruses straté-
giques, qui se passent d'homme à homme pendant une durée
plus ou moins prolongée. Je ne dis pas que l'imitation soit
toute la réalité sociale; elle n'est qu'une expression de la
sympathie, qui lui préexiste et qu'elle redouble en l'exprimant; et elle dépend de l'invention, étincelle dont elle n'est
que le rayonnement. Elle commence par être en quelque sorte
asservie à l'Hérédité, aussi longtemps que le groupe social
se réduit à la famille, et que la transmission des exemples
est limitée au cercle étroit des parents. Puis, quand elle
s'affranchit de la génération, quand elle la domine même à
son tour, elle se courbe d'autant plus sous une autre règle :
elle est subordonnée, nous le savons, aux lois supérieures
de la logique, comme l'ondulation aux lois de la mécanique.
Mais il n'en est pas moins certain qu'elle seule tisse les tissus sociaux organisés par la Logique sociale. Elle est la
chaîne et la trame de la toile humaine que l'artiste regarde
par l'*endroit*, du côté de ses broderies, de ses variations gé-
niales et fugitives, mais que le savant doit la regarder à l'envers, du côté de ses répétitions, seules mesurables, seules
nombrables, seules formulables en tracés statistiques ou en
lois scientifiques. Qu'était la physique avant que la théorie
de l'ondulation y eût fait son entrée, et bien que les lois de
la mécanique fussent déjà connues? Bien peu de chose. Telle
sera la sociologie, tant qu'on n'y aura pas fait la part voulue,
une large et envahissante part, à la théorie de l'Imitation.

Faute de remarquer l'universalité, la continuité, l'importance majeure du fait de l'Imitation en histoire, beaucoup
d'archéologues, beaucoup d'historiens, même des plus cir-
conspects et des plus lucides, sont entraînés aux inductions
les plus erronées. Par exemple, n'est-ce pas l'oubli étrange
de ce fait élémentaire qui a longtemps permis de s'accréditer
à l'abus extravagant des « mythes solaires »? On en a vu partout, non seulement là où réellement il y en a, mais dans les

légendes quelconques de tous les peuples, et jusque dans les contes d'enfants. Comme on avait retrouvé le thème de *Peau d'Ane*, du *Petit Poucet*, du *Chat botté*, etc., à peu près identiques chez des peuples séparés par les plus grandes distances, on s'était émerveillé de cette coïncidence, et on avait cru ne pouvoir l'expliquer autrement que par la préoccupation d'un même phénomène extérieur, visible et remarquable également de tous les points de la terre; et quel phénomène remplissait mieux ces conditions que les mouvements périodiques du soleil dans le ciel, sa naissance, sa croissance, son déclin, sa mort, sa résurrection? Et alors, à grands renforts d'étymologies tirées par les cheveux, moyennant la transformation de Barbe-Bleue en Indra, sous prétexte qu'ils sont barbus tous deux, ou toute autre assimilation aussi hardie, on était parvenu à faire adopter cette hypothèse ingénieuse par des esprits sérieux. On n'avait pas eu l'idée de se dire que, depuis des siècles de siècles, l'imitation, soit d'enfant à enfant, si puissante, si constante, si universelle, soit d'adulte à adulte dans les veillées où l'on répète des fables propres à amuser des esprits incultes, travaille à répandre les contes populaires, et suffit largement à faire comprendre leur diffusion d'un bout à l'autre de la terre, jusque chez les Zoulous, où l'on a découvert quelques-uns de nos récits légendaires.

C'est là un échantillon entre mille des erreurs grossières qu'on éviterait en ayant égard à l'action imitative; mais il est des erreurs plus subtiles, plus difficiles à apercevoir, dont elle préserverait aussi les meilleurs esprits. On est assez enclin, parmi les sociologues, à prendre la constitution féodale [1], si complexe et si caractérisée, pour une phase nécessaire de l'évolution sociale, dans n'importe quelle race ou

1. Les traits caractéristiques dont elle se compose, dont elle est la combinaison originale, sont fort bien définis par Fustel de Coulanges : « Possession conditionnelle du sol, à la place de la propriété; assujettissement des hommes au seigneur, à la place de l'obéissance au roi ; hiérarchie des seigneurs entre eux par le lien du fief et de l'hommage. »

quelle nation. M. Fustel de Coulanges lui-même, après avoir
remarqué que le régime féodal s'est produit chez des populations qui n'ont rien de germanique, Gaule méridionale,
Empire byzantin, Slavie, Hongrie, Irlande, de même que chez
des peuples qui n'ont rien de romain. conclut ainsi : « Il s'est
produit chez toutes les races ; il n'est ni romain ni germain,
il appartient à la nature humaine. » Cependant, avant d'avoir
recours à l'hypothèse quasi miraculeuse d'une génération
spontanée de ce régime singulier, partout le même, en je ne
sais combien de lieux différents, n'y aurait-il pas lieu de rechercher si son ubiquité relative, — exgérée d'ailleurs, —
est inexplicable par les voies plus simples de la génération
sociale ordinaire, c'est-à-dire de l'imitation ? Or, toutes les
recherches de l'éminent historien que je viens de citer tendent précisément à montrer que les éléments disséminés du
régime féodal existaient à peu près tous dans les institutions
de l'Empire romain, et que leur développement simultané,
synthétique, a été le résultat des circonstances très particulières où le monde romain occidental, spécialement la Gaule,
s'est trouvé après la chute du pouvoir impérial. L'*alleu* ne
serait que le domaine rural des Gallo-Romains, la villa ; le
bénéfice n'est que le *précaire* ; le patronage est tout romain ;
l'*immunité* est une extension donnée à des exemptions de
charges municipales que les empereurs accordaient parfois.
Qui plus est, le même auteur nous apprend ailleurs, — et
cela est un jour bien plus vif encore jeté sur la question, —
que la *truste royale*, le rapport du roi mérovingien avec ses
fidèles *autrustions*, a été le premier embryon du lien de vas-
salité... — Mais, s'il en est ainsi, quelle est l'idée qui s'offre
naturellement à l'esprit ? C'est que la synthèse de ces éléments multiples sous la forme du fief, de l'hommage et des
services féodaux, est une heureuse rencontre opérée quelque
part, dans le monde romain et non ailleurs, et, de ce coin du
monde, propagée peu à peu, de proche en proche, grâce à
ses avantages momentanés et aussi à la vogue entraînante
dont elle a bénéficié, comme tout ce qui a le vent de la

mode en poupe. Comme nous savons que la marche de
l'imitation est une cascade élargie de haut en bas de la
pyramide sociale, et des peuples les plus civilisés aux plus
barbares, nous accueillerons sans peine l'idée que la *truste
royale* a été imitée par les grands seigneurs, puis par les plus
petits seigneurs en se modifiant, et qu'une fois constituée de
la sorte en pays romain, la féodalité s'est répandue en Germanie, et un peu partout [1]. Le fait est qu'on la voit naître en
Gaule plus tôt que nulle part ailleurs, bien plus tard en
Irlande, en Danemark, en Suède, dans l'Empire byzantin ;
et, si l'on n'a pas toujours la preuve qu'elle a été importée
du dehors dans les pays où on la constate [2], rien n'est plus
vraisemblable que cette conjecture. L'idée de l'ogive est
certainement plus simple que celle de la féodalité, et son
apparition identique en plusieurs centres divers de propagation au moyen âge, dans l'Empire arabe et dans la chrétienté séparément, répugnerait beaucoup moins à la raison. On a pourtant des motifs de penser que nous l'avons
empruntée aux Arabes ou qu'ils la tiennent de nous [3], mais
qu'en tout cas le génie humain s'est épargné, même ici, les
frais d'une double invention superflue.

Tout ce qu'il y a de net, de précis, de caractérisé, dans les
similitudes d'ordre quelconque, linguistique, religieuse, po-

---

1. Si l'établissement du régime féodal était dû principalement à la
conquête germanique, et avait été créé pour l'exploitation des vaincus,
il serait incompréhensible que ce régime se fût si aisément répandu en
Germanie, chez les prétendus conquérants, et s'y présentât au moyen
âge avec des caractères bien plus rigoureux, bien plus aristocratiques et
oppressifs encore que ceux qu'il affecte en Italie, sinon en France. Au
contraire, si l'on admet qu'il s'est constitué paisiblement, de lui-même,
à travers et non moyennant les bouleversements et les conquêtes, à partir
de germes posés par l'Empire romain, remués par les Barbares, on comprend fort bien que, une fois formées, les institutions féodales, jugées
excellentes dès leur éclosion, aient été bien venues en Germanie, pays si
docile aux suggestions romaines.

2. On a dit qu'elle avait existé au Japon, mais on a beaucoup forcé la
proportion des analogies et fermé les yeux sur les différences.

3. Dans son bel ouvrage sur la civilisation arabe, le Dr Le Bon donne
des arguments spécieux en faveur de la première opinion.

litique, économique, juridique, que les évolutionnistes ont
relevées entre des peuples différents, même très éloignés, a
l'imitation pour cause. Telles sont, à n'en pas douter, les analogies frappantes présentées, à ces divers points de vue, par
les Hindous, les Germains, les Slaves, les Celtes, les Latins,
les Hellènes, nations qu'on s'est plu à grouper, sous le nom
d'Aryens, en une même race hypothétique. Hypothèse vraie
ou fausse, mais qui, même ici, a eu le tort de donner le
change à l'esprit philosophique et de fermer les yeux à l'évi-
dence. Par une vraie pétition de principe, après avoir conclu
à la parenté physiologique de ces peuples, parce qu'on avait
constaté des ressemblances entre leurs langues ou leurs institutions, on s'est laissé aller à penser qu'elles étaient semblables parce qu'ils étaient parents. On a confondu deux choses
qui, alors même qu'elles auraient été liées l'une à l'autre dans
ce cas, n'en auraient pas moins dû être distinguées ; on a
pris pour un héritage vital ce qui n'était évidemment qu'un
héritage social. Le langage et la religion ont beau se transmettre en général, et sauf beaucoup d'exceptions remarquables, des pères aux fils, les fils n'en héritent pas comme
ils héritent des traits physiques de leurs parents ; on parle,
non la langue de sa famille, si l'on en a été toujours séparé,
mais le langage des personnes qu'on a entendues parler dans
son enfance. C'est trop clair. Pourquoi donc, dès qu'on a
découvert un fonds commun de racines verbales, de mythes,
de procédures, de formes embryonnaires de gouvernement,
aux nations indo-européennes, s'est-on empressé de décider
qu'elles avaient des ancêtres communs, comme si cette in-
duction ne souffrait aucun doute ? Le malheur est que, une
fois l'arbre généalogique des soi-disant Aryens définitivement
tracé, ainsi que celui des Sémites et d'autres grandes familles possibles, on a aperçu, entre peuples hétérogènes, des
similitudes sinon linguistiques, du moins religieuses et juridiques, égales en précision et en importance à celle des
peuples réputés congénères. Par exemple, les Aryens entre
eux ne nous montrent nulle part de coïncidence plus com-

plète que celle qui, d'après M. Seignette[1], se révèle entre les
coutumes des Arabes avant Mahomet et les institutions des
Romains primitifs. « La puissance paternelle dans toutes sa
rigueur, la tutelle perpétuelle des femmes, le testament,
l'hérédité des agnats, des patrons et des gentils, leur tutelle,
la tutelle testamentaire, le *nexum*, la *pignoris capio*, l'abandon noxal, le talion, la composition légale, les rapports de
patron à client, furent des coutumes inscrites dans la loi des
Douze Tables. Elles correspondent à des usages anté-isla-
miques identiquement semblables, dont les uns ont été
maintenus, les autres abolis, par le Coran. » Si l'on se rappelle le voisinage de l'Arabie et de l'Inde, où des coutumes
analogues ont régné, et le penchant mutuel des peuples
voisins à s'emprunter leurs institutions civiles, bien plus
que leurs religions et surtout que leurs idiomes, on s'expli-
quera sans peine ces ressemblances par une action imitative.

Ce qui confirme cette interprétation, ce sont bien d'autres
points de contact juridiques entre Aryens et Sémites. Ils
sont d'une telle précision que leur apparition spontanée est
absolument inconcevable. Est-ce spontanément qu'a pu se
produire l'étroite similitude du droit criminel ou civil israélite avec la législation athénienne et les coutumes hindoues?
En Israël comme à Athènes, le droit d'asile est ouvert dans
certains lieux désignés aux meurtriers involontaires; le vengeur du sang ne peut frapper qu'après avoir poursuivi devant les juges le coupable et l'avoir fait condamner, s'il a
agi avec intention. D'ailleurs, l'influence grecque se trahit
clairement dans les codes rabbiniques par l'emploi de mots
techniques empruntés au grec (Dareste). En Israël comme
dans l'Inde, existe la responsabilité pénale des communes.
Comme en Grèce et dans l'Inde, le frère doit épouser la
veuve de son frère mort sans enfants; et tandis que la Loi
ordonne chez les autres Sémites la prostitution des filles,

---

1. Traduction française du *Code musulman* de Khâlil, introduction,
p. XXXVII.

elle l'interdit chez les Hébreux. Le créancier israélite peut faire saisir les meubles de son débiteur, mais il n'a pas le droit de pénétrer dans sa demeure. Il doit attendre à la porte : dernière trace, sans doute, dit M. Dareste, de l'ancienne coutume de la *contrainte par le jeûne*, dont parlent le Code de Manou et les lois irlandaises. Comme les Germains de Tacite, les Israélites possèdent l'institution de la *Khetouba*, dot constituée par le mari à sa femme. « Le mari, qui a le droit de divorce et qui l'a seul, s'engage à n'user de ce droit qu'à la charge de payer à sa femme une certaine somme », qui est la Khetouba, garantie ingénieuse accordée à l'épouse contre l'omnipotence maritale. Le droit hébraïque a aussi des traits de ressemblance marqués avec le Droit romain, notamment par une certaine manière de rédiger le contrat de vente, qui rappelle notre testament mystique. — Manifestement, de telles concordances ne sauraient être innées.

Bien des faits qui doivent paraître des anomalies si on leur applique la formule étroite de l'évolution, sont des conséquences toutes simples du principe de l'imitation. Par exemple, le droit d'aubaine, cette odieuse coutume propre aux temps de barbarie, a été non pas s'atténuant, mais s'aggravant, au contraire, depuis les temps mérovingiens jusqu'à la belle époque du moyen-âge ; c'est-à-dire à mesure que l'Europe se civilisait ou se *débarbarisait*. Au début, d'après M. Viollet, il ne s'exerçait que contre les étrangers inconnus et sans aveu, non contre les étrangers connus et considérés. Mais, peu à peu, il s'est étendu à tous. Voilà un singulier progrès juridique et bien au rebours de ce qu'on aurait dû prédire d'après les formules qui ont cours. Mais on s'explique le fait, soit par des considérations fiscales, soit, je crois, en se rappelant surtout que, sous les Mérovingiens, malgré la barbarie de l'époque, la survivance des voies romaines et des habitudes romaines de voyage multipliait les contacts assimilateurs avec l'étranger et laissait voir encore en lui un compatriote social; d'autant mieux que le fan-

tôme de l'immense empire régnait toujours dans les imagi-
nations. Mais plus tard, quand la féodalité établie enferma
chaque fief en soi, sans communication avec le dehors,
étranger et *ennemi* redevinrent synonymes. Puis aux xv⁰ et
xvi⁰ siècles, le mouvement de voyages, de relations internationales et *interféodales* reprend, s'anime et conduit à la
suppression du droit d'aubaine.

Parfois, l'imitation semble n'avoir rien à voir dans certaines similitudes historiques, que l'identité de la nature
humaine paraît suffire à expliquer; et cependant il est incontestable qu'elle y a eu sa part, et sa large part, d'action.
Car, à côté de l'imitation rayonnante, il y a l'imitation
diffuse, et, à côté de l'imitation en ligne directe, pour ainsi
dire, qui relie deux choses l'une à l'autre par une série de
copies, il y a l'imitation *collatérale*, qui, par des séries du
même genre, les rattache séparément à un modèle commun, très antique parfois. La forme diffuse de l'imitation importe beaucoup à considérer. Ainsi, on a noté curieusement
les similitudes frappantes que présente l'organisation de
l'armée sous les empereurs des derniers siècles — caisse de
dotation de l'armée, causes d'exemption, exonération moyennant une somme d'argent variable, etc. — et sous l'Empire
napoléonien. On a remarqué aussi, et M. Taine l'un des premiers, que l'administration romaine en général, après la
réforme de Dioclétien, ressemble étonnamment à celle qui
est sortie tout armée du cerveau de Napoléon. Est-il à
croire, cependant, que le grand Corse ait copié Dioclétien?
Non, pas directement du moins. Mais comme lui, et non
moins que lui, il était romanisé et latinisé jusqu'à la moelle
des os par l'éducation classique; et, indépendamment de
toute influence de race, il n'est pas très surprenant que ces
deux grands esprits frappés de la sorte, pareillement, à
l'effigie de Rome et de César, aient conçu le même pro-
gramme de réorganisation militaire et civile dans des con-
jonctures un peu analogues.

Nous avons bien souvent montré plus haut un autre

genre d'action indirecte, d'une importance capitale, que le
fonctionnement prolongé de l'imitation en tout ordre de
faits sociaux a exercée sur le Droit, en élargissant incessamment le cercle de la sympathie et de la fraternité. La civilisation, la bonté, la justice, n'ayant jamais pu fleurir ici-bas
que dans des enclos, on lui doit d'en avoir sans cesse reculé
les murs, jusqu'à ce que ces plantes précieuses puissent un
jour être cultivées en pleine terre. Nous n'y reviendrons pas.
— Mais, peut-être n'avons-nous pas assez fait remarquer
l'action directe, immédiate, de l'imitation sur le Droit,
quand elle l'a lui-même pour objet. C'est par elle que, avec
le temps, l'unification juridique des diverses classes et des
diverses provinces d'une nation ne peut manquer de s'opérer. Elle unifie les classes aussi bien que les provinces par
le penchant éternel de l'inférieur à singer le supérieur. La
coutume juridique des grands descend, à travers les divers
étages de la noblesse, aux derniers rangs de la roture, et
tend à faire disparaître la diversité de leurs coutumes
propres. Pareillement, les grandes villes passent leurs
chartes aux petites, les petites aux bourgs, et leur disparité
coutumière disparaît. Les nations les plus brillantes rayon-
nent de même sur les plus obscures. J'ai déjà indiqué ci-
dessus la descente contagieuse du droit d'aînesse, de la noblesse au peuple. Reprenons cet instructif exemple. Au début de la période féodale, le droit d'aînesse et le droit de
masculinité, liés ensemble, ne se formulent d'abord avec
précision que pour la succession royale. Puis, les hauts seigneurs, à leur tour, et, après eux, tous les possesseurs de
fiefs [1], se modèlent sur le roi. Cependant, les roturiers res-
taient encore en dehors de ce mouvement. Dans les *Établis-
sements* de saint Louis il est dit que le père roturier ne peut
avantager l'un de ses enfants, même en fait de meubles et
d'acquêts. Autrement dit, les roturiers avaient alors le privilège de vivre par anticipation sous l'empire d'une législation

1. Voir le *Droit coutumier* de M. Henri Beaune (p. 405 et s.).

égalitaire et démocratique. Ont-ils eu l'idée d'apprécier leur
bonheur? Point. Ils n'ont pas eu de plus vif désir que de
copier l'exemple rétrograde venu d'en haut. A partir du
xvi⁰ siècle, et peut-être avant, la roture se pique d'avoir
aussi le droit de *faire un aîné*. En Béarn, la règle aristocratique s'étend à l'héritage des vilains. De même en Norman-
die, « l'indivisibilité des grands fiefs, consacrée par le *Livre
de l'Échiquier* et par le *Grand coutumier*, s'étend avec les
années aux simples *vavassoreries*, aux fiefs ordinaires et aux
ténements roturiers, et dans cette province l'égalité du partage n'est observée que pour les biens de *bourgage*, qui
formaient une classe intermédiaire entre le fief et l'alleu. »
    Je ne veux pas dire par là que l'imitation ait été ici, non
plus que partout ailleurs, aveugle et inintelligente. Si l'on a
imité le supérieur, ce n'est pas seulement par « suggestion »,
c'est aussi par vanité, ou par un intérêt familial. Les pères
roturiers ont jugé le droit d'aînesse très propre à consolider
et élever leur famille. Mais il ne faut pas oublier que si ce
but, la perpétuité et l'ascension sociale de la famille, est
entré et s'est ancré dans leur cœur, la vue de la noblesse
n'est pas étrangère à cette préoccupation, nullement spontanée chez des ilotes. Quelle que soit, d'ailleurs, la cause de
l'imitation, il est sûr qu'on a imité, et que, si on n'avait pas
imité, jamais le droit d'aînesse n'aurait régné partout où on
le voit établi au xviiie siècle.
    Autre exemple. « Le retrait lignager [1] s'était introduit
d'abord pour les fiefs seulement et avait ensuite été étendu
aux héritages tenus en roture, mais dans le même but, pour
conserver les propres de la famille. » On voit, entre parenthèses, par la manière dont ce retrait est venu aux familles
roturières, qu'il est difficile de le regarder comme un reste
d'un communisme primitif et soi-disant démocratique. —
Autre exemple encore. Dans les pays de Droit coutumier, à la
dissolution de la communauté, la femme noble avait seule,

_____

1. M. Beaune, ouvrage cité.

originairement, le droit de répudier ou d'accepter la communauté en faisant inventaire dans les quarante jours après le décès du mari. Mais, vers la fin du moyen-âge, « la pratique tend désormais à l'étendre à la veuve roturière, qui en jouira définitivement lors de la réforme de la Coutume de Paris en 1580 ».

D'après John (cité par M. Viollet), chaque peuple germanique avait son droit propre ; mais, peu à peu, quand s'est établi l'empire franc, un seul de ces Droits, celui des Francs, et celui des plus illustres, des Francs saliens, à savoir la Loi salique, a supplanté tous les autres. L'unité juridique s'opère ainsi dans une société de la même manière que l'unité linguistique : tous les dialectes en sont chassés, sous le nom de patois, par le dialecte envahissant de la capitale. — Dans un groupe de peuples en contact, le plus civilisé communique son Droit à ses voisins par une sorte d'*exosmose* juridique. C'est ainsi qu'au moyen-âge, le Droit allemand pénètre en Bohême et en Pologne : et il s'y introduit d'abord par les couches les plus éclairées de la population, par les villes. Le Droit de Magdebourg a servi de modèle à la plupart des villes tchèques du Nord et à presque toutes les villes polonaises. — L'influence italienne, à la même époque, se fait sentir dans la législation dalmate.

D'une autre manière encore, et en un autre sens, l'imitation travaille à unifier le Droit. Une langue qui a plusieurs types de déclinaisons ou de conjugaisons, finit, à la longue, par donner la prépondérance à un de ces types, objet d'une imitation croissante, sur lequel se déclinent ou se conjuguent désormais tous les mots nouveaux. Pourquoi ce modèle est-il imité de plus en plus, et, enfin, exclusivement? Uniquement parce qu'il était déjà un peu plus imité. L'imitation se sert ici de raison suffisante à elle-même. En latin, la première et la seconde déclinaison ont prévalu *(rosa; rosæ; dominus, domini)*. En français, la première conjugaison. Aussi, tous les verbes nouvellement créés se conjuguent-ils sur *aimer*, non sur *vieillir* ou sur *recevoir*. On dit *hynoptiser, magnétiser, dérailler*; on n'a pas eu l'idée de dire *hynoptisoir, magnétisir, déraillir*. — Il en est de même du Droit. Quand un Droit possède plusieurs procédures propres à atteindre le même but — par exemple plusieurs modes d'affranchissement des esclaves — une seule d'entre elles finit par avoir la vogue et réduire les autres à l'état de vieilleries. Sous les Mérovingiens, il y avait en Gaule sept à huit manières d'affranchir, les unes d'origine germanique, les autres d'origine romaine — par le denier, par la lance, par la flèche, à l'église, par la charte. — Mais au VIIIᵉ siècle, l'affranchissement par la charte, c'est-à-dire par écrit, est seul usité. — Cette *simplification des procédures*, non sans rapport, on le voit, avec l'adoucissement des procédures, dont il a été question ci-dessus, s'en distingue pourtant, de même que la simplification analogue des grammaires ne doit pas être confondue avec l'adoucissement phonétique. Car souvent il n'y a pas de motif appréciable de préférer la procédure ou la forme grammaticale choisie. Il n'en est pas de même d'autres genres d'unification où l'imitation apparaît au service de la raison. Par exemple, à la fin de l'Empire romain, nous voyons se juxtaposer, d'après Fustel de Coulanges, plusieurs classes différentes de cultivateurs : « esclaves travaillant en commun, esclave à petite tenure, petits fermiers libres, colons fixés au sol ». Or, peu à peu la dernière classe, en se modifiant, s'est répandue de proche en proche, parce qu'elle a paru présenter plus d'avantages, et a refoulé toutes les autres. Au moyen-âge, elle existe seule.

— Il est curieux de noter la manière dont l'imitation juridique agit dans le monde spécial des magistrats et des jurisconsultes. Ici elle est hautement consciente et réfléchie ; et elle répond à un besoin d'uniformité et de stabilité si nécessaires à la sécurité du justiciable, qu'elle est le plus souvent obligatoire. Mais, ne le fût-elle pas, on peut assurer qu'elle s'opérerait quand même. Parmi les innombrables interprétations, dont les textes de Lois — comme les versets de l'Écriture, sont susceptibles, le juge doit choisir; et, s'il choisissait arbitrairement, dans chaque affaire, sans se préoccuper de ses solutions passées, ni des arrêts rendus dans des *espèces* analogues, par des Cours supérieures, l'unité de législation n'empêcherait pas l'anarchie juridique. Aussi le juge est-il nécessairement, essentiellement routinier; cette sainte routine, qui s'appelle *sa jurisprudence*, est l'objet de son culte le plus fervent [1]. Mais il n'est pas toujours soucieux au même degré de ne pas se contredire, de ne pas dévier de sa ligne et de la ligne de ses prédécesseurs; il l'est de moins en moins quand l'esprit de conservation et de tradition baisse dans la société ambiante; et alors, il a bien plutôt, et de plus en plus, souci de décider comme la plupart des autres juges, ses contemporains, ne fussent-ils même pas ses supérieurs hiérarchiques. Son *imitativité* incurable, et toujours intelligente, s'est tournée vers le modèle nouveau de préférence au modèle ancien; la mode lui est devenue plus chère que la coutume, comme au législateur lui-même, et au public. Car la stabilité de la législation n'est pas un bien moindre que son uniformité. Mais on n'apprécie guère plus le premier à certaines époques qu'on n'a prisé l'autre en d'autres temps. Aujourd'hui, nous tenons fort à avoir des lois uniformes pour tous, pour toutes les classes et toutes les provinces, mais nous les changeons à plaisir. Autrefois, on s'attachait opiniâtrément à ses vieilles lois coutumières, mais on supportait sans trop de peine le morcellement de la France et des couches de la Société française en une multitude de lois différentes. Eh bien, le juge participe un peu à ces changements de vent survenus dans l'atmosphère publique; en sorte que son genre d'imitation même, si excep-

---

1. La jurisprudence greffée sur la législation, c'est, en définitive, l'insertion d'une sorte de nouveau Droit coutumier sur le Droit législatif qui, précisément, avait eu pour but de se substituer à la coutume antérieure. La coutume des juges a remplacé celle des justiciables : voilà tout. Mais, partout et toujours, on le voit, l'autorité juridique a pour fondement nécessaire l'imitation.

tionnellement raisonnable qu'elle soit, ne laisse pas d'être
en partie un entraînement.

On peut en voir encore la preuve dans ce fait que le juge
français de nos jours, non content de se conformer aux arrêts de ses collègues ou aux siens propres, s'évertue à rendre
des décisions conformes aux opinions théoriques exprimées
par les commentateurs accrédités des Codes. Or, ce respect
un peu superstitieux des « auteurs » se comprenait fort bien
de la part des magistrats romains, parmi lesquels il a pris
naissance. Les Romains ne connaissaient rien d'analogue à
nos recueils d'arrêts, et, par suite, à ce que nous appelons
la « jurisprudence » ; ils n'avaient pas, d'ailleurs, de juges
permanents. C'est, sans nul doute, à défaut de cette autorité
régulatrice des précédents judiciaires, qu'ils ont senti le besoin d'en créer un autre, en attribuant aux *réponses des pru-
dents* une importance considérable. Nos juges du moyen
âge et d'ancien régime aussi, faute de recueils d'arrêts
régulièrement tenus et publiés, devaient s'incliner devant
l'opinion des grands juristes de leur temps. Mais nos juges
actuels, qui peuvent se passer de ce modèle extérieur,
puisqu'ils ont le modèle interne, comment se fait-il qu'ils
respectent la « doctrine » presque autant que la jurisprudence ?

C'est là un vrai *doublet*, à ajouter aux nombreux *doublets
juridiques* que M. Viollet a finement notés [1] et qui, tous, du
reste, sont des témoignages éloquents en faveur du pouvoir
de l'imitation. Car, assurément, on peut trouver d'excellentes raisons pour justifier, même à notre époque, la soumission docile de nos avocats les plus radicaux et les plus
novateurs à l'autorité d'un Troplong ou d'un Demolombe,
dont une citation fait gagner ou perdre un procès. Mais
soyons bien certains que, si les Romains, nos maîtres,

---

1. Et à rapprocher des *doublets linguistiques* dont M. Darmesteter a
cité beaucoup d'exemples, eux aussi explicables par l'imitation seulement, quoique le progrès de l'imitation tende également à les faire disparaître, comme nous l'avons vu plus haut à propos de la simplification
des grammaires et des procédures.

n'avaient pas élevé presque au rang de lois les *responsa pru-dentum*, et si nos pères, à leur exemple, n'avaient pas re-cueilli comme des oracles les avis d'un Dumoulin ou d'un Pothier, une demi-douzaine d'écrivains jurisconsultes ne se trouveraient pas aujourd'hui investis chez nous du droit étrange, sans nul mandat, de dire le Droit pour tous.

III

Mais toutes les similitudes, même d'origine sociale, que présentent les législations ou, pour mieux dire, les activités juridiques des divers peuples, n'ont pas l'imitation pour cause. Beaucoup relèvent de la logique. Si l'homme est imi-tatif, c'est parce qu'il est inventif ; si l'action niveleuse et continue de la dévolution des exemples poursuit son cours, divisé en millions de fleuves, de rivières et de ruisseaux, qui contribuent chacun à ce qu'on pourrait appeler les for-mations sédimentaires de la civilisation, c'est, je le repète, parce que de temps en temps des innovations grandes ou petites, des montagnes ou des collines, ont surgi. Et si l'homme est inventif, c'est qu'il est logique. Logique ou inventif, c'est tout un, au fond. Une invention, une décou-verte n'est que la réponse à un problème, et cette réponse consiste toujours à rattacher les uns aux autres, par le rap-port fécond de moyen à fin, des modes d'action précédem-ment séparés et stériles, ou à rattacher les uns aux autres, par le rapport non moins fécond de principe à conséquence, des idées ou des perceptions qui, auparavant, semblaient n'avoir rien de commun [1]. Il est vrai que, en faisant de la

1. Ce n'est pas le lieu de développer ceci. Mais le lecteur instruit ne manquera pas d'exemples puisés dans l'histoire des sciences ou des in-dustries. La découverte de Newton, par exemple, a consisté à regarder deux idées jusque-là étrangères l'une à l'autre, la chute des corps ter-restres et la gravitation de la lune autour de la terre, comme deux consé-quences d'un même principe. L'invention de la locomotive a consisté à réunir *téléologiquement* ces deux modes d'action jusque-là séparés, le piston à vapeur et la locomotion sur des roues, etc.

sorte se confirmer ou s'entr'aider des idées ou des actes, des
croyances ou des désirs, l'invention a souvent pour effet de
rendre inutiles ou gênantes des inventions antérieures et,
par suite, de créer des contradictions ou des contrariétés
nouvelles. Mais alors se fait sentir — plus ou moins vivement et généralement, d'après les lieux et les temps, — le
besoin de remédier à ce malaise, d'accorder entre eux ces
accords partiels. C'est l'œuvre des fondateurs de religion ou
des philosophes, dans la sphère de l'intelligence ; des moralistes et des législateurs dans la sphère de l'activité. Cette
élaboration logique n'est-ce pas une grande invention aussi,
une découverte supérieure ? Dans la mesure où il éprouve
le besoin de découvrir et d'inventer, selon le sens ordinaire
du mot, un peuple éprouve aussi le besoin de coordonner
originalement ses trouvailles et les besoins qu'elles lui ont
suscités. Et ses systèmes de philosophie, de même que ses
Codes, sont des machines grandioses, qui font honneur au
génie humain comme le télégraphe électrique ou la formule de l'attraction. Le législateur est à l'ingénieur ce que
le philosophe est au savant. Les uns et les autres sont
des ouvriers divers de la Logique sociale ; ils répondent,
chacun pour sa part, à ce problème majeur, qui, comme
tous les autres problèmes nés de nos besoins, renaît de
ses solutions mêmes, devient passion, puis s'apaise, et
s'apprête, dans le repos, à renaître plus exigeant, inquié-
tant parfois.

Or, s'il y a des raisons de penser que ce travail logique,
en se prolongeant, doit aboutir à des résultats divergents,
caractérisés, artistiques, il y en a aussi de croire que, sous
biens des rapports, ses effets seront fatalement assez semblables. Ces similitudes seront de deux sortes : les unes
seront simplement *formelles*, les autres *substantielles*.

Voici un exemple des premières. M. Dareste signale, en
passant, entre le développement du Droit musulman et celui
du Droit romain, une ressemblance incontestable, mais qu'il
s'agit de bien interpréter. Les grands jurisconsultes arabes

ont travaillé sur la base un peu étroite du Coran comme les
grands jurisconsultes romains sur le fondement non moins
étroit de la loi des Douze Tables. Ceux-là, comme ceux-ci,
ont développé le Droit par voie d'autorité doctrinale, innovant
sans cesse sous prétexte de commenter. Hanifat, Malek, Cho-
feï et Hanbal, du VIIIe siècle au IXe siècle, « ont créé le Droit
musulman, comme avant eux Sabinus et Labéon avaient créé
le Droit romain. Rome avait eu les Sabiniens et les Procu-
léiens. L'Islam a eu les Hanifites, les Malékites, les Chéfeïtes et
les Hanbalites, tous également orthodoxes », mais d'horizon
plus ou moins large. « Enfin ce grand mouvement s'est ter-
miné chez les Arabes comme à Rome. A un certain moment
la création s'est arrêtée et la stérilité est venue. » — C'est
très juste. Mais, pour bien voir la signification de ce rapprochement, il faut le rapprocher lui-même de beaucoup
d'autres, dans la sphère juridique ou même en dehors d'elle.
Le Droit hébreu s'est développé tout pareillement. De grands
rabbins ont élaboré la loi de Moïse, devenue peu à peu la
Mischna et le Talmud ; ils ont fondé des écoles rivales et
leur travail, enfin, s'est arrêté, arrivé à une perfection relative. De même, dans tout pays qui se civilise, on voit des
grammairiens savants élaborer, épurer, étirer, fixer la
langue nationale, sorte de Coran tombé du ciel, dont ils
sont les respectueux et ingénieux commentateurs ou falsifi-
cateurs. Chaque idiome cultivé a eu ses Vaugelas, chefs
d'écoles divisées ; et partout, après avoir passionné les esprits, — les nôtres, en France vers le milieu du XVIIe siècle,
— cette fermentation grammaticale a pris fin quand la perfection relative de la langue a paru atteinte. De même encore,
en religion : sur une Bible ou un Evangile travaillent, à
un moment donné, des théologiens fameux, qui argumentent,
commentent, coordonnent, dénaturent, systématisent, se divisent en sectes ou en hérésies, jusqu'à ce qu'enfin, l'ortho-
doxie une fois fixée, l'ère des grands théologiens et des
grands hérésiarques soit close, pour un certain nombre de
siècles au moins. Le bouddhisme, le brahmanisme, le ju-

daïsme, l'islamisme, ont, comme le christianisme, traversé ces périodes.

Ce qu'il faut admirer ici, c'est, en tout ordre d'idées, la durée relative des œuvres logiques, des systèmes cohérents formés par une longue et opiniâtre réflexion ou par une collaboration séculaire, quelle que soit d'ailleurs l'hétérogénéité de leurs éléments importés du dehors. Une langue, surtout considérée par son côté grammatical, est un de ces *touts* logiques ; et l'on sait la persistante vitalité des langues surtout de leur grammaire encore plus que de leur dictionnaire. Une religion, quand elle s'est condensée en théologie, ce que n'a pu faire le paganisme hellénique, présente le même caractère. De même, un Code. On a vu, à travers les invasions et les catastrophes, le *Corpus Juris* régner en Europe jusqu'à nos jours. Phénomène plus remarquable encore, la Mischna, qui est le Corpus Juris des Juifs, dû à l'élaboration des grands jurisconsultes hébraïques, a persisté et dure encore, malgré la dispersion du peuple hébreu. Cette force de résistance inhérente à tout ce qui est systématique, et cette tendance de toute chose sociale à se systématiser, voilà des similitudes qui n'ont rien d'imaginaire ; et elles ont un caractère d'universalité et de profondeur tout autres que les ressemblances si exagérées d'idées et d'institutions entre civilisations hétérogènes.

Mais qu'est-ce que cela signifie ? Cela veut-il dire qu'il y ait une formule magique d'évolution où tout soit forcé de couler ? Non. Cela veut dire simplement que l'homme est un animal logique, et que son besoin de coordination systématique a des accès d'excitation suivis de calme. Voyons-le naître et grandir en lui. Il s'alimente, durant un certain temps, de ses satisfactions mêmes. Des perceptions incohérentes étant données, l'Arabe, l'Indou, l'Hébreu primitifs en cherchent vaguement l'accord ; un jour ils croient l'avoir trouvé, grâce à l'enseignement religieux d'un homme salué divin ou demi-divin ; et aussitôt leur soif de vérité, dites de croyances systématisées, de faible qu'elle était devient très forte. Aussi, l'élaboration logique qui a produit cette parole divine et qui explique son succès, ne s'arrête pas à elle ; elle continue après elle. Car cette parole présente des obscurités et, appliquée aux faits, elle fait surgir mille difficultés nouvelles. Il s'agit de dissiper ces doutes, de compléter l'harmonie ; à cette tâche travaillent anxieusement les théologiens. On le voit, ils ne font que poursuivre l'œuvre du fondateur de leur religion. Comme lui, ils partent de données contradictoires à concilier ; ces données, pour eux comme pour lui, sont des faits et des textes. Puis, quand tous les moyens possibles de conciliation ont été imaginés, le meilleur adopté, le monument théologique paraît parvenu à son couronnement. — Est-ce bien vrai pourtant ? Nous savons que bientôt surviennent de nouvelles données, observations et expériences scientifiques, ou bien idées suscitées par le contact avec des religions étrangères. De là de nouveaux efforts pour résoudre ces nouveaux problèmes. Et ainsi de suite.

S'agit-il de désirs, et non de croyance, à harmoniser ? La logique des sociétés ne procède pas autrement. Le cœur humain naît peuplé de désirs aussi incohérents que ses idées ; faire un monde de ce chaos, transformer, soit dans le sein de l'individu, soit, par suite, dans le groupe social, cette incohérence en mutuelle assistance, voilà le problème qui se pose aux premiers législateurs confondus souvent avec les fondateurs des cultes. Il est résolu par une loi réputée divine, loi de Moïse, de Zoroastre, de Manou, de Mahomet. Mais, après un certain temps, de nouveaux besoins, de nouveaux commandements intimes, engendrés par les inventions civilisatrices, par des contacts avec des peuples étrangers, comme il est arrivé pour Israël et pour l'Islam, deviennent difficiles à accorder avec les commandements légaux. Alors s'évertuent les jurisconsultes d'un côté, les casuistes de l'autre, à dissimuler les dissonances ou à les absorber dans une harmonie supérieure. Ils sont censés ne faire que déployer la Loi vénérable ; mais, en réalité, ils

11.

s'efforcent de substituer en partie à ses ordres des ordres
non moins impérieux que dictent les besoins nouveaux.
« Tourner la loi pour prouver qu'on la respecte » est une
maxime d'une antiquité prodigieuse. Les rabbins ont traité
la loi de Moïse comme les préteurs le *jus quiritum*. Comme
la prescription relative à l'année sabbatique, qui tous les
sept ans éteignait les dettes, les gênait fort, ils ont commencé
par *démontrer* qu'il y avait quelques exceptions à la règle.
« Elle ne s'appliquait ni aux marchandises achetées à crédit,
ni aux salaires, ni aux obligations imposées par les tribunaux. » Puis, grâce à cette dernière exception, le fameux
Hill, contemporain de J.-C., a fourni le moyen de soustraire
une créance quelconque à cette prescription sacrée : « Le
créancier n'a qu'à remettre son titre au tribunal qui lui
donne en échange un titre judiciaire. » — Par voie de *fiction*
aussi, comme l'a remarqué Sumner-Maine, le Droit se transforme un peu partout. De même que, en linguistique, le
progrès s'opère par l'addition d'un sens figuré au sens
propre des mots, de même, en Droit, par l'adoption, parenté
figurée, ajoutée à la parenté naturelle, etc. — Les auteurs
de ces ingéniosités font, en définitive, ce qu'avait fait l'auteur même de la Loi en la composant : Mahomet, par
exemple, n'avait fait que refondre les anciennes coutumes
arabes et les approprier à son époque. Puis il vient un moment où l'édifice de la jurisprudence et de la casuistique
paraît complet. On l'admire, on le dit inviolable, aussi longtemps du moins que l'état social ne s'est pas renouvelé. Mais
quand ce renouvellement a lieu, l'élaboration logique reprend de plus belle, toujours la même, au fond. Seulement
il semble que les législateurs modernes, à la différence des
anciens, n'aient pas à tenir compte des précédents législatifs. Cependant, ce n'est qu'une vaine apparence. La faculté
de tout bouleverser législativement, qui appartient, en théorie, à nos députés et sénateurs, n'est que nominale ; ils sont
forcés de respecter, dans une certaine mesure, les lois anciennes, les habitudes juridiques des populations, et aussi de

s'inspirer de leurs besoins anciens ou nouveaux, qu'ils doivent satisfaire conformément à ces habitudes. En fait, leur
omnipotence apparente n'est qu'une obéissance docile ou
contrainte à ces besoins, à ces ordres de leurs électeurs. Ces
ordres sont pour eux ce qu'étaient pour les rabbins les préceptes de Moïse ou pour les jurisconsultes arabes les prescriptions du Coran. Jurisconsultes antiques ou législateurs
contemporains font également acte de soumission à des
commandements supérieurs, qu'ils élaborent logiquement
en les soumettant hiérarchiquement les uns aux autres.
Après quoi, les textes votés et promulgués, nos commentateurs actuels, professeurs, juges, conseillers, leur font dire
sous forme de *jurisprudence* ou de *doctrine*, une foule de
choses auxquelles leurs auteurs n'ont jamais songé.

En somme, la similitude d'évolution très vague et toute
formelle, constatée par M. Dareste entre le Droit musulman
et le Droit romain, n'est qu'un cas d'une similitude bien
plus vaste et bien plus prolongée ; et elle consiste en ceci,
que l'évolution, en tout ordre de faits sociaux, a toujours
pour point de départ un certain nombre de perceptions naturelles ou d'idées enseignées, de besoins innés ou acquis,
sur lesquels s'exerce un besoin, à la fois inné et de plus en
plus développé, de coordination logique, qui, lui-même, a ses
vicissitudes d'excitation et d'apaisement, d'apaisement quand
il est satisfait pour un temps par une œuvre imposante et
monumentale, d'excitation quand des acquisitions nouvelles
d'idées et de vœux nécessitent un travail de remaniement ou
de refonte. Au demeurant, M. Dareste n'a garde de méconnaître les différences profondes qui séparent les deux Droits
comparés par lui. Car il est à remarquer que ce sont, au
fond, les coutumes pré-islamiques et les lois primitives de
Rome, qui se ressemblent. A mesure que chacun de ces
Droits s'est développé, leur écart s'est accru. Le Droit musulman ne connaît pas la distinction entre la possession et la
propriété, ni la prescription, ni l'hypothèque, ni les servitudes auxquelles il substitue l'idée, bien supérieure à la

conception romaine, d'une association entre propriétaires.
Si la théorie des obligations, en revanche, paraît être presque la même dans les deux Droits, c'est que les juris012-
sultes musulmans l'ont empruntée en Syrie aux jurisconn-
sultes romains : d'ailleurs, cette ressemblance n'est qu'un
trompe-l'œil [1].

Mais, outre les similitudes dont il vient d'être question et
qui portent sur le mode d'action de la logique sociale, il en
d'autres bien plus profondes, qui ont trait à la nature des
objets sur lesquels elle s'exerce. Encore faut-il ici multiplier les réserves. — Je ne reviendrai pas sur ce que j'ai
dit au sujet de son fonctionnement *syllogistique*. Un Code
peut être considéré comme la conclusion, plus ou moins
bien tirée, d'un gigantesque syllogisme pratique, dont la
majeure est fournie par l'état des aspirations, des passions,
des appétits dans une société donnée, et la *mineure* par l'état
des connaissances, des croyances, des idées. Donc, toute en-
treprise, toute innovation, toute invention, qui tend à modifier la majeure ou la mineure, doit avoir son contre-coup
législatif. La mineure est modifiée par l'apparition de nouvelles croyances religieuses, de nouvelles idées philosophiques ou scientifiques. La majeure, c'est-à-dire le but
poursuivi, qui est toujours la consécration d'une hiérarchie
d'intérêts et de privilèges, est modifiée, soit par une suite de
guerres civiles ou extérieures, de révolutions ou de conquêtes dues à d'habiles tactiques, à des traits de génie politique ou militaire, soit par des changements économiques
dus à des inventions qui, en transformant les métiers, ébran-

---

1. Pour s'en convaincre, il suffit de lire l'*Etude sur la théorie du Droit
musulman* (Paris, 1892), par Savvas Pacha, ancien ministre du sultan.
On y distingue : 1° les obligations concernant les croyances religieuses ;
2° les obligations concernant les pratiques religieuses. La plus *obligatoire* des « actions », c'est la foi ! — Autre distinction : 1° les obligations
qui incombent à tous les croyants sans exception : foi, prière, jeûne ;
2° les obligations qui, *remplies par une partie des croyants, sont considérées comme remplies par tous*, en vertu de la réversibilité des mérites
et des démérites. Combien nous voilà loin des notions de nos auteurs
classiques !

lent l'équilibre des besoins. L'évolution juridique donc, dépend des évolutions religieuse, philosophique, politique, militaire, économique, et elle ne saurait être une et prédéterminée que si les autres le sont aussi. Bien mieux, alors même que chacune de celles-ci serait assujettie à des phases régulières, il ne s'ensuivrait pas nécessairement que la première, qui est leur combinaison, eût ce même caractère de régularité. Car les évolutions élémentaires ici sont indépendantes et non parallèles, elles ne marchent point du même pas; l'évolution composée doit donc varier beaucoup plus qu'aucun de ses éléments. Une religion peu avancée, comme en Égypte, peut coexister avec un gouvernement assez perfectionné, une industrie et un art merveilleux; dans l'Inde, c'est presque l'inverse qui se voit. Tout cela prouve que la divergence — toujours croissante? je ne dis point cela — des activités juridiques est inévitable. Mais, malgré tout, elle ne va point sans concordances manifestes, qui tiennent à l'étroitesse peu élastique du cercle où il est donné à la pensée et à la volonté humaines de se mouvoir, et où elles sont forcées souvent de tourner dans le même sens comme des hirondelles emprisonnées.

Le génie inventif est aux ordres des besoins, qui lui posent ses problèmes. Or, ces problèmes, si divers qu'ils soient, se rangent sous un petit nombre de chefs, toujours les mêmes : le problème de la faim et le problème de l'amour, le besoin de la conservation et le besoin de la reproduction de soi dominent tout. A chacun de ces deux grands points d'interrogation se rattachent des lignées de problèmes qui en découlent en séries jusqu'à un certain point irréversibles. De la faim satisfaite découle le besoin du vêtement, puis de l'abri, puis de tous les genres de propriété et de confort. De l'amour satisfait découle le besoin de la paternité, de la famille, d'un État fort, de tous les genres d'association. A mesure qu'ils se satisfont mieux séparément, d'autres besoins naissent, supérieurs et plus libres : le besoin de distractions et d'arts et le besoin de connaissances; le

besoin de sympathie imitative et le besoin d'harmonie
logique, l'amour de la justice et le culte du beau. Je sais
bien que l'arbre généalogique de ces problèmes successifs
est multiforme et pittoresque, comme tous les arbres; je
sais bien que les solutions possibles de chacun d'eux sont
nombreuses, et que c'est la nature, toujours accidentelle
en partie, de la solution trouvée qui détermine ou spé-
cifie celle du problème suivant. Je sais bien aussi que les
besoins qui vont grandissant sans cesse, car ils sont d'origine toute sociale, besoin de plaisir et besoin de justice,
besoin de curiosité et besoin de beauté, sont, précisément les
problèmes susceptibles des solutions les plus nombreuses
et les plus variées, ceux, par conséquent, dont il est le plus
téméraire de prétendre deviner d'avance comment l'avenir
les résoudra. Je crois aussi, par suite, que, si les auteurs de
codifications n'avaient pas un penchant prononcé à se copier
à travers les distances et les âges, ces grands essais de synthèse pratique différeraient probablement les uns des autres
autant que diffèrent deux systèmes philosophiques originaux, le système de Descartes ou le système de Kant, ceux
de Platon ou d'Aristote, de Hegel ou de Spencer, ou deux
écoles d'art originales, l'architecture grecque et l'architecture
ogivale, le plain-chant et la musique de Wagner. Et de fait,
si nous faisons abstraction des pastiches, nous constatons
qu'au fond ces grands monuments du Droit sont fort dissemblables. Pourtant, nous est-il permis d'affirmer qu'ils doivent
aller en divergeant de plus en plus, livrés à eux-mêmes?
Ne semble-t-il pas que l'élaboration logique, en se prolongeant, ramène ou tende à ramener entre eux une similitude
relative, comme si l'épuisement des inventions, des solutions les moins parfaites et les moins viables, devait conduire les civilisations hétérogènes à se rencontrer sur un
certain nombre d'inventions plus parfaites?

Question insoluble en toute rigueur, de même que la question analogue qui se pose à la philosophie naturelle : est-il
ou n'est-il pas inévitable que toute évolution biologique

poussée à bout converge vers la production d'un organisme
animal rapproché du type humain ? Pour répondre, il faudrait pouvoir comparer la faune des planètes voisines ou
éloignées avec la nôtre : faculté qui nous manque, qui, par
malheur, nous manquera toujours, et qui ne nous manquerait pas si la science était vraiment la raison d'être de l'être,
comme tant de philosophes l'ont orgueilleusement pensé.
L'insolubilité même de ces questions fondamentales prouve
que l'homme est fait pour agir plus que pour savoir, et que
si, pour se consoler de son impuissance à posséder jamais
la pleine vérité de la pensée, il aspire à réaliser la beauté
achevée de la conduite, ce n'est pas à son intelligence, c'est
à son cœur surtout qu'il doit demander sa règle d'action.

D'ailleurs, si le tableau de la vérité complète nous est
voilé, nous en apercevons des fragments. Nous sommes certains, si certitude il y a, que notre géométrie, notre mécanique, notre astronomie, notre physique, en leur état incomplet, sont vraies; et nous devons penser que, n'importe
en quelle humanité stellaire, l'évolution scientifique aurait
fini par aboutir à des théorèmes identiques à nos théorèmes.
N'y a-t-il pas aussi une vérité morale que toute société inévitablement formule un jour, où toutes les morales diverses
vont déboucher comme en un golfe, et qui fait que Con-
fucius si souvent nous redit Socrate, Bouddha, le Christ, et
que le parfait *brave homme* de tous les temps, Aristide ou
Franklin, Épictète ou Littré, Épaminondas ou saint Louis,
le marabout arabe ou le saint chrétien, est partout recon-
naissable aux mêmes traits essentiels, ne différant que par
le degré d'ouverture de son horizon intellectuel et par le
rayon de la sphère d'humanité à laquelle il se dévoue? Et
n'y a-t-il pas une beauté, une sublimité morale, une et identique, où s'oriente comme vers un pôle toute âme géné-
reuse de tous les coins de la terre, soit qu'il faille y voir la
simple condensation, en un instinct spécial, d'habitudes héréditaires suggérées par des expériences d'utilité générale
accumulées dans le long passé de l'humanité, soit plutôt que

cette orientation trahisse aussi quelque action plus subtile
et plus profonde, quelque révélation du fond divin des
choses ? Il le semble, car assurément, les inspirations de
l'héroïsme sont bien plus semblables entre elles que les inspirations du génie ; et même il semble aussi que cette vérité
morale ait lui pour l'homme bien longtemps avant la plus
faible aurore de la vérité intellectuelle ; et que cette beauté
morale n'ait pas attendu, pour apparaître, l'apparition des
beaux-arts. A coup sûr, cette esthétique supérieure de la
conduite, cet art poétique de la volonté, a cela de remarquable que tous ses esthéticiens se comprennent et sym-
pathisent à travers les temps, pendant que les esthétiques
des arts divergent sans cesse. Et, tandis que rien ne ressemble moins à la musique idéale du présent que celle du
passé, c'est toujours presque la même harmonie des actions
justes, c'est toujours presque la même mélodie des sentiments purs, que nous chantent les grands moralistes.

— Mais la législation n'est pas la morale, pas plus que la
philosophie n'est la science ; la philosophie prétend combler
les lacunes de la science ; et voilà pourquoi elle diffère tant
d'elle-même d'un système à l'autre. La législation prétend
substituer des règles précises aux maximes vagues et souvent
ambiguës de la morale ; et voilà pourquoi elle est chan-
geante d'un Code à l'autre, et elle le sera toujours. Il nous
suffira, pour en donner la preuve, de signaler la nature pro-
téiforme de la capitale difficulté qui s'offre au législateur de
tout pays et de toute époque, à savoir, celle d'accorder les
deux grands besoins de nutrition et de génération, sous la
forme sociale, plus ou moins développée, qu'ils revêtent.
Chez l'individu, ils se combattent : la recherche des aliments
et la recherche du plaisir, l'apprentissage d'un métier et
l'amour des femmes remplissent de leurs luttes douloureuses le cœur des jeunes gens ; et dans le cœur des pères
de famille, le devoir du développement personnel est toujours
aux prises avec le devoir du dévoûment à autrui. Dans les
sociétés, ils ne se combattent pas moins. Déployé par les

contacts et les exemples sociaux qui le divisent et le subdi-
visent à l'infini, le premier, le besoin de conservation, remplit nos Codes de tout ce qui regarde la propriété et les obligations, telles que vente, louage, prêt ; le second, de tout ce
qui a trait au mariage, à la famille, aux corporations, aux
églises, à l'État, à toutes les formes diverses d'association
qui se sont créées depuis le premier couple conjugal. Il faut,
pour que l'équilibre social soit assuré, que, de ces deux
grandes branches du désir humain, la première reste toujours
subordonnée à la seconde, c'est-à-dire que si le progrès industriel a fait pousser de nouveaux bourgeons à la première,
fortifié l'égoïsme en augmentant le confort, le progrès moral
suscite par contre-poids de nouvelles extensions artificielles
de la famille, et fortifie ainsi l'esprit de fraternité, d'abné-
gation, d'amour. C'est la tâche propre du législateur de favoriser la croissance de ces dernières forces, éminemment
sociales, partout où il les voit se manifester. Plus l'industrie
a progressé et avec elle l'individualisme, plus il doit se-
conder l'esprit de dévoûment sous toutes ses manifestations
anciennes ou récentes, et ne pas se borner à surexciter l'esprit de patriotisme, bien que l'étendue des sacrifices à la
patrie, chose remarquable, augmente et s'aggrave parallèle-
ment aux progrès de l'égoïsme. La patrie ne saurait suffire
à remplir le cœur de l'homme social, et le législateur doit :
défendre la famille d'abord, où le cœur s'exerce au sacrifice
de soi, apprend le goût et le plaisir de se dévouer ; respecter
aussi toutes les associations religieuses, industrielles, civiles,
qui ne sont pas des conspirations séditieuses, et permettre
de croître à celles qui veulent naître d'elles-mêmes. Qu'on
se rappelle le législateur antique, si patriote, mais si respectueux fauteur des foyers, des *gentes*, des *phratries*, des
curies, de toutes les confréries quelconques. Cependant l'industrie rudimentaire comprimait alors les besoins de confort.
A plus forte raison le législateur moderne, pour lutter contre
l'industrialisme individualiste de son temps, doit-il se montrer *associationniste*, sinon socialiste.

IV

— Bien entendu, le cadre restreint de ce volume nous
défend d'entrer dans le détail des réformes rendues nécessaires par le changement de notre état social, et notre travail doit s'arrêter là. Avant de finir, cependant, j'ai à insister
sur l'importance, parfois méconnue encore, d'étudier le
Droit comme une simple branche de la sociologie, si l'on
veut le saisir dans sa réalité vivante et complète. Il n'est pas,
d'ailleurs, une branche quelconque de ce grand arbre qui
puisse être impunément séparée du tronc, et qui ne s'em-
plisse de sève par sa mise en rapport avec les autres, à raison des multiples ressemblances, et des différences non
moins instructives, que ce rapprochement fait apercevoir
entre leurs divers modes de croissance. Mais c'est surtout
l'évolution juridique qui demande à être éclairée de la sorte :
à la rigueur, le développement d'une religion, d'un art,
d'un corps de sciences tel que la géométrie, d'une industrie telle que celle des métaux ou des tissus, peut être expli-
qué séparément ; non celui d'un corps de Droit ; car le
Droit, parmi les autres sciences sociales, a ce caractère dis-
tinctif d'être, comme la langue, non seulement partie inté-
grante mais miroir intégral de la vie sociale. Les inventions
linguistiques, qu'elles consistent à créer des mots nouveaux ou des sens nouveaux de mots anciens, ou de nouvelles tournures de phrases, ont cela de particulier qu'elles
sont provoquées et exigées par l'ensemble de toutes les
autres inventions. A chacune de celles-ci, qui apporte toujours sur le marché verbal une action nouvelle ou un objet
nouveau, doit toujours correspondre la création d'un signe
vocal distinct. Il en est ainsi, en un autre sens toutefois, des
innovations juridiques, qui naissent, sinon pour exprimer,
du moins pour colloquer, dans le grand casier des droits,

chaque forme nouvelle d'activité introduite par des innovations quelconques.

Voilà pourquoi il m'est arrivé si souvent, dans le cours de cette étude, de noter des similitudes entre la marche juridique et la marche linguistique de l'évolution humaine. Similitudes curieuses, d'autant plus qu'elles rentrent évidemment dans la catégorie de celles qui n'ont point l'imitation pour cause. A toutes les analogies que j'ai indiquées plus haut, en passant, j'en pourrais ajouter beaucoup. Glanons-en quelques-unes, au hasard, tout juste assez pour donner à d'autres le goût de moissonner ici. Ce sera aussi une petite illustration des vérités générales énoncées par nous.

Le Droit et la Langue, on le sait, sont choses imitatives et routinières au premier chef. Rien ne s'y fait que par le jeu perpétuel et combiné des trois formes de l'imitation : l'imitation d'autrui sous ses deux espèces, copie du modèle contemporain (*mode*), et copie du modèle ancien (*coutume*), et l'imitation de soi-même *(habitude)*. Mais ce qui domine et donne le ton, c'est, soit dans la Langue, soit dans le Droit, l'influence *coutumière*. Quand l'afflux des nouveautés reçues par mode, ici ou là, dépasse un certain degré, toujours très bas, la difficulté de les classer et de les asseoir logiquement dans le système des notions ou des institutions depuis longtemps consolidées, produit une crise, une maladie de la législation ou de la langue ; et il faut que l'une ou l'autre en meure ou qu'elle expulse violemment la plus grande partie de ces aliments indigestes, trop hâtivement ingérés. Aussi a-t-il été toujours impossible d'implanter et de faire vivre dans une nation quelconque, même la plus asservie, une langue ou un Droit fait de toutes pièces, si logiquement et si artistiquement construits qu'ils puissent être. Ces admirables constructions dépérissent à peine nées ; tandis que les amalgames législatifs ou grammaticaux du passé s'obstinent à ne pas mourir. Pourquoi ? Précisément parce que la logique est le besoin suprême. Car ce besoin, pour la langue comme pour le Droit, se partage en deux qui se combattent. Et ce combat fait toute la vie, toute la difficulté, tout l'intérêt de l'élaboration juridique ou linguistique à travers les temps. S'il ne s'agissait que d'accorder entre eux les éléments d'une législation ou d'un langage, de manière à en faire un tout régulier et cohérent, ce serait bien facile; mais en même temps que l'effort des grammairiens ou des juristes, ou plutôt l'effort du public tout entier, conspire sciemment ou inconsciemment, constamment, vers cet arrangement logique interne d'une grammaire peu à peu épurée de ses exceptions et de ses bizarreries, d'une codification peu à peu régularisée et symétrisée, il s'agit aussi et surtout d'avoir des grammaires et des codes en accord, et en accord de moins en moins imparfait, avec la société qu'ils doivent régir. Ce dernier accord, lui aussi, est un arrangement logique, dans un autre sens du mot, — téléologique à proprement parler. Or, l'état de la société, si l'on embrasse d'un coup d'œil les idées et les prétentions opposées qui s'y juxtaposent, est toujours, en grande partie, illogique et incohérent. Pour un corps de Droit, donc, comme pour un corps de langue, le problème de l'évolution consiste *à s'adapter avec soi-même autant que faire se peut en s'adaptant à une société qui jamais ne s'adapte très bien avec elle-même.* Il consiste, autrement dit, à faire du logique avec de l'illogique. Par suite, le péril est sans cesse de sacrifier l'une de ces deux aspirations parallèles et contraires, et les grammairiens, comme les juristes, ont un penchant prononcé à faire prévaloir abusivement la première, pendant que le public, par bonheur, a une tendance inverse. De là, ces deux maladies différentes dont le Droit, et la langue aussi, peuvent être affectés : s'accorder avec eux-mêmes, mais non avec le milieu social, comme une Constitution révolutionnaire ou comme le volapück, la plus régulière des langues ; ou bien s'accorder avec le milieu social mais non avec eux-mêmes, comme l'amas confus des lois anglaises ou la plupart de nos langues européennes.

Les linguistes, après avoir subi eux-mêmes, et des premiers, l'illusion des formules simplistes d'évolution, ont dû les rejeter : ils ne croient plus, nous le savons, à la traversée nécessaire des trois stades du monosyllabisme, de l'agglutination et de la flexion. Mais ils n'ont rejeté ces généralisations vagues et fausses, que pour leur substituer des lois précises et solides. Et quand on va au fond de ces lois, qu'y trouve-t-on ? Une simple application des lois plus générales de l'imitation, considérée comme le procédé élémentaire et universel de la logique sociale.

Par exemple, demandez à M. Darmesteter comment s'opère le changement du *sens* des mots (abstraction faite, pour le moment, du changement de leur *son*). Il vous dira que tantôt il y a extension de leur sens, soit par *rayonnement*, soit par *enchaînement*, tantôt resserrement et finalement disparition et oubli. L'oubli joue un grand rôle dans l'évolution linguistique, comme la désuétude dans l'évolution juridique, la mémoire et l'habitude étant sœurs. Le caractère *symbolique* de certaines procédures, telles que les formes anciennes de la *tradition*, s'oublie à la longue inévitablement, comme le caractère métaphorique de certaines expressions verbales ; et de là une cause de transformations fréquentes pour les mots et les procédures. Il en est des droits et des devoirs qu'on ne pratique plus comme des mots et des tournures de phrases qu'on a cessé d'employer, bien qu'ils figurent encore par routine dans les dictionnaires, les grammaires et les codes. Si l'on a pu faire un dictionnaire en huit volumes rien qu'avec les mots disparus de la langue française, on remplirait facilement une bibliothèque avec toutes les législations mortes, avec tout le vieux vestiaire juridique de la France. — Sans disparaître, le sens d'un mot peut se resserrer par spécialisation ; ainsi, *veste, habit*, après avoir signifié *vêtement* en général, désignent maintenant des formes très spéciales de vêtement ; *chaire* a d'abord signifié un *siège* quelconque. A l'inverse, il peut s'étendre par voie de généralisation croissante ; c'est le cas, notamment, de tout nom propre qui a fini par devenir nom commun, tel que *renard*, un *Alceste*, un *Tartuffe*. Pareillement, les institutions ou les procédures juridiques se modifient, soit par une extension, soit par une spécialisation graduelle de leur domaine. Comme exemple du premier cas on a, en Droit romain, les progrès du Droit prétorien, les progrès de la procédure formulaire, les progrès de la procédure extraordinaire. Comme exemple du second cas, on peut citer l'exclusion des femmes de l'hérédité, exclusion générale, d'après le droit germanique, mais peu à peu reculant et restreinte enfin à l'hérédité monarchique. Quant aux changements de sens par rayonnement ou par enchaînement, observons que les changements d'usage des procédures et des institutions juridiques présentent la même distinction très apparente. Il y a rayonnement, dans un sens analogue à celui de Darmesteter, quand une institution telle que l'hommage ou le serment, après ne s'être appliquée qu'à un objet, se développe en s'appliquant à une foule d'autres. Il y a enchaînement, quand une institution, telle que le duel judiciaire, subsiste et se survit en changeant d'âme plusieurs fois, comme les substantifs *roman* ou *rôle*.

Or, n'est-il pas visible que ces modifications juridiques ou linguistiques, par accroissement, décroissement ou déplacement, relèvent à la fois d'une même cause, le pouvoir expansif de l'imitation dirigée par la tendance générale à l'accord logique, dans les deux sens du mot ? En effet, quand une forme légale ou une forme verbale s'applique à de nouveaux cas, accroît son domaine, c'est que dans le grand concours des formes existantes, toutes plus ou moins rivales ou alliées les unes des autres, elle est favorisée par la survenance d'idées ou de besoins, imitativement propagés, qu'elle est propre à exprimer ou à satisfaire. Au contraire, quand elle se spécialise, ou quand elle se transforme, c'est que, par suite d'idées ou de besoins contradictoires qui sont survenus et se sont répandus dans le public, elle lutte plus désavantageusement avec ses rivales et est abandonnée par ses alliées.

Je ne reviendrai pas sur ce que j'ai dit ailleurs[1] au sujet de la distinction fondamentale entre les deux modes d'opération de la logique sociale ou même individuelle, le *duel logique* et *l'accouplement logique*. On croit avoir tout dit quand on a parlé de la *lutte pour le droit* ou de la concurrence vitale des mots d'une langue. Mais on n'a vu ainsi qu'un côté de la vérité, et encore le voit-on mal d'ordinaire. S'il est des mots, s'il est des droits qui se font obstacle, et entre lesquels il faut choisir l'un en sacrifiant l'autre, — par exemple les synonymes ou ces formes parallèles d'action offertes à la fois par le Droit quiritaire et le Droit prétorien, par le Droit coutumier et le Droit écrit, sortes de synonymes juridiques, — il est aussi des mots et des droits qui se portent secours, soit qu'ils se combinent en une création nouvelle, soit simplement que l'un ne puisse se propager sans hâter la propagation de l'autre.

En ce qui concerne la lutte pour le droit, remarquons d'abord que l'expression est équivoque. La lutte contre les violations individuelles d'un droit existant et reconnu ne fait que maintenir le Droit, comme le bon combat des professeurs et des critiques pour la correction du style ne fait que conserver la langue. La lutte qui fait progresser le Droit et la langue est celle qui s'engage entre un droit ou un mot nouveau en train de se formuler et de se faire reconnaître, et un droit ou un mot ancien qu'il s'agit de détrôner. A cet égard, Ihering a raison de dire que les progrès du Droit sont, non pas paisibles, inconscients, sans efforts, mais le plus souvent remportés au prix d'affirmations énergiques et de combats acharnés. Seulement il a tort d'ajouter qu'en cela l'évolution du droit diffère tout à fait de celle des langues. Il semble croire que celles-ci évoluent sans nul conflit. Cependant ne faisons-nous pas toujours en parlant un travail et un combat logiques, très conscient quoique très

---

1. Dans mes *Lois de l'imitation*, chapitre intitulé les *lois logiques de l'imitation*, et notamment p. 173 et suivantes.

rapide ? Depuis l'enfant dont *bien parler* est la principale préoccupation intellectuelle, jusqu'à l'écrivain qui s'attache constamment à *bien écrire*, nous ne cessons de rechercher les locutions justes, fortes, délicates, à étudier le lexique et la grammaire, et à les critiquer en les appliquant. Si la vie du Droit n'est, pour une bonne moitié, qu'une suite de procès terminés par des jugements, ou une suite de délibérations législatives pénibles, hésitantes, terminées par des promulgations de lois, l'équivalent du procès, dans la vie des langues, n'est-ce pas le choix que nous faisons à chaque instant plus ou moins rapidement, quelquefois avec beaucoup de peine, entre deux expressions, entre deux tournures de phrases, qui prétendent concurremment à notre préférence ? Et n'y a-t-il pas là une suite de petits plaidoyers internes, de petites délibérations, de petites sentences ?

Nous ne pouvons, on le sent, qu'effleurer ce vaste sujet. Faisons remarquer, en finissant, que si l'on essaie d'embrasser d'un même coup d'œil les phases successives des diverses langues, on n'aperçoit nulle part une tendance de ces diverses évolutions linguistiques, tant qu'elles restent indépendantes, à converger vers une même langue ou vers un même état final. A un résultat analogue nous a conduits l'étude de diverses évolutions juridiques. Tout ce qu'on voit clairement, c'est une tendance au triomphe d'une seule langue ou d'un très petit groupe de langues, d'un seul Droit, ou d'un très petit groupe de Droits, et d'une langue ou d'un Droit commun à toutes les classes de la société. Or cela est la double conséquence inévitable de l'action longtemps continuée de l'imitation. Plus on remonte dans le passé, plus on y découvre d'idiomes distincts et de coutumes ayant force de loi ; si bien qu'à l'origine on doit supposer autant de langues et de droits que de villages[1]. Mais, à mesure que les relations entre hommes se multiplient, la plupart de ces créa-

1. Cela est si vrai que, pour notre époque même, le village, d'après M. Arsène Dumont, est l'*unité linguistique* (*Rev. scientif.*, 10 sept. 1892).

tions linguistiques et juridiques, si étonnamment multipliées, sont refoulées ou détruites, parce qu'un petit nombre
d'entre elles, et non toujours les meilleures, doivent à des
circonstances historiques, ethniques, géographiques, encore plus qu'à leur supériorité intrinsèque, le privilège de
se répandre sur le globe. D'autre part, et simultanément,
des changements sont apportés aux langues par les emprunts
des mots *nobles* dans le style roturier, des mots littéraires
dans le style ordinaire, — emprunts ironiques, souvent, mais
imitatifs toujours ; et ces changements correspondent, en
Droit, aux changements produits par l'importation du droit
d'aînesse dans les couches plébéiennes, par l'extension graduelle aux classes inférieures des droits quelconques primitivement réservés aux classes supérieures. Peu à peu, de la
sorte, s'établit une langue égale pour tous, de même qu'un
Droit égal pour tous.

FIN.

TABLE DES MATIÈRES

VERSAILLES, IMPRIMERIE CERF ET Cⁱᵉ, 59, RUE DUPLESSIS.

www.ingramcontent.com/pod-product-compliance
Lightning Source LLC
Chambersburg PA
CBHW062221270326
41930CB00009B/1819